ゾロアスター教

三五〇〇年の歴史

メアリー・ボイス
山本由美子訳

講談社学術文庫

訳者まえがき

人はゾロアスター教という言葉を聞いた時いったい何を思いうかべるだろうか。拝火教と置き換える人もいるだろう。二元論を思いうかべる人もいるかもしれない。インド・イラン語族の古い宗教にルーツを求める人もいよう。シルクロードや西域の舞台に見え隠れする宗教として好奇心をそそられる人もいるに違いない。

しかし、いったいゾロアスター教とは何かという問いに対して明確に答えられる人はほとんどいないのではないか。たとえば拝火教という言葉をとってみても、拝火の実態はいったいどういうものか、また、世界中で火を崇拝するのは決して珍しいことではなく、たとえば私たち日本人でも竈《かまど》の神を尊び、多くの古い火の祭を祝っているというのに、なぜ彼らだけが特に拝火教徒と呼ばれるのか、考えてみれば疑問点はいくらもある。二元論にしても然りである。いったい対立する二つの原則とは何か、それがギリシア哲学の二元論とどう違うのか。二元論をたてることで、ゾロアスター教はいったい何を主張しているのか等々について、答えられる人はなかなかいないだろう。

またインド・イラン語族の古い宗教といっても、あまりに古い昔のものであって、資料的制約が大きく、言語学上の困難があり、その実態についての知識は明瞭とはいいがたい。

シルクロードや西域に対する関心は近年とみに高まってはいるが、多くの場合この地域のもつロマンと神秘を求めてのことである。たしかにここは、アレクサンドロス大王が征服者の夢を追い、玄奘《げんじょう》が仏典を求めて辿り、成吉思汗《チンギス・ハン》が怒濤のごとく駆け抜け、マルコ・ポーロが見聞を求めたロマンに満ちた地域である。これらの特に目立った人々の姿に目を奪われて、この地域に住む人々に直接の関係がなく、目的も活躍した時代環境も異なる、一見して何の共通点もない英雄の事跡を追うことで、この地域を理解しようとすれば、それは摩訶不思議で、神秘的なものになってしまうだろう。彼ら以外にも、多数の無名の人々が西域・中央アジアを横断した。それらの交流は遠く海を渡って古代日本にまで及んでいる。歴史時代初期に伝えられた西域の文物は、正倉院に今も残っていて私たちの憧憬をかきたてる。

ゾロアスター教は、イラン人であるゾロアスターが説いた宗教である。イラン人は今でこそ、ほとんど全部イスラム教徒であるが、イスラム教徒が征服する以前はゾロアスター教徒であった。宗教が文化を構成する大きな要素であることを考慮にいれるならば、ここで最初の質問にもどらなければならない。

ゾロアスター教とはいったい何か。たしかにこの信仰はインド・イラン語族の古い宗教的伝統に発している。創始者ゾロアスターは、至高の創造主とみなしたアフラ・マズダーから啓示をうけて、きわめて含蓄に富み影響力の大きい宗教を開くまでは、祭司として古い宗教的伝統を注意深く守っていたと思われるからである。これは知られている限り世界最古の啓示による宗教である。

ゾロアスターは、どのような教えを説いたのか。彼は、宇宙にはもともと対立する二つの霊が存在したと考えた。この二霊は全く無関係であったが、はじめて邂逅した時、一方の叡智の霊は善と生を、対立霊は邪悪と死を選択した。その後、この邪悪な対立霊を滅ぼすための戦いの場として、叡智の霊はこの宇宙を創造した。この両霊の対立抗争が、自然現象や人間同士の軋轢《あつれき》の原因であるとされた。このような宇宙観がゾロアスターの二元論を特徴づけている。しかし彼が特に強調したのは、古いインド・イラン語族の神でありながら至高の創造神にまで高められた叡智の主アフラ・マズダーの倫理的性格である。ゾロアスターは善の原理の正しさとその究極的な勝利に深い確信をもったので、生命あるうちに善を選択してアフラの戦いに尽力した人間は、死後裁判をうけて天国へいくことができるが、逆に邪悪に従った者には地獄の苦しみがあることをはじめて説いた。また善の究極的勝利を画する〝時の終り〟があり、この時は生者も死者もすべてを対象とする最後の審判が行なわれ、その後で善の勝利が確立されるのだと主張した。信者たちの日々の悪との戦いを助けて善の勝利を招来すべく、未来には救世主《サオシュヤント》が現われるという希望を与えて信者たちの支えとした。

これらのゾロアスターの独創的な思想は、世界の宗教史上画期的なものであって、いろいろな形で、世界の三大宗教たるキリスト教、イスラム教、仏教に大きな影響を与えた。天国と地獄、最後の審判、救世主信仰は、ユダヤ教のなかで成長し、キリスト教に明瞭な結実をみた。イスラム教は、これらの思想を直接ゾロアスター教からというよりはむしろユダヤ・キリスト教を通して受け入れたが、特にイラン人に広まった一派であるイスラム教シーア派に特徴的な救世主信仰は、イランのゾロアスター教徒の伝統から生まれたと思われる。仏教も、ガンダーラ地方を中心として大乗仏教が発達していった時、強くゾロアスター教の影響を受けたと考えられ、弥勒信仰の発展はその救世主信仰に負っているといえよう。

宗教史上評価の高いこれらのゾロアスターの独創的思想は、およそ五百年かけてイラン人の大部分の間に浸透して行き、イラン人がアケメネス朝のもとに大帝国を創設した時には、その国教となった。その後ゾロアスター教は、イスラム教が出現するまで大きな力をもち、イスラム教によって地上の権力から疎外されるようになってから千年以上たつが、ひたすらその信者人口が減少しつつあるとはいえ、現在まで生きつづけている。

このようなゾロアスター教の長い歴史は、資料的制約と言語的困難が加わって、その一貫した歴史の研究を困難にしてきた。しかし最近の目ざましい考古学的発掘の成果は、ゾロアスター教の実践の歴史を明らかにすることに大いに貢献してきた。拝火教と呼ばれる大きな要因は寺院の火の祭儀にあり、この火の祭儀が導入されたときはじめて、ゾロアスター教は拝火教と呼ばれるようになったということを、かなりの蓋然性をもって述べうるのは、以上のような学問的成果を得たからである。

本書は、これまで西欧でも、ゾロアスター教研究が言語学、考古学、宗教学それぞれの分野に分けられていたのに対して、それらすべての成果を統合して、現在に至るまで三千年以上生きつづけたこの宗教の歴史を一貫したものとして捉えた研究史上画期的なものである。

著者のメアリー・ボイス教授は、ロンドン大学東洋アフリカ学院の中東学部イラン学科の主任教授であった。主としてゾロアスター教を研究し、アヴェスタ語をはじめ、中世ペルシア語、パルティア語にも堪能で、教えるかたわら活発にその研究成果を発表してきた。一九六三―一九六四年には、イランのヤズド地方のゾロアスター教徒の村シャリーファバードで調査を行ない、一九七七年その記録を『ペルシアのゾロアスター教徒の砦』として発表、宗教学上大きな貢献をした。退職後はその研究の集大成となる『ゾロアスター教史』の執筆をつづけ、これまでに全六巻のうち三巻まで刊行された（Leiden）が、第四巻の完成をまたず、二〇〇六年四月闘病生活に終止符はうたれた。すでに覚悟をきめられていたので、残り二巻の完成をオランダのアルベルト・デ・ヨング教授に託されている。

本書はもともと英国での放送大学の宗教学の一講座のテキストとして執筆されたもので、前述の『ゾロアスター教史』がカヴァーするはずの領域と時代を、簡単にわかりやすくまとめたものである。これまで無視されがちであった近代のゾロアスター教徒を、長いゾロアスター教の歴史のなかに正しく位置づけたこと自体画期的である上、随所に、今日までの言語学的研究や考古学上の発見の成果をふまえた新しい解釈を展開しているすぐれた入門書といえよう。しかも著者の論理はきわめて無理がなく偏見を排したもので、全体としてその視点は揺るぎがなく一貫している。そういう点で本書はゾロアスター教について知ろうとする人たちの格好の指針となると考えられるのである。

一九八三年の筑摩書房刊の翻訳にあたっては、原書の本来の性格上全くつけられていなかった註を、簡単なものだが少し加え、理解を助けるため写真も加え、地図も少しくわしくした。今回講談社学術文庫版を発行するにあたって、原著の二〇〇一年の新版改訂にしたがい翻訳を改めた。

本文中のグジャラート語の音写については、専修大学の内藤雅雄教授に、ペルシア語の発音についてはホマ・シドシ氏の助言をうけ、その他に関しては可能な限り時代による発音の変化をとり入れつつ著者の読み方をとった。英語化された読み方が一般化していると訳者が判断したその他の人名、地名は、一般の読み方に従った。『リグ・ヴェーダ』の翻訳には辻直四郎訳『リグ・ヴェーダ讃歌』（岩波文庫）を、『コーラン』に関しては井筒俊彦訳『コーラン』（岩波文庫）の訳を参照させていただいた。本書で用いた写真の一部は、東京外国語大学アジア・アフリカ言語文化研究所の上岡弘二元教授より拝借したものである。また東京大学東洋文化研究所の山崎利男元教授には全体にわたって貴重な助言をいただいた。深く感謝すると同時に、誤訳・文章の責は訳者にあることを銘記したい。最後になるが、元筑摩書房編集部の箕形洋子氏の励ましと忍耐がこの訳の完成の大きな助けになったこと、及び諸先生、諸友人の協力に大いに支えられたことを記して深く感謝の意を表したい。

訳者　山本由美子

一九八三年八月（二〇一〇年一月加筆）

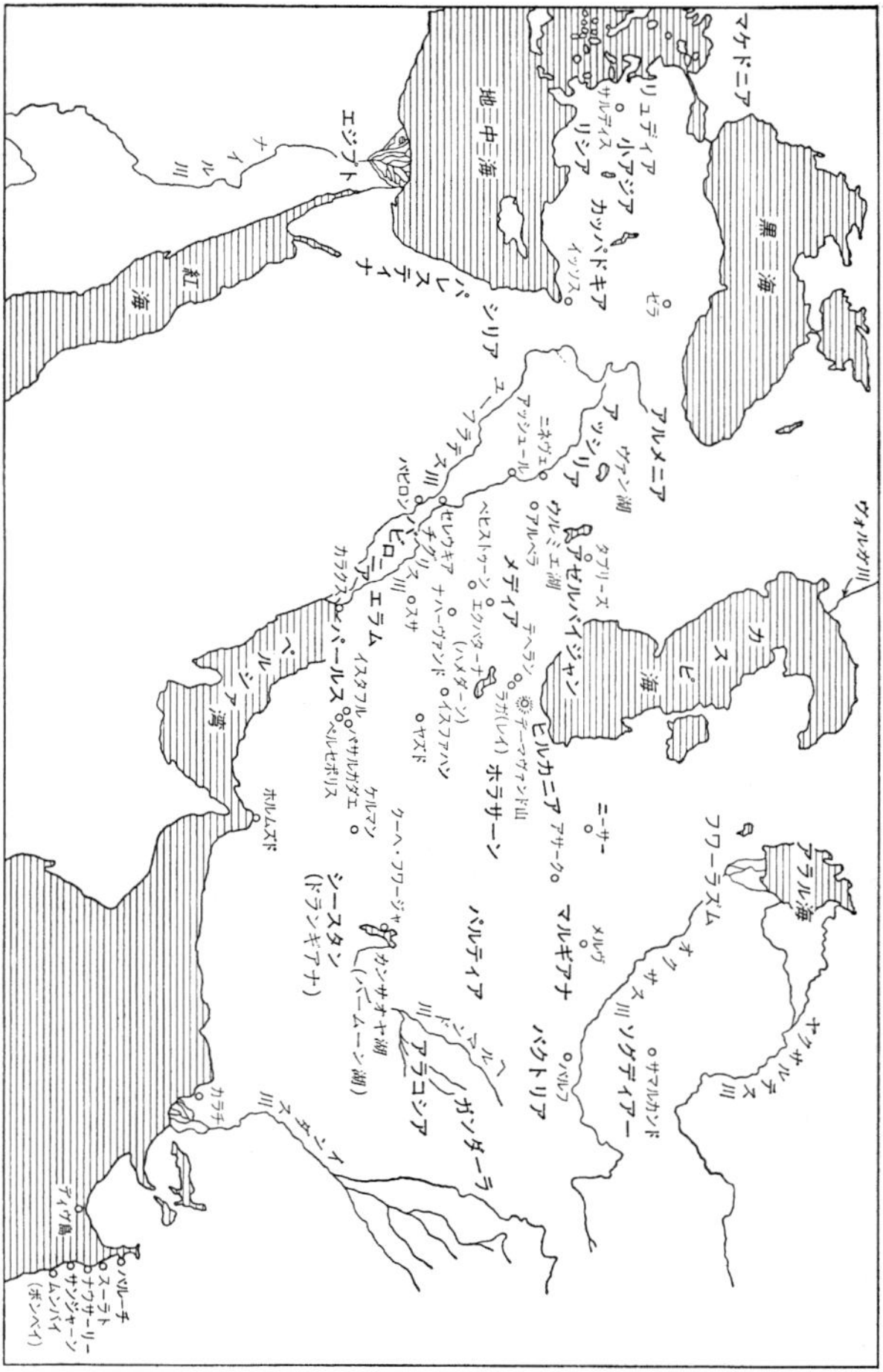

マケドニア
リュディア
サルディス
小アジア
リシア
カッパドキア
イッソス
ピラ
黒海
地中海
エジプト
ナイル川
紅海
パレスティナ
シリア
ユーフラテス川
アルメニア
アッシリア
ニネヴェ
アッシュール
ヴァン湖
ウルミエ湖
アルベラ
タブリーズ
アゼルバイジャン
バビロン
セレウキア
ベヒストゥーン
チグリス川
バビロニア
カラクス
メディア
エクバタナ
(ハメダーン)
ナハーヴァンド
スサ
エラム
テヘラン
ラガ(レイ)
ダーマヴァンド山
イスファハン
ヴォルガ川
カスピ海
ヒルカニア
ペルシア湾
イスタフル
パサルガダエ
ペルセポリス
パールス
ヤズド
ホルムズド
ケルマン
ホラサーン
アサーク
ニーサー
クーヘ・フワージャ
シースタン
(ドランキアナ)
カンサオヤ湖
(ハームーン湖)
パルティア
マルギアナ
メルヴ
フワーラズム
アラル海
オクサス川
ソグディアナ
サマルカンド
ヤクサルテス川
バクトリア
バルフ
アラコシア
ガンダーラ
インダス川
カラチ
ティヴ島
バルーチ
スーラト
ナウサーリー
サンジャーン
ムンバイ
(ボンベイ)

序文

ゾロアスター教は、現存する宗教のなかでは、その古さ、その経験した変動、その間に多数の聖典が失われたことなどのせいで、研究するのが最も難しいものである。およそ三千五百年ほど前、青銅器文化の時代、アジアのステップ地帯に発したそれは、ひき続いて三つの強大なイラン帝国の国教となり、何世紀にもわたって現世の権力と富を付与されてきた。したがって、その高遠で独創的な教義は、ユダヤ教が発達し、キリスト教やイスラム教が生まれた中東全域に影響を及ぼしてきた。東方では、イラン人の支配は北インドまで拡がり、そこでゾロアスター教は大乗仏教の発達に貢献した。したがって、ゾロアスターの教えや信仰の歴史についていくらか知識を得ることは、世界宗教を真剣に学ぼうとする者には不可欠なことである。

最近、諸大学での宗教学の発展から、このテーマについての入門書が要請されており、本書は、この要請に応えるためのものである。この本では、ゾロアスター教は、単に強力で生産的な影響力をもったものとしてばかりでなく、それ自体、数千年以上もきびしい迫害のなかにあっても信者の忠誠を得てきた高尚な信仰として扱われている。したがって、よくあるように、イスラム教によりゾロアスター教が世俗的な意味では衰退したところで終わるのではなく、本書は、それに続いた迫害の年月を経て今日の繁栄に至るまでの教徒集団の継続的な歴史を描いている。

執筆に際しては、明瞭と簡潔を旨としたので、出典はほんの基本的なものしかあげていないし、時には当然あるべき謝辞もなしに採用した他の研究者たちによる最近の研究の成果も、限られたものでしかない。

初めの数章の諸問題について、さらに詳しい研究は、著者の『ゾロアスター教史』(*A History of Zoroastrianism*, Leiden: 第一巻・一九七五、第二巻・一九八二、第三巻・一九九一) にすでに発表されている。本書の全領域を詳細にカヴァーするはずの続巻も出版予定で、その時には、詳細な出典と謝辞が可能になるだろう。

またこのシリーズ (The Library of Religions, Beliefs and Practices) の総編集者である友人、J・R・ヒンネル氏に対し、本書に取り組むよう勧めてくれたこと、及び忍耐と労働と賢明な忠告をもって完成に至るのを助けてくれたことについて感謝の意を表したい。また、Routledge & Kegan Paul の編集者のその親切と有益な助言に感謝する。

新版にむけて

一九七九年に本書が発行されて以来ゾロアスター教研究にはめざましい発展があった。本書も一九八三年の二刷において本文にいくつか訂正を加えたが、はじめの数章を読み返して、現在大きな発展がいくつかあることに留意する必要があることを示すべきだと思われた。

まずゾロアスターの生存年代についてだが、最初紀元前一七〇〇年としたものはすでに修正された。その理由は、「古アヴェスタ語」つまり預言者が使った言葉がきわめて近いとされるヴェーダ語によるもっともはやい『リグ・ヴェーダ』の制作時期がいまや前一五〇〇年頃とされるようになったことである。しかしながらアヴェスタ語の発展はもっと緩やかであったようだ。というのもゾロアスターが属した人々は、その親類であるインド・アーリヤ人よりずっと落ち着いて保守的であったようにみえるからである。「古アヴェスタ語」と「後期アヴェスタ語」の本文の言語や内容から数えてみれば、前者はおよそ前一二〇〇年、後者は前八〇〇年より遅くはないとされる。

しかしながら考古学者は発見物からイラン人の主流がその名を与えたイランという地に移動したのが前一〇〇〇年頃としており、そうとなれば、ゾロアスターの生存年を前一二〇〇年頃とすることで、彼はこれらの動きの起こる前に内陸アジアの草原地帯のどこかに生きた人であるといえるだろう。この頃の古代イラン人のものかもしれないとされる遺跡が、北カザフスタンで発掘されている。その住民は定住牧畜民で主として石器時代の文化をもち、青銅器文化への入口にたっていたようである。

『ヤスナ・ハプタンハーイティ（七章のヤスナ）』の新版の出版はゾロアスター教研究にきわめて重要な進展をもたらした。つまりこの小祈禱文（『ガーサー』とあと二つのもっとも聖なる呪文と合わせて古『アヴェスタ』の本文の全体をなすとされているもの）がゾロアスター自身に帰するものとされたことである。この発見は、はかりしれないほどの価値がある。というのも、これによって預言者自身の言葉とされるものの総量が実質的に増えたばかりでなく、共同の礼拝に使われてほとんど散文の形をとっている祈禱文は、『ガーサー』よりかなり理解されやすいからである。古『アヴェスタ』の文章はなお不明確さを残してはいるものの、いくつかの重要なポイントはただちに明らかになった。特に鍵となる神学的表現「アムシャ・スプンタ」はゾロアスター自身が用いたということ（またほとんど確実に定義されたこと）である。ふつう祈禱文はガーサーよりもっと預言者が自らのきわめて独創的な影響力のある教義を展開するにあたって、まわりの人々の古い宗教信仰にどの程度引きずられていたかを明らかにしてくれる――そしてその証言によって（本書でも触れているが）、イラン人は人格化された「抽象概念」を崇拝していたという長期間保たれていた学問上の命題を放棄することの必要性がさらに増す。この命題は時代錯誤であり、彼ら（イラン人）が実際崇拝したのは目にみえぬ力（アヴェスタ語の mainyu-、サンスクリット語の manyu-）であり、それは生物や無生物のすべてに見出され、そのいくつかはきわめて強力であると感じられていたことは明らかである。

ヤスナ・ハプタンハーイティから得られる付加的な証拠により、『ガーサー』から引き出される古アヴェスタ語族の社会構造の単純さ、つまり専門家集団は祭司集団だけであったことを確認させてくれる。その他の構成員は単に「男」と「女」と言及されるだけで、そのなかで男はおそらく牧畜者や狩猟者や戦士といったさまざまな必要とされる役割を演じていたが、その生き方は本質的に平和的で、法の支配のもとにあった。しかしながらゾロアスターの時代には、この社会は彼自らの言葉が示すように浮浪盗賊団の活動によって暴力的に脅かされていた。ゾロアスターがイランそのものに住んでいたと考えられていた時には、（後の歴史的パターンに基づいて）これらは遊牧の部族で国境地帯を越えて略奪すると考えられた。

しかし今では預言者は草原地帯の住人であったとみなされるべきであり、考古学者は（騎馬の）遊牧民は紀元前九〇〇年頃まで発展していなかったと証明している。それ故これらの不法な盗賊団の出現については他の説明がつけられなければならない。もっとも可能性が高いのは、（後の草原の歴史からみて）彼らは南方の王国での傭兵業務から戻ってきた男たちで、その間にすすんだ武器や新しい戦闘術を手に入れ、穏やかな牧畜生活よりはむしろ冒険や剣ですばやく獲物をとることなどを好むようになっていたということである。これは「英雄時代」の特徴といえるだろう。そして古アヴェスタ語文献が「英雄」やその行跡を歌う人たちではなく、彼らの略奪に苦しめられる穏やかで正直な人々の観点からそのような一時代を一瞥しているというのは、独創的特徴のひとつである。このような混乱の時は救済信仰を生まれさせ、平和と公正への希望こそがこの世界を次の世界へと脱皮させるものである。ゾロアスター教はそのような宗教のなかでも最古のものであり、他の多くの原型になった。

草原地帯における社会秩序の崩壊は、イラン人大移動の主たる原因のひとつであったかもしれない。この大移動は彼らに急速な変化をもたらした。後期アヴェスタ語文献は、新社会を三つのグループに分けている——祭司と戦士貴族（王を含む）と農民である。このような社会区分（インド・アーリヤ人においても同様の環境が現出したが）は、誤って（本書においても一般的に）古アヴェスタ語族にも同様であったろうとされてきた。そしてアフラ・マズダー「叡智の主」の地上での代理は、かれらの間でも王という支配者——伝統的な草原の社会では未知の姿（つまり「カウィ」ウィーシュタースパの正しい地位は疑問のままだが）であるようなものとして考えられたのだろう。しかしながらこの役目を果たしたのは、指導的な祭司であったと考えるほうがよいようである。というのも、祭司は知恵の守り手であり、賢明な祭司はその社会の長老会議での権威ある声になったことは十分に考えられる。

本書で取り扱って再考が必要なもうひとつの問題は、ゾロアスター教暦の問題である。著者は現時点での証拠から、『後期アヴェスタ』において三十日、十二ヵ月からなる暦は存在していたと考えている。この暦の一日一日はそれぞれ神に捧げられており、季節と合わせるために時に十三番目の月が加えられた。三百六十五日からなる暦が導入されたのはアケメネス朝〔紀元前五世紀〜前三世紀〕のもとであり、一年の終わり、春の新年の祭の前にさらに五日が加えられた。十二月が十三番目の挿入なしに確定されたので、それぞれの月も神に捧げられた。

サーサーン朝の五〇〇年頃に一度だけ暦の改革があり、新年はフラワルディン月一日からアードゥル月一日に動かされた。三百六十五日暦は自然年に対して足りない分、ゆっくりと遅れていくので、春分の日に合わせて戻すためであった。

さらに二つの重要な点が修正されるべきである。第一は、ゾロアスターが暗殺者の手にかかって死んだという言い伝えについてである。これは善意の創作であるとみなすべきだろう。第二は、有翼円盤中の像についてである。この像はゾロアスター教徒によって、その主要な宗教的なシンボルのひとつとして採用され重要視された。彼らはそれがフラワシを表しているとしている。それがアフラ・マズダーを表しているという考えは、研究者の間では捨てられており、今日では一般にフワルナを表すとみなしている。

上記のことは著者による *Zoroastrianism, its antiquity and constant vigour*, Columbia Lectures on Iranian Studies 7, Costa Mesa and New York, 1992 において、そのときまでの参照と文献目録をつけてかなり詳細に論じてきた。

二〇〇〇年五月

メアリー・ボイス

凡　例

本文中、〔　〕内は、訳者による註である。ただし（　）内は除く。
本文中の［　］は出典を示す。
本文右側の▽は、その語が用語略解に挙げられていることを示す。
また＊は、その語が言語学上の推定語形であることを示す。

図版出典一覧

一一二頁　"Pasargadae" David Stronach, Oxford, 1978.
一一五頁・一二六頁　上岡弘二氏提供
二三七頁　"Die iranischen Feuerheiligtümer" Schippmann, Gruyter, 1971.
三四二頁　"Zoroastrianism and the Parsis" J.R.Hinnells, London, 1981.
四一二頁　本書原書

ZOROASTRIANS: THEIR RELIGIOUS BELIEFS AND PRACTICES by Mary Boyce

目次

ゾロアスター教

三五〇〇年の歴史

この書を感謝をこめて

一九一二―一九四一年、ケンブリッジ大学のアングロ・サクソン学教授であった

ヘクター・マンロー・チャドウィックの思い出に捧げる

第一章　ゾロアスター教の背景

はじめに

ゾロアスター教は、啓示によって開かれた世界宗教の最古のものであって、直接的にも間接的にも他のどの宗教よりも人類に大きな影響を与えてきた。ゾロアスター教という宗教は、紀元前六世紀から紀元後七世紀までほぼ継続的に中近東の大半の地域を支配して栄えたイランの三つの帝国の国教であった。その帝国の権力と富のおかげで、この宗教は大きな権威をもったので、その主要な教義のなかには、一群のグノーシス派信仰ばかりでなく、ユダヤ教、キリスト教、イスラム教にもとり入れられたものがあったし、東方においては北伝仏教の発展にも影響を与えた。今日では外部的要因から、ゾロアスター教徒は、各地に分散した少数民となり、主としてイランとインドに住んでいる。しかし、最初に預言者ゾロアスターが説いた教えは、いまも全世界の他の宗教徒に守り継がれているのである。

ゾロアスター教は、記録された歴史に最初に登場した時には、遠い昔に発したもので、その時までにすでに長い時間を経過したものとされていた。イラン人は非常に伝統に固執するので、現在残っているゾロアスター教の要素のなかには、ゾロアスター出現以前の印欧語族の時代に遡ると思われるものがある。これらの要素は、のちにゾロアスターの啓示によって示された教義と混り合って、ゾロアスター教をきわめて複雑な宗教とした。この宗教を研究することは、数千年にわたる人類の精神的進歩についての理解を深めることでもある。これは高尚な宗教で、その独特なすぐれた教義は、信者に深い信仰心を呼びおこし、彼らの人生に目的と充足を与えた。このようにゾロアスター教は、人類の宗教史に占める位置のためばかりでなく、この宗教それ自体も十分に研究に値するものなのである。

ゾロアスター教が西欧でこう呼ばれたのは、預言者ザラスシュトラ（Zaraθuštra）が古代ギリシア人にはゾロアストレスとして知られていたためである。彼は先史時代に生きたイラン人なので、彼の生涯について確実な年代を決定することは不可能である。だが、イラン人が石器時代から青銅器時代に移行した時期に彼が生きていたことを示す証拠があり、それからみると、紀元前一四〇〇年から紀元前一二〇〇年の間であったと考えられる。

インド・イラン語族

遠い昔には、イラン人とインド人は一つの民族をなしており、これは原インド・イラン語族と呼ばれている。彼らは印欧語族の一枝族で、ヴォルガ川の東、南ロシアのステップ地帯で牧畜をしていたと考えられる。彼らは半遊牧民だったが、（馬がまだ家畜化されなかったので）徒歩で動ける地域を、犬を使って牛、羊、山羊を放牧していたらしい。彼らの社会は、大きく二つのグループに分けられた。祭司と、（狩人や牧畜民でもあった）平信徒である。ステップ地帯の生活は、発展や変化の余地をほとんどもたないほど厳しいものだった。

この緩慢で変化の少ない生活を続けた数世紀の間——おそらく紀元前四千年紀から前三千年紀まで——に、原インド・イラン語族はきわめて強力な宗教的伝統をつくりあげた。その要素は、彼らの子孫であるインドのバラモンとイランのゾロアスター教徒によって、今日に至るまで守り継がれている。

そのうち、前三千年紀の初期と思われるが、原インド・イラン語族は分裂して、言語上、インド人とイラン人という二つの別々の民族に区別されるようになった。彼らはその時も牧畜を行ない、おそらく交易を通して南方の定住民と接触したと思われる。

メソポタミアからは、まず牛にひかせる木製の車、次に二輪戦車《チャリオット》の使用を学んだ。そして戦車をひかせるために、ステップ地帯の野生の馬を投げ縄で捕えて馴らした。同じ頃、青銅器が使われるようになった。内陸アジアのステップ地帯のまわりの山脈、とくにアルタイ山脈には、銅と錫の豊富な鉱床があったから、ステップ地帯の住民は戦士として強固に武装することができた。戦士を意味する古イラン語は「ナル（nar）」で、これは単に「人」のことである。

戦車の使用が広まってからは、この言葉は「ラサエーシュタル（raθaēštar）＝戦車の上に立つ者」という新しい言葉に代わった。馬がひく車の出現によって、古い生活様式はより不安定で危険なものとなり、典型的な「英雄時代」に移っていったと思われる。そこでは首長とその従臣たちは、獲物と栄光を求めて出立し、他民族の居住地で略奪するばかりでなく、近隣の部族をも侵略しようとした。ゾロアスター教の古い詩句に、超自然の霊は「まさに強い戦車兵が剣帯を締めて、正当に獲得された宝のために戦うように」［ヤシュト・一三・六七］競うとされている。ときには、戦利品は力ずくで奪った牛の群れであった。偉大な勝利者の名声は、血と弱者や保護されていない者の苦痛でもって贖われた。ゾロアスターが生まれ、殺された者の地上における苦しみに満ちた日々の目的の啓示を求めたのは、このように法よりは力が支配する荒々しく不安定な時代であった。

ゾロアスターは祭司であった。彼の啓示の性格を理解するためには、彼を育てた古い宗教についてできるだけ学ぶことが必要であるが、幸いにも、ゾロアスター教の聖典や祭儀にみられる最古の要素と、インド最古の宗教文献（とりわけ『リグ・ヴェーダ』）やバラモンの儀礼との比較を通して、多くのことがわかる。ゾロアスター教の聖典は全体として『アヴェスタ（Avesta）』として知られている（この名称はおそらく「権威をもって述べられたもの」という意であろう）。この聖典に用いられた言語はこれ以外では知られていないので、「アヴェスタ語」と呼ばれている。これらの異なる資料を比較することによって、原インド・イラン語族の信仰の本質的な要素を再構成することができ、ゾロアスターが生まれるまでに、それがイラン人の間でどのように変容したかをたどることができる。

ゾロアスター以前の宗教

祭儀

一般に、祭儀は教義よりも長く存続すると認められている。今日でもゾロアスター教の祭儀の基本的な対象は、石器時代の牧畜民と同じもの、つまり水と火とである。紀元前五千年紀まで雨不足で不毛な砂漠であったと思われるステップ地帯では、水がなければ生活ができなかった。原インド・イラン語族は、水をアーパス（Āpas）という女神たちとして擬人化して、祈りを捧げ献水をした（献水は、アヴェスタ語ではザオスラ（zaoθra）と呼ばれ、この語はのち一般に「供物」を意味するようになった）。

ゾロアスター教では、水に捧げる神水として、牛乳と、二種の植物の茎や葉の汁の、三つのものを欠かせない。三という数は、原インド・イラン語族にとって神聖な数であり、いまでもゾロアスター教とバラモン教の多くの儀礼の基数となっている。神水のこの三つの材料は、それぞれ植物界と動物界とを代表しており、いずれも水によって育てられるものである。祈禱によって聖別されたザオスラは、外に流出してしまった生命力を、再びその元素のうちにとりもどして、それを清浄かつ豊かにするものと信じられた。ゾロアスター教では伝統的に、献水は祭司による儀式の一部であったと同時に、昔から各家で定期的に近くの池や泉に奉献されることにもなっていた。

もう一つの祭儀の主たる対象は火で、ステップ地帯の住民の生活にとっては不可欠のものであった。火は寒さの厳しい冬には暖をとる源であったし、彼らの主食である肉（野生獣と家畜を問わず）を料理する手段でもあった。火をおこすのに非常に手間がかかった時代では、かまどの火をいつも絶やさないでおくのが賢明なことであった（火種は移動の際には、壺で運ばれた）。そのため、燃えつづける火の祭儀は、その炎のなかに神を見た印欧語族に広く行きわたっていたようである。

バラモンはこの神をアグニ（Agni）――ラテン語の「イグニス」（ignis）と同語源――という古い名で呼び、ゾロアスター教徒はアータル（Ātar）と呼んだ。彼らは火に対しても三種の供物を捧げた。つまり樹皮をとって乾燥させた薪木、（乾燥させた香料植物の葉のような）香料、動物の脂肪の小片である（この三番目の供物は、とくに火に対するザオスラと呼ばれた）。このように、火もまた水と同じく、植物界から二種類、動物界から一種類の供物によって力を与えられるのである。薪木と香料は、おそらく一日に三度（日の出、正午、日没）の定められた祈禱の時に供えられた。一方、脂肪のザオスラは肉を料理する時には必ず捧げられ、火はこのようにしてその肉の分け前を受けとるものとされた。

火と水に供物をすることは、イラン人は「ヤスナ（yasna）」▽、インド人は「ヤジュナ（yajña）」（動詞語根「ヤズ〔yaz〕＝供犠をする、礼拝する」から派生）と呼ぶ、日々の、祭司による礼拝式の基礎をなしていた。この祭式における火へのザオスラは、明らかに定期的に行なわれた動物の血の犠牲から得られた。インド・イラン語族は、生命を奪うことに畏怖と危惧を感じていたので、この犠牲式に際しては生物の霊を生かし続けると彼らが信じていた祈禱をして、その行為を聖別することが重要であった。人間と動物との間には強い同族意識があり、それはヤスナ祈禱書の古い部分に表明されている。

我らは、我ら自身の魂も、我らを育くむ家畜（の魂）も……有用な野生動物の魂も敬う。［ヤスナ・三九・一―二］

イラン人の間では、聖別されて死んだ動物の魂は、「グーウシュ・ウルワン（Gəuš Urvan）＝牡牛の魂」という名の神に吸収されるとし、血の犠牲によってこの神は力を与えられ、この世のすべての有益な動物を守り、その繁栄を助けると信じられた。

ヤスナ／ヤジュナを施行する時には、犠牲獣の足の下と儀式の場所に草が敷かれた。この理由として、サンスクリット文献では次のように述べられている。

犠牲にされる獣は、草を身につけ、体とする。実にこうして彼（祭司）は犠牲獣に完全な身体をもたせる。［アイタレーヤ・ブラーフマナ・二・二・一二］

儀式を行なう祭司も、その間、草の束（イラン人はバルスマン▽と呼んだ）を左手にもち、おそらく「あらゆる肉は草であり」、人も獣も同族であるという認識のもとに、礼拝式を施行した。のちには、イランでもインドでも、草の束は小枝に代わった。

ヤスナの終りに行なわれる水への儀礼的な供物は、ミルクと二種類の植物の葉と茎をすりつぶして得た汁とからつくられる。この植物をすりつぶしたものは、サンスクリット語では「ソーマ（soma）」、アヴェスタ語では「ハオマ（haoma）▽」といわれるが、これは単に「押しつぶされたもの」という意味である。原インド・イラン語族により本来用いられた植物が何であったかは確かではないが、エフェドラ（ephedra）〔覚醒作用をもつ植物の一種〕の一種、今日、ゾロアスター教徒により用いられる「ホーム（hōm）」〔山地に野生するシダの一種〕であったことは十分考えられる。彼らはこの植物にすぐれた属性を認め、その汁が人を元気づけ、力を強めると考えた。つまり、それを飲むと戦士はたちまち闘志に満ち、詩人は霊感をうけ、祭司は神の啓示に感応しやすくなるというのである。石の乳鉢でその植物をすりつぶし、水への供物を用意することは、ヤスナ祭式の重要な部分であった。そしてこの儀式から、「緑の目」をしたハオマ神という観念が発達した。

ハオマ神は、治癒者として祈願され、家畜を守り、戦士には力を与え、飢えや渇きを追い払う神である。また神界の祭司でもあり、いかなる犠牲式においても、舌と左顎の骨を儀礼的な分け前として受け、それらは彼のために聖別され、とりのけられた。イラン人は、この神以外の神々は、犠牲獣の匂いと供物をするという人間の意志とだけで満足するものだと信じていた。それゆえ、聖別された肉は、司祭する祭司と信徒の間で祭事ののち分配された。そして歴史時代においてと同様に、家畜を殺すのは、常にこのように神々への供物をする場合だけであったと思われ、狩人は、獲物の息の根をとめるその瞬間には、簡単な聖別の祈りを唱えねばならなかった。

重要な儀式が行なわれる聖域は（後にゾロアスター教徒は「パーヴィ〔pāvi〕＝清浄な場所」と呼ぶようになるが）、たいそう簡単に作られた（半遊牧民は、礼拝のために一定の場所を確保するわけにはいかなかったから、そうするしかなかった）。イラン人のやり方によると、それはただの長方形の小さな平坦な場所で、あらゆる悪の影響を除くために、祈りを唱えながら儀式的に描かれた溝で区切られた。それからこの溝で囲まれた場所は、聖水をまいて浄められ、祈りを捧げて聖別された。祭司は地面に足を組んで座り、その前には小さな器に入った火が置かれた。祭事で用いられる器具はすべてまず洗われ、ついで聖別された。

しかし固有の聖域というものは存在せず、儀式が終わったあとは誰でもその器具を取り扱うことができ、他の場所へ移動するためすみやかに荷作りしてまとめられた。ゾロアスター教徒の礼拝の用地と器具のこの性格は、今日まで本質的に変わっておらず、バラモンの慣習にも同様に残っている。

清浄ということは、インド・イラン語族にとって神々を礼拝するためにも、また悪に対抗するための守りとしても、非常に重要なことであった。したがって聖別をする前に、地面を浄め最大限に注意深くすべての器具を洗うことが必要とされた。（死体に触れるというような）実際的に穢れと感じられるものを消毒するために、彼らは手近にあるもの、つまりアンモニアを含む家畜の尿を用いた。のちにゾロアスター教徒とバラモンの両者が施行するようになった複雑な浄めの儀式は、おそらく石器時代の先祖が既に行なっていたごく簡素な儀式に由来していると思われる。

神々

インド・イラン語族が礼拝した神々の数は多い（ヤスナ／ヤジュナ祭式は、常にある特定の神を名指して行なわれた）。（火、水、ハオマ、グーウシュ・ウルワンのような）祭儀の神々以外にも、自然現象を擬人化した自然神（nature gods）が存在した。イラン人がアスマーン（Asmān）と呼ぶ天空、ザム（Zam）と呼ぶ大地、太陽たるフワル（Hvar）、月たるマー（Māh）、ワータ（Vāta）とワーユ（Vāyu）と呼ぶ風の二神などがあった。ワータは吹きわたる風のことで、雨雲をもたらす神として崇拝された。ワーユはより神秘的な神で、『リグ・ヴェーダ』では「神々の魂」と呼ばれ、イラン人は生命の息吹きそのものの神とみなした。この神は、その息吹きを保持している間は慈悲深いが、それをとき放つ瞬間には恐ろしい神となる。

雨をもたらすワータは「（ハラフワティー・）アルドゥウィー・スーラー*（Harahvatī Arədvī Sūrā）」（「湿った」「強力な」を意味する修飾辞だけで呼ばれたが、のちに最後に「無垢」を意味するアナーヒタがつき、それが通称となった）と呼ばれる女神と結びついた。ハラフワティーはサンスクリット語で「水を有する」という意味のサラスヴァティー（Sarasvatī）と対応する。この女神は神話に出てくる川を擬人化したもので、この川は大地の中心にある巨大な山から流れ出して大海にそそぐとされた。この海は『アヴェスタ』では「多くの入江をもつ」という意味のウォウルカシャ（Vourukaša）と呼ばれる。他の川は、この海から流れ出して、あらゆる土地に水を運ぶ。雲もまた毎年、ウォウルカシャの水面から雨をとりだすとされた。

彼らが雨をとりだすのを保証するのは、シリウス星の神ティシュトリヤ（Tištrya）の仕事である。神話によれば、ティシュトリヤは毎年、見事な白馬の姿となって、ウォウルカシャの岸辺に赴く。そこで、無毛の醜い黒馬の姿をした欠乏の悪魔アパオシャ（Apaoša）と会い、両者は戦う。もし人々がその一年を通じてティシュトリヤへの祈禱や供物を充分に捧げなかったならば、アパオシャが勝利を得て、神は押し返される。しかし人がティシュトリヤを真に崇拝していれば、神の方が強く、悪魔を撃退できる。その後神は海に飛び込むのであるが、この神話では海の波は雌馬と考えられ、ティシュトリヤとの出会いを通じて、水を大量に産みだす。そして、ワータがこの水を雲にとりこみ、「七つのカルシュワル（Karšvar）」の上にふりまくのである。雨が降ると植物は芽を出すが、その種子は水分を含んでいる。この種子は、ウォウルカシャの海に育って「すべてを癒す木」とも呼ばれる「すべての種子の木」から生まれるという。この信仰はおそらく、実際の樹木崇拝、つまり小川や泉のかたわらに生え、その実や樹皮が病を癒すと考えられていた偉大な木に対する崇拝と結びついたものであったろう。

「七つのカルシュワル」という表現についていえば、インド・イラン語族は、世界は七つの地域に分かれていると信じていた。イラン人はこれらを円型で不動のものと考えていた。そのうち最大の地域であるフワニラサ（xvaniraθa）が人間の住む所であり、これを中心として他の六つはそのまわりをリング状に囲み、それぞれが水か深い森とで区切られていた（これは、南ロシアのステップ地帯の住民の世界像としては合理的なものである)。フワニラサの真中にハラー(Harā)山(ハラフワティーが流れ出す高山)の頂がそびえており、太陽がそのまわりを回転していると信じられていたので、世界の半分は常に闇のなか、残りは光のなかにあるということになる。

インド・イラン語族は、太陽が規則的な運動を続け、季節が移り変り、生物がある秩序をもって存続することを保証するような自然の法則というものがあると信じていた。この法則は、インド人には「リタ(r̥ta)」と呼ばれ、『アヴェスタ』ではそれに対応する語「アシャ(aša)」と呼ばれた。礼拝や犠牲を捧げることも、この自然の推移の一部であり、祭式を行なうことは、慈愛深い神々自身と人の住む自然界とに力を与え、アシャを維持するのを助けるとされていた。

「アシャ」の観念には、また倫理的な意味も含まれており、それは人間の行動をも支配すると考えられた。真実、正直、忠実、勇気は、人間にとって好もしいものと感じられた。したがって、徳とは、自然の摂理に従うことであり、悪徳とはそれにさからうことであった。それゆえ、アシャは翻訳のむずかしい言葉で、文脈に応じて異なる訳語が必要である。たとえばこの観念が物理的世界に及ぶ場合には「天則」、道徳的なものとの結びつきでは「真実」「正義」と訳される。

アヴェスタ語族は、アシャに敵対する偽りやひずみの原理を「ドゥルグ(drug)」(サンスクリット語で「ドゥルフ(druh)」)と呼んだ。それに基づいて、道徳家たちは、人間を、アシャを守る正義の人「アシャワン（ašavan）」と邪悪な人「ドゥルグワント（drugvant）」とに分けた。彼らの考察の多くは、明らかに社会的諸関係に関わっていた。それは石器時代のステップ地帯住民にとっても、都市の社会にとってと同様に重要であった。というのは、ある部族は自分たちの牧草地の境界について隣の部族の合意を得なければならないし、ある人は家畜の放牧について仲間と合意しなければならないわけで、すべては婚約とか結婚、物資の交換やもてなしのきまりのように、人類に共通の事柄と関わっていたからである。

立法者や祭司にとって、大きな意味があったのは約束の神聖さであり、それを尊重させることの重要性がアシャの必要不可欠な側面であった。誓いには「ヴァルナ」と「ミスラ（miθra）」の二種があったと認められる。「ヴァルナ（varuna）」とは（印欧語で「つなぐ、縛る」を意味する語根 ver- に由来すると思われる）、特定の行為をすべきかすべきでないかを自らを縛る厳正な誓約であり、「ミスラ」は、（印欧語の「交換する」を意味する mei から派生したと思われる）条約・契約であって、これによって両当事者が何らかの事について合意するものである。どちらの場合でも、言葉にした誓いにはある力がこもっていると感じられた。この力は約束を守る正しい人を支持、繁栄させ、裏切った嘘つきを恐ろしい復讐でうち倒す神として認識されていた。

この神の復讐は神判を通じて行なわれる。ある人が違約を非難され、本人がそれを否定する場合には、訴訟は避けられなかった。そのような時には、訴えられた人は自分の真実を証明するために、問題になっているのが誓約である場合は水、契約の場合は火による神判に従うべきものとされた。

水による神判のうちの一つは、サンスクリット語文献の『ヤージュナヴァルキャ法典』［二・一〇八―］に以下のように述べられている。被疑者は水にもぐって、その水のなかで直立している人の腿をつかんで、「ヴァルナよ、真実によって我を守りたまえ」と唱える。その瞬間弓手が矢を放ち、足のはやい走者がそれを取りに駆け出す。走者が戻ってきた時、被疑者がまだ水のなかで生きていたならば、誓約の神ヴァルナが彼をアシャワンとして救ったとされた。もし彼が死ねば有罪であったわけで、事件は落着する。火による神判の一つは、被疑者が二つの燃える薪木の山の間の狭い隙間を走り抜けるというものであった。この時も彼が生きていれば、契約の神ミスラが彼の無罪を宣告したとされた。溶けた銅を被疑者の裸の胸にそそぐという方法もあったが、これも明らかに火の神判として用いられたものである。

このような裁判手続きの結果、ミスラとヴァルナは、生殺を左右する要素である火と水に緊密に結びつけられるようになった。ヴァルナは、「アポンム・ナパート（Apam Napāt）＝水の息子」という別名をうけ、『アヴェスタ』ではその名称だけが知られ、ウォウルカシャの海に住むと考えられた。それに対してミスラは火の神となり、あらゆる火のなかで最大のものである太陽を伴なって、毎日天空を横切り、その道程で契約を守る者と破る者を見おろしていると信じられた。ミスラもヴァルナも深く敬われ、種々の信仰をよせられて偉大な神とされるようになった。両神の観念も拡大され、それぞれ「忠実」と「真実」を擬人化した神とみなされるようになった。そして、両神とも、『アヴェスタ』では「主」を意味する「アフラ（ahura）」――サンスクリット語の「アスラ（asura）」――の称号を付された。

この二柱の強力な存在に祈願する神判は、明らかにはなはだ危険なものであったから、歴史時代には王もしくは地域共同体の指導者らがその神判を行なうかどうかを決定した。そして、法の決定権をもつ賢明な支配者の姿は、『アヴェスタ』の叡智の主、「主」の三番目で最も偉大な神であるアフラ・マズダーの観念の起源であったと思われる。この神は高遠な存在で、同胞的な双神であるミスラとアポンム・ナパートよりはるかに高い地位を占め、彼らの活動を指示・支配した。またいかなる自然現象とも結びつかず、叡智の力を顕現したもので、人間ばかりでなく神々のすべての行動も統制すると考えられた。『リグ・ヴェーダ』では単に「かのアスラ（Asura）＝主」として知られていたようで、ある詩句では、この二柱の下位の「主」は、次のような言葉で語りかけられている。

あなたたち二神は、かのアスラの超自然的力を通して空に雨を降らせる。……あなたたち二神は、アスラの超自然的力を通して、あなたたちの法を守る。リタ（ṛta）を通して宇宙を支配する。［『リグ・ヴェーダ』五・六三・七］

三柱の「主」は、ともに非常に倫理的な存在で、アシャ／リタを擁護しつつ自らもこれに従う。これらの高遠な観念は、原インド・イラン語族が早くも石器時代に発展させたものであり、彼らの子孫の宗教に深く織り込まれている。

原インド・イラン語族は、この他にも多くの「抽象的な」神々を崇拝した。それというのも、彼らは今日では抽象的概念といわれるものを擬人化し、それを常在する強大な神々だとして感知する能力をもっていたからである。すなわち、たとえば「神は愛なり」と述べることによって神の性格を定義する代わりに、彼らならば、「愛は神」と信じることから始まり、この観念から次第に神の性格を創り出していくことであろう。「抽象的」な神にどの程度まで性格や神話を肉付けしていくかは、その神がどれほど人間の必要や宗教儀礼に関係しているか、またその結果、どれほど人気があったかによったと思われる。

たとえばミスラは、契約に対する忠実さを顕現した神であるが、次第に戦争の神として礼拝されるようになり、アシャワンのために戦い、情容赦のない力をもって条約破壊者を滅ぼす存在だとされた。偉大な裁判官としては人間の行為を公平に査定し、太陽神としては、天において彼の伴なう太陽のごとく輝くとされた。イラン人の王や戦士が戦車を採り入れてからは、神々もまた戦車乗りと考えられるようになって、ミスラは金と銀で飾られ、影をもたない白い馬にひかれて空をわたるといわれる。その戦車には石器時代と青銅器時代の両方の武器が積まれている。この神は、「黄色の金属で鍛えられた」［ヤシュト・一〇・九六］矛で武装する一方、槍や弓矢やナイフや投石器ももっている［同上・一〇・一〇二、一二九—一三二］。

ミスラのまわりには、他の下位の「抽象的な」神々が群がっていた。アイルヤマン（Airyaman）――サンスクリット語ではアールヤマン（Āryaman）――は友情の力を顕現したもので、この友情とは儀式的に確立された場合には一種の契約といえないこともない。「正義」の神アルシュタト（Arštat）、「勇気」のホンム・ウルティ（Hąm vərəti）がおり、「従順」のスラオシャ（Sraoša）は祈禱の守護者でもある。ミスラやアポンム・ナパートに伴なうもう一柱の神はフワルナ（Xvarənah）で、この神は「恩寵」もしくは「栄光」――王や英雄や預言者に付される特性だが、彼らがアシャに従わなければ離れてしまう――を擬人化したものである。フワルナ自身は、時には幸運の女神アシ（Aši）と結びついており、この女神は正しき者であるアシャワンにだけ褒美を与えるという。同じことは勝利の神ウルスラグナ（Vərəθraghna）についてもあてはまり、この神は「アフラたちによって創られた」という特定の称号をもっている。インド・イラン語族の大部分の神々は人間の姿をしていると考えられたが、ウルスラグナの場合、その特有の化身は、イラン人の間でその勇猛さゆえによく知られている野生の猪である。したがってこの神は『アヴェスタ』のミスラ讃歌［ヤシュト・一〇］では、このアフラの前を走り、鋭い牙をもち力にあふれ、不信心者、条約破壊者をうち滅ぼそうとしていると描かれている。

ヴェーダ時代のインド人は、ウルスラグナを礼拝しなかった。というのも、彼らの先祖たちは、古い勝利の神をインド・イラン語族の英雄時代の戦士の原型である神インドラ（Indra）に置き換えたとみられるからである。インドラは自らを信仰する者には惜しみなく与え、戦闘では向こう見ずなほど勇敢で、ソーマの痛飲者である。この神は道徳にこだわらず、礼拝者たちに求めるのは豊富な供物だけである。その代わりとして、この神は物質的な賜物を充分に与える。この神と倫理的なアフラたちとの対比は、『リグ・ヴェーダ』の讃歌［四・四二］にはっきりと表現されている。そこではこの神とヴァルナは自分たちの偉大さについて交互に異なった主張を述べている。ヴァルナは宣言する。

不死なる者すべてが、我らについて認めているように、主権、永遠の支配権は実に私に属している。……私はしたたる水を上昇させ、リタを通して天空を支える。リタを通して私は主であり、リタを通して支配する。

インドラはこれに答えていう。

良い馬をもち素早く駆ける人は、戦闘で包囲されると私を呼ぶ。私、物惜しみしないインドラは闘争をひき起こす。私は塵埃をまきあげ、私の力は圧倒的である。私はこれらすべての事をなした。いかなる神のごとき力をもってしても、要害堅固な私を止めることはできない。ソーマや歌が私を酔わせる時には、果てのない両界は畏怖する。

この二神は、このように全く異なるものであり、その原型を地上にもつと考えられている。すなわち、一方は自らの権威の拠り所たる法を守ることに関心をもつ倫理的な支配者で、他方は自らの武勇と名声の他はほとんど意に介さない勇敢な戦士の長である。

　いま引用した文で、ヴァルナは「不死なる者」に言及している。「不死なる者」――ヴェーダ語では「アムリタ（Amṛta）」、アヴェスタ語では「アムシャ（Amǝša）」――という称号は、インド・イラン語族が神々に対して用いたものの一つである。もう一つは「輝くもの」――ヴェーダ語では「デーヴァ（Dēva）」、アヴェスタ語では「ダエーワ（Daēva）」――である。両語とも起源は印欧語にある。しかし、イラン人は他にも「バガ（Baga）」という言葉を使った。これは「（良い物を）分配する者」を意味する。なんらかの理由で、ゾロアスター自身は、ダエーワという古い称号を、倫理的なアフラに敵対する破壊的な力とみなしたインドラや他の戦争の神々にだけ限って用いた。

　イラン人の祭司は、いずれかの神々にむけて各々の礼拝式を捧げたが、（火と水にきまった供物を捧げるという）儀礼そのものは、いつも同じであったとみられる。祭司のなかには、儀礼の詳細について、また自分たちが支えるべく義務づけられた自然世界の性質について思索するようになった者もいた。そこから宇宙創成論の構図がわかりやすい形をとって現われてきた。これはゾロアスター教の文献から次のように再構成できる。

　神々は世界を七つの過程に分けて創造した。第一に天空が創られた。それは巨大で丸い貝のようなもので、堅い石でできていた。この貝の下半分には水があり、その水の上に、大きな平たい皿のように大地が創られた。それから大地の中心に、三つの生命ある創造物が創られた。一本の木、一頭の動物（唯一に創られた牡牛）、一人の人間「ガヨー・ムルタン（Gayō marətan）＝死すべき生命」である。七番目に、火を創った。これは、見えるものであると同時に、すべての生命ある創造物に行きわたる目には見えない生命力であった。火の創造の一部をなした太陽は、まだ頭上にとまったままで、世界は常に真昼のようであった。というのも、世界は、まだ不動で不変のものとして存在していたからである。それから神々は、三種類の犠牲を捧げた。つまり植物を砕き、牛と人とを殺したのである。このような供犠は善をもたらすものであり、そこから、より多くの植物、動物、人間が生まれた。存在の環はこのようにして動きはじめ、死は新しい生によって受け継がれた。太陽は天空を渡るようになり、アシャに従って季節が定まった。

これらの自然の推移は、インドの典拠から推論すれば、終りなきものとされた。いったん神々によって始められたからには、人間の方が自らの役割を果たす限り、それは永遠に続くであろう。

そこで祭司は、植物と動物という原初の供犠を毎日くり返すことによって、自分たちは世界が正しい順序で続くのを保証していると考えた。この日々の儀礼によって、彼らは、その儀礼の場にすべて代表をおいている七つの創造のそれぞれを意識して浄め祝福し力を与えるのである。つまり儀式の場所そのものは大地を表わし、水と火は祭司の前の容器にあり、天空を形成する石は燧石製のナイフと石の棒や乳鉢に、植物はバルスマンとハオマに、動物は犠牲獣（または動物製品のミルクやバター）に表わされている。そして最後に、そこで司祭する祭司自身が人間を代表し、この祭司は、世界を力強く清浄な状態におく作業において、神々の協力者となるのである。

死と死後

こうした協力関係が続く限り、世界は終わることがなく、際限なく続くと考えられた人間の世代にも終りはみられなかった。個々人のためには、死後の生命についての信仰があった。最初期に信じられたところでは、身体を離れた霊「ウルワン（urvan）▽」は、三日間地上に留まったのち、地上を支配した最初の王であって最初に死んだ人間であるイマ（Yima）――サンスクリット語ではヤマ（Yama）――が支配する地下の死者の国に向かう（〔原初の人間〕ガヨー・ムルタンは、現実の人間というよりはむしろ人間性の原型である）。イマの領土では、霊は影のような存在であり、地上に生きている子孫に頼って、飢えを満たし衣服を整える。これを目的とする供物は、物質の障壁を越えることができるように儀式的に、定められた時に捧げられなければならない。新しい死者の霊は、孤独で、死者の間の同胞的な絆のなかに完全に受け入れられていないと考えられたので、最初の年は頻繁に供物がなされた。供物をする責任は、死者の相続人、普通は長男にあり、三十年間（つまり十年を三回）、ざっと一世代の間、供物を献げることが義務とされた。

死後三日間の儀式はとくに重要で、魂が死後の世界への出発を待つ間、悪の勢力から守るとともに、地下の世界に達する力を与えるとされた。魂が彼岸に達するために渡らねばならない暗い河には、浅瀬または渡し舟といった危険な場所があるという古い観念があったと思われる。これは、『アヴェスタ』では「チンワト・プルトゥ（Cinvato Parətu）」と呼ばれ、「選別者の渡し」を意味するとされる。死者をできるだけ援助するために、その家族は三日間哀悼して断食し、祭司に多くの祈禱を唱えてもらう。その後で、血の犠牲式が行なわれ、火にも儀礼的な供物が捧げられる。第三夜には、食を与えられ衣服をつけて魂が、翌朝の孤独な旅に出発できるように、犠牲の肉と衣服が祝別される。（のちのゾロアスター教徒の慣行から判断するならば）その後の三十日間、聖別せられた食物が毎日死者のために捧げられ、三十日目の第二の血の犠牲式で終わる。それからは、第三の最後の血の犠牲式が行なわれる丸一年目まで、三十日に一度もしくは月毎に供物が献ぜられる。そのあとは魂を物質的に養なう必要は減少したと考えられ、三十年の間、命日に供物が捧げられるだけになる。この後、魂は完全に死者の大きなグループの一員になったと信じられたので、『アヴェスタ』の時代の人々には「ハマスパスマエーダヤ（hamaspaθmaēdaya）」と呼ばれた万霊節の日に、各家でそれぞれの祖先全体に捧げる供物の分け前だけで充分とされた。この祭は、一年の最後の日に祝われ、魂は日が沈む時に旧居に戻り、初日の出とともに再び立ち去ると考えられた。

死者の家が地下にあるという信仰に結びつく葬法は土葬である。ゾロアスター教の「ダフマ（daxma）▽」（現在では「沈黙の塔」と呼ばれる鳥葬用の死体置場）――印欧語の動詞根dhṃbh（埋める）から派生した*dafmaのアヴェスタ語――という言葉は、もともと墓を意味した。原インド・イラン語族は、ステップ地帯の「竪穴式墳墓」族の一グループで、その指導者の家族は深い竪坑の底に埋められ、土の塚で蔽われたと考えられる。普通の人はおそらく今ではなんの跡も残っていない地中の簡素な墓に葬られたのであろう。

死後に希望をもつようになったのは、おそらくインド人とイラン人が分かれる直前であったのだろう。すなわち、彼らのうち少なくとも王、戦士、神々に仕える祭司などは、死後には永遠に喜びのない存在になるという恐ろしい運命から逃れることができ、死んでからも魂が想像しうる限りの至福を味わうことのできる光輝く楽土で神々の列に加わるため天に昇っていくと考えるようになった。こうした希望が生じると、「選別者の渡し」は、その一端がハラー山の頂に、もう一端が天への道にかかる橋と考えられた。この橋を渡れるのは、供犠を多くすることによってその資格を得た者だけであった。他の魂は、この橋を渡ろうと試みたとしても、死者の地下の王国に落ちるしかない。こう定められた者のうちには、女、子供を含む下層階級の人々すべてがいた。

楽土に達した魂は、当然、子孫から供物をしてもらう必要はないのだが、伝統的に、また個々の霊の運命をこの地上では確かめることができないために、すべての死者に対して敬虔に供物がなされた。

楽土に達するという希望とともに、肉体のよみがえりの信仰が発達した。楽土の喜びを霊的な経験とだけ考えるのが不可能だったからである。そして、（インドの例によると）死後一年たつと、死体の骨格が立ち上って不死の肉をつけ、楽土で再び魂と結合すると考えられるようになった。おそらくこの信仰のため、インド人は滅ぶべき肉がすみやかに消滅するように、葬法を火葬に代えたのであろう。骨は注意深く集められ、再生を待って埋められた。しかし、イラン人は火に大きな敬意を抱いていたので、穢れたものを焼くことができなかったとみえ、のちにゾロアスター教固有のものと知られる風葬の儀礼が、異教時代にすでにある程度採用されていたと思われる。死体は荒野に放置され、禿鷹や腐肉を食う獣によってたちまちむさぼり食われた。魂は日光が作る光の道を通って天へ昇り、腐敗した肉の方はすみやかに処理されるわけである。そのあとで骨が集められて、インドの儀礼のように埋められた。

　異教時代のイラン人の死後の信仰についての研究が複雑になってしまうのは、死んだ霊に対して、ウルワンの他に「フラワルティ*（fravarti）」——アヴェスタ語の「フラワシ（fravaši）▽」——という言葉も使われるからである。この語源は（ウルワンと同様に）不確かであるが、「ホンム・ウルティ＝勇気」と同じ動詞根から派生したもので、フラワシは本来は、子孫を加護する力が特に強い死んだ英雄の魂であったと考えられる。もしそうとすれば、古代のイラン人の間にも、かつてギリシアにあったと同じような英雄崇拝が存在したに違いない。フラワシは女性で、ワルキューレ（ゲルマン神話に出てくる英雄の魂を運ぶのを役目とする羽のある女性）のように羽があり、空中に住むと考えられた。そして供物に満足すれば、すみやかに人を助けに飛んでくる。また、毎年自分の家族のところに雨を降らせ、子孫が生まれるのを見ようとし、戦争の時には目には見えないながらも子孫の側で戦った。

特別なフラワシ祭儀と一般的なウルワンの祭儀とは、おそらく非常に古くから、似た点があったので、この二つの信仰は混然と混り合ったに違いない。一部の者の間に、死後に楽土に行けるという希望が生まれたことも、この混乱を増したことだろう。最初に天で神々とともに住むと考えられたのは、強力なフラワシの方であったと考えがちだが、実はこの文脈で語られるのは、主としてウルワンの方なのである。

古くからの信仰によって、フラワシはいつも身近に存在する援助者・守護者とされていたので、離れて住むものとは考えにくかったのであろうし、これらの有翼の霊を肉体のよみがえりの教義と結びつけるのもむずかしかったためであろう。にもかかわらず、「強力なフラワシ」と「無力なウルワン」という観念は、異教時代にすでにかなりの程度混り合っていたに違いない。『アヴェスタ』のフラワシ讃歌［ヤシュト・一三］は、古い要素を含んでいるが、ここでハマスパスマエーダヤの時に衣食の供物を求めて家に戻ると語られているのは、フラワシの方である。しかし同じ讃歌の詩句には、彼らは神のごとき力をもつと讃えられてもいる。ゾロアスター教のヤスナ祭式で、フラワシとウルワンは、全く同一視される場合があり、「我らは正しき者のフラワシである死者の魂（ウルワン）を礼拝する」と何度もくり返し表明されている。しかし（明瞭に教義として形成されていないにもかかわらず）、両者の大きな違いは今日まで残っていて、人々は普通フラワシに向かって祈り、ウルワンのために祈るのである。

結論

結論としていえば、異教時代のイラン人の宗教は儀礼と慣習を中心としたものであったが、神々に関する信仰はアシャとアフラの観念と結びついて、高尚な要素を含んでいた。しかしながら、これらの要素は、死後に幸福が得られるという希望をもてるのは、指導者たちだけであるというような伝統的な宗教の一部であった。しかもこのなかには道徳によらない観念も混入していた。それは、インドラやその仲間のような好戦的な神々を礼拝した人々は、この世と来世における救いの希望を、豊富な供物によって購うことができた点である。この道徳的な要素と非道徳的な要素とはともに、原インド・イラン語族の時代、つまり牧畜をしていた石器時代に遡ることができる。しかし後者の方が、青銅器時代の到来とともに有力になったのは明らかである。この時代は、情容赦なく富と権力を獲得するあらゆる機会が増した時であったからである。

第二章　ゾロアスターとその教え

はじめに

スピタマ家のポウルシャスパの子、預言者ザラスシュトラ〔ゾロアスターのアヴェスタ語形〕のことは、まず『ガーサー』によって知ることができる。『ガーサー』▽とは十七章から成る大頌歌で、彼自身が創り、教徒たちが忠実に受け継いできたものである。これらは教示されたものではなく、霊感を受けてできた、情熱にあふれる詩文であり、多くは直接神に向けられている。この詩型は非常に古く、（古代ノルウェー語との比較によって）印欧語族期に遡るものであるとされてきた。この詩型は預言に関わる伝統の一つで、祭司階級の幻視者がそれぞれ理解した神的なものを高邁な言葉で表明しようとして発展させてきたものと考えられる。

　その詩の特徴は、幻影が微妙であることと、型式が非常に豊かで複雑であることである。このような詩を充分に理解できるのは、知識人だけであったろう。しかしゾロアスターは、神が、全人類に向けたメッセージを自分に託したと信じていたので、そのメッセージを普通の人々に向かってやさしい言葉でくり返して説いたに違いない。教徒集団では、彼の教えは、口伝えで世代から世代へ語り継がれ、イラン人が建てた三番目の帝国サーサーン朝のもとで最終的に文字に書き表わされた。その当時話されていた言葉は中世ペルシア語で、パフラヴィー語▽とも呼ばれるものであるが、パフラヴィー語文献は、『ガーサー』にある多くの不明瞭な点を解明するため、きわめて貴重な鍵を提供している。

いわゆる『後期アヴェスタ』（『アヴェスタ』のなかで、『ガーサー』より後世に作られたとされる部分）のなかにも、多くの貴重なものが残されている。ゾロアスター自身の用いた方言は、『ガーサー』と他のわずかな古いテキストによってしか知ることができない（このように、言語学上孤立していて、この他には全く知られない言葉が多いことが、この頌歌の解釈を一層困難にしている）。

現存の『アヴェスタ』の残りの部分は、祭祀に用いるテキストから成り、（方言として全く同じではないが）同一の言語（イラン語）のいろいろな発展過程を残している。信奉者たちにとっては、これらの詩文のすべては、ゾロアスターの啓示の異なった面を具現化したもので、それぞれに尊重されるべきものであった。西欧の研究者たちは、『ガーサー』後のテキストを『後期アヴェスタ』と総称して区別しているが、そのなかには非常に古いものも含まれている。特に、個々の神々に捧げられた讃歌つまり『ヤシュト▽』のなかに、このようなものがある。

ゾロアスターとその伝道

ゾロアスターは先史時代の人であったので、その生存年代を正確に知ることは不可能である。『ガーサー』の言語は、紀元前一七〇〇年以降に成立したとされる『リグ・ヴェーダ』の言語ぐらいに古い。したがってそこに描かれた世界観も古く、石器時代の社会のものである。文学の保守性のゆえにある程度割引かねばならないにしろ、アヴェスタ語族（ゾロアスターの属していた部族はより良い名称がないので、こう呼ばれる）は、貧しく孤立していたので、青銅器時代の発達にすぐには影響されなかったといえよう。したがってゾロアスターが生きた年代を、ほぼ紀元前一五〇〇年から前一二〇〇年の間と推定するのも理由のないことではない。

『ガーサー』では、ゾロアスターは自分を「ザオタル（zaotar）」と呼んでいる。これは充分な資格をもった祭司を意味する。教義をもつ宗教の創始者のなかで、祭司であって預言者となったのは彼だけである（『後期アヴェスタ』では、彼は祭司をさす一般的な言葉「アサウルワン〔aθaurvan〕」と呼ばれている）。また彼は自分を「モンスラン（mąθran）」とも呼んでいるが、これは「モンスラ（mąθra）」、サンスクリット語では「マントラ（mantra）」、すなわち「特別の力をもつ言葉」を霊感によって創造できる者の意味である。

祭司になるための修行は、インド・イラン人の間では早く、おそらく七歳頃始められた。彼らは文字を書くことを知らなかったので、その修行は口伝えで行なわれた。それは基本的には祭式と教義の両方を学ぶことであったが、同時に、神々に対して呼びかけたり、神々をたたえたりする詩句を即興で作る技術を修得することや、昔の聖人の作った偉大なモンスラを暗記することでもあった。イラン人は十五歳を成年に達する年齢としたので、ゾロアスターはその年齢で祭司になったであろう。彼自身の作になる『ガーサー』によると、その後彼はさらに、さまざまな教師について、得られる限りのより高度の知識を求めたに違いないと思われる。彼は自分について「知る者」を意味する「ワエードゥムナ（vaēdəmna）」という呼名も用いて、霊感によって神から叡智を授けられた者と称していた。（パフラヴィー語文献に残る）ゾロアスター教徒の伝承によれば、彼は、真理探求のために、何年間も放浪して過ごしたという。また頌歌によれば、その時、彼は、ダエーワの礼拝者たちが軍勢を仕立てて平和な社会を襲撃し、略奪し、殺戮し家畜を奪い去るといった暴力行為を働くのを目撃した。物理的には無力であることを自覚した彼は、公正さとアフラの道徳律が強者と弱者に隔てなく確立されて、秩序と静謐が行きわたり、誰もが平和に良い人生を送れるようにと深く希望するに至った。

伝承によれば、ゾロアスターは智恵の熟する年である三十歳で、ついに啓示を受けたという。この大きな出来事は『ガーサー』の一つ［ヤスナ・四三］に描かれているし、パフラヴィー語文献にも簡単に記されている［ザードスプラムの選書・二〇―二一］。それによると、ゾロアスターは、人々が春の祭を祝って集まった日の暁方、川にハオマ儀式に使う水を汲みに行った。川の真中から水を汲もうとなかへ入って岸辺に戻った時――つまり春の暁方の新鮮さのなかで、彼自身も水という純粋な要素につかって、儀礼上清浄な状態にあった時であるが――ヴィジョンを得たのである。彼が岸辺に見た光輝く姿は、自分から「ウォフ・マナ（Vohu Manah）＝良い意図」と名のり、ゾロアスターを、アフラ・マズダーと他の五つの輝く姿の並ぶ前に導いた。そこでは「その大いなる光のため、彼は地面に自分の影さえ見なかった」という。彼が偉大な七柱の神々から啓示を受けたのはこの時であった。

アフラ・マズダーとその敵

その後もゾロアスターは何度かアフラ・マズダーをヴィジョンで見たり、その存在を意識したり、自分を呼びよせる言葉、つまり彼が全心をもって従うことになる呼びかけを聞いたりしたが、これはその最初のものであった。「このために、私は初めからあなたのものとして取っておかれた」〔ヤスナ・四四・一一〕と、彼は述べる。「私が力と強さをもつ間に、人にアシャを求めるよう教えよう」〔同上・二八・四〕。

彼がアフラ・マズダーを崇拝するのは、アシャ（天則・正義及び公正）の主としてであった。アシャの守護者である三大アフラのうちで、マズダーは最も偉大であるとして昔から礼拝されていたから、アシャの主であるというのは伝統にもかなっていたわけである。しかしゾロアスターは、さらにすすんで、既存の信仰からは大きく離れて、アフラ・マズダーが、創造されたのではない唯一の神で、永遠に存在し、他のすべての慈愛深い神々を含むあらゆる善なるものの創造主であると宣言した。

ゾロアスターがこのような高邁な信仰を得るに至った思考の過程を確実性をもってたどることは、とても我々のできることではない。しかし、彼が、祭司として自ら司祭する日々の礼拝や、これと結びついた宇宙創成論について瞑想することによって、このような考えに至ったということは考えられる。これまで見てきたように、祭司の学者たちは、ヤスナ祭式にすべて代表をおいている七つの創造物をつくりだした七過程から成る天地創造の教義を発達させた。そして彼らは、物質界における根源的単一性を仮定し、すべての生命は本来一つの植物・動物・人間から発しているとした。ゾロアスターは、このことから霊感を受けて、同様に神界も本来単一であると認識したようである。つまり宇宙には、はじめに唯一の慈愛深い存在であるアフラ・マズダーがいた。この神は完璧に賢明であり、すべて正しく善であり、他のあらゆる慈愛深い神々は彼から発したと考えたのである。

預言者が、苛酷な体験を通して、叡智と正義と善が、本来、邪悪さや残酷さとは、完全に別のものであると確信するに至ったであろうことは明らかである。そして彼の抱いたヴィジョンによれば、敵である「対立霊アングラ・マインユ（Agra Mainyu）」もアフラ・マズダーと同様創造されたのではなく存在したのだが、こちらは無知で、何から何まで悪意に満ちていたのである。この二つの大きな存在は、ゾロアスターが預言者としての目でその原初の姿を見たところでは、互いにはるかに離れていて遭遇することはなかった。

まことに、はじめに二つの霊があり、彼らは対をなすもので、戦っていると知られている。思考や言葉や行動において彼らは二つ、つまり善と悪である……この二つの霊が初めて邂逅した時、彼らはそれぞれ生と非生を創造した。そして最後には、虚偽（ドゥルグ）に従う者たちは最低の存在になり、最上の住居は正義（アシャ）を保持する者たちへ与えられる。この二つの霊のうち虚偽に従う方は最悪の行動を選び、最も堅い石（天空）に覆われている最も聖なる霊は、正義を選んだ。アフラ・マズダーを、正しい行為でいつも満足させる人は、（すべて正義を選ぶであろう）。［ヤスナ・三〇・三―五］

この啓示の肝要な点は、二つの原初の存在が、（それぞれの固有の性質に従ったとはいえるが）自発的に善悪を選んだということである。この行動は、人もまたすべてこの世において、同様な選択を行なわねばならないことをあらかじめ示したものである。選択を行なうことは、二つの霊の間に内在する対立を活性化させ、アフラ・マズダーが創造と反創造――預言者の言葉に従えば「生」と「非生（つまり死）」――の間で創造を決意した時、その対立は明らかにされた。というのも、アフラ・マズダーが自身の叡智によって、創造主となってこの世界を創る場合、それは善であるから、対立霊は攻撃をしかけ、世界はこの二つの軍勢の戦場となるであろう。しかし究極的にはこの大戦争に勝つのはこの神で、悪は滅び、宇宙は永遠に全く善となることを知っていたからである。

七柱神と七つの創造

このような教えは、基本的に新しいものだった。しかしゾロアスターの思想の基盤を作ったのは、古い宇宙創成論であった。それゆえ、アフラ・マズダーがまず行なった行為とされたのは、自らの聖なる霊スプンタ・マインユ（Spənta Mainyu）を通して、六柱の下位の神格、つまりゾロアスターが最初のヴィジョンで見た光輝く存在を出現させることだった。これらの神格は、アフラ・マズダーと合わせて七柱となり、共同して、世界を構成する七つの創造物の創造を続けた。六つの神格の出現については、ゾロアスター教文献でいろいろに述べられているが、常に、慈愛深い神格が本質的に単一であることを暗示するような表現が用いられている。こうしてアフラ・マズダーは、それらの「父」とも、「混淆としたもの」ともいわれ、あるパフラヴィー語文献では、この創造は、一つの松明《たいまつ》からたくさんの松明に点火することにたとえられている。

その後この六つの偉大な存在もまた、他の慈愛深い神格——実は異教時代のイランのパンテオンにいた慈愛深い神々だが——を出現させたとゾロアスターは教えた（『ガーサー』のなかでは、ゾロアスター自身も、何柱かの神々に呼びかけている。そのなかには、ミスラやアポンム・ナパートつまり「他のアフラたち」と、スラオシャ、アシやグーウシュ・ウルワンがいる）。彼の教義に従えば、これらすべての神々は、直接的にしろ間接的にしろ、アフラ・マズダーから発したもので、彼のもとで自分たちに課せられた任務を通して善を進め悪を滅ぼすよう努力しているのである。ゾロアスター教において、彼らは全体として「ヤザタ(yazata)＝礼拝に値する存在」として知られ、「アムシャ・スプンタ（Aməša Spənta）＝聖なる不死者」ともいわれる。後者の言い方は『ガーサー』にはでてこないが、おそらくゾロアスターが作り出したものであって、『ヴェーダ』においては「すべての不死者」と呼ばれた異教時代の神々の大部分と、これら慈愛深い存在とを区別するものであった。というのも、ゾロアスターは、最大の勇気をもって、断固として、好戦的で不道徳な「ダエーワ」の礼拝を拒否したからである。彼はこれらインドラとその仲間たちを「邪悪な意図をもつ種族」［ヤスナ・三二・三］とみなした。

　ダエーワたちが談合した時、そこには欺瞞が参加していたので、正しい選択をせずに、最悪の意図を選んでしまった。それから彼らは、連れだって〝憤怒〟のもとに赴いた。そしてその〝憤怒〟を通して、彼らは人の一生を苦しめるのである。［ヤスナ・三〇・六］

　ゾロアスターにとってダエーワは、このようにアングラ・マインユ自身と同じく、本性において邪悪なだけでなく、選択の時においても邪悪であった。彼らは虚偽の神であって、人々の争いを煽動し、貪欲に供物を求めて、人々を流血と破滅的闘争にそそのかすものだから、礼拝すべきでないのである。

「スプンタ▽」というきわめて重大な言葉は、ゾロアスターの啓示のうちで最も重要な用語の一つであり、アフラ・マズダーやそのすべての創造に用いられる。この語は、基本的には「力をもつ」という意味であるが、慈愛深い神格について使われる時は「助ける力をもつ」となり、「奨励したり、援助したり、利益を与える」という意味ももつようになる。宗教上頻繁に用いられることから、スプンタという語は、「聖なる（holy）」という意味あいももつようになった。「聖なる」とは、もともと「力強い、強い」という意味である。それゆえ

「聖なる」とは、スプンタの本来の意味に最も近い訳語であるが、ゾロアスター教には一見無縁の観念を含むのを避けるため、研究者たちのなかには定訳として「物惜しみしない(bounteous)」を好んだ者もいた。しかしながらこの言葉は、英語では宗教とは何ら関連性がないという弱点があって、ゾロアスター教のスプンタに含まれている崇敬の意味を伝えることがない。そこで本書では、「聖なる」という訳を採用した。

アムシャ・スプンタという称号は、アフラ・マズダーの創造による神格のいずれにも使えるが、特に預言者のヴィジョンに現われた六大神に使われており、その他の下位の神格はヤザタといわれる。六柱の聖なる不死者についての教義は、ゾロアスターの教えの根本的なもので、精神的また倫理的重要性をもっている。というのは、これらの存在は、アフラ・マズダー自身の特質もしくは属性を実体化したもので、(正しく求められ崇拝されるかぎり)自分でもその特性を人々に与えることができるからである。

その六柱神は次のものである。

・ウォフ・マナ＝「良い意図」預言者にとってと同様、誰にとっても残りの全アムシャ・スプンタのもとに人々を導く不死者である。

・アシャ・ワヒシュタ(Aša Vahišta)＝「最上の正義」アシャの力強い原理を人格化したもので、『ガーサー』のなかで、ゾロアスターは、六柱神のどれよりも頻繁に、この名を呼んでいる。

・スプンタ・アールマイティ（Spənta Ārmaiti）＝「聖なる信心」　良いものや正しいものに献身することを具現したものである。
・フシャスラ・ワイルヤ（Xšaθra Vairya）＝「望ましい王国」　各人がこの世で正義のために当然発揮すべき力と、神の力及び王国とを表わしている。
・ハウルワタート（Haurvatāt）とアムルタート（Amərətāt）＝「健康」と「長寿」　一対となって死すべき存在を強くするばかりでなく、アフラ・マズダーのもとで正しい者に与えられうる永遠の安寧と生命を授けるものである。

神の属性はそれぞれ別々になっているので、独立の存在として祈願され礼拝されるべきであるというのは、異教時代のイランの宗教の特徴であって、ミスラの場合は、〝友愛〟〝従順〟〝公正〟〝勇気〟及び〝恩寵〟に囲まれているようなものである。したがって、ゾロアスターが新しい教義を鋳た鋳型は、すでに古くからあったものである。同様に六大神はそれぞれ最高神と緊密な関係にあると彼はみなした。『後期アヴェスタ』〔ヤシュト・一九・一六―一八〕で述べられたところでは、彼らは「一つの心、一つの声、一つの行動をもつもので、……彼らのうちに人は他の人の魂を見て、良い考え、良い言葉、良い行動について思いを馳せるのだ……。彼らはアフラ・マズダーの創造物の創造者であり、形成者であり、作者であり、監視者であり、守護者である」。

〝抽象的〟神格を物理的現象に結びつけようという傾向は、古いイラン人の宗教のうちにも強くあったので、（ミスラやアポンム・ナパートの場合のように）その物理的現象が神格そのものを表象しているとみなされ得るほどだった。すでに『ガーサー』において、七柱のアムシャ・スプンタが七つの創造物に結びつけられているのは、この一例である。預言者は、七つの創造物が維持され祝福されるヤスナ祭式という毎日の礼拝行為について瞑想することによって、この結合の本質を理解したのであった。その儀礼について考察した彼は、祭司として見たり扱ったりするもののそれぞれに、隠された神ともいうべき非物質的な存在を認めるようになった。その結果、祭司や礼拝者たちは、第一義的には物理的世界のために行なわれるこれらの儀礼を通して、目に見えない偉大なアムシャ・スプンタと自分たちが結びつくよう努め、同時に道徳的精神的善を求めることができるとした。このようにして、旧い慣習に、新しい面が加えられたのである。

各神格と創造物との結びつきは、納得いくものである。というのも、ゾロアスター教は、直感的に捉えられたり、啓示された前提がいったん受け入れられたなら、本質的には合理的な信仰であるからだ。「フシャスラ・ワイルヤ＝望ましい王国」は天空の主であり、その天空とは大地を保護するアーチ状の堅い石でできているとされた。下方では、大地そのものは、「スプンタ・アールマイティ＝聖なる信心」に属している。水は健康を意味する「ハウルワタート」の創造物で、植物は「アムルタート＝長寿もしくは不死」に属している。「ウオフ・マナ＝良い意図」は、おだやかで慈愛深い牛の主である。牛は遊牧のイラン人にとって、創造的な善の力強い象徴であり、また生活に不可欠なものであった。

アヴェスタ語名	パフラヴィー語名	担当する創造物
アフラ・マズダー	オフルマズド	人間
ウォフ・マナ	ワフマン	善い動物（牛）
アシャ	アルドワヒシュト	火
フシャスラ	シャフレワール	天空
アールマイティ	スペンダルマド	大地
ハウルワタート	ホルダード	水
アムルタート	アムルダード	植物

ゾロアスターの説いた七大アムシャ・スプンタ

火はすべての創造にゆきわたっていて、太陽を通して季節を支配し、世界にあまねきわたって規制する「天則」つまりアシャ・ワヒシュタの保護のもとにおかれた。最後に、人間は、自ら知性と選択力をもっており、すべての第一選択をなした叡智の主アフラ・マズダーに特別に属している。これらの結びつきは、『ガーサー』では、ほのめかされているだけであるが、後期の文献では明瞭に展開されている。

この七大神の序列は、七つの創造の時間的順序と対応しないことがしばしばある。それは、祈願する時には、霊的な地位や価値に応じて彼らに呼びかけるのが普通のことであって、アフラ・マズダーはその長として当然の位置に就いていたからである。礼拝者は、七大神のいずれにも祈願できる――実際、もし完全な人間になろうとしたら、すべての神に祈願しなければならないことになる。

しかし、なかの二神は、社会の二つの階層と特別の関係をもっていた。アールマイティは、すべての物を産みだす母なる大地の守護者として、女たちの当然の保護者であった。古い教えの言葉では「この大地を私たちは礼拝する。彼女は女たちのように私たちを生み出す」［ヤスナ・三八・二］。一方彼女の偉大なパートナーであるフシャスラは、高く覆いかばう天空の主で、あらゆる所にある石の主であるが、当然のごとく正しい男たちの守護者であった。男たちは貧しい弱者を略奪したり傷つけたりするのではなく、部族全体を守るために、先端に燧石をつけた矢や槍、投石器や重い矛のような武器を使用するという義務をもっていたからである。祭司は知識階級として、宗教上の知識をもち、特に自分たちは、叡智の主であるアフラ・マズダーの庇護のもとにあって、ヤスナ祭式ではその創造物である人類を代表すると信じていた。しかしゾロアスター教においては、最高主の権力はきわめて包括的なので、この結びつきは伝統のなかでは、大きなものにならなかった。

アフラ・マズダーの創造物として、人は皆、他の六つの創造物を見守るばかりでなく、自分自身の肉体的、道徳的な健全さに配慮し、他の人々の世話をする義務をもつ。これらは皆同じように神の特別な創造物だからである。ゾロアスターが、信奉者たちに与えた生きる指針となる特別の倫理上のきまりは、良い考え、良い言葉、良い行動をすることを命じていた。これは讃仰すべき道徳律であり、礼拝を効果的に行なうのにイラン人の祭司が必要とした良い意図、正しい言葉、正確な儀礼という三段階の要請を一般化したものと思われる。

七アムシャ・スプンタと七つの創造物の教義は、人をこのように包括的な道徳性に目ざめさせ、自分の周囲の世界に対する深い意味での責任感を教えこんだ。人間は創造物の長である一方、目的を共有することによって他の六つの創造物とつながりがある。というのは、すべてのスプンタ創造は——人間は意識的に、他の創造物は本能か本性によって——共通の目標にむかって戦っており、あらゆるものは悪を完全に打破するという一つの目的のために存在するとされたからである。

創造と三つの時

触れることのできるものとできないものとの関係のもう一つの側面は、（パフラヴィー語文献から最もよく知られる）ゾロアスターの教えに具体化されており、それは、アフラ・マズダーは、創造行為を二段階で完成したということである。はじめに彼は、すべてを形のない状態で存在させた。これはパフラヴィー語では「メーノーグ（mēnōg）」といい、「霊的な、非物質的な」を意味する。その後、彼は、それに「物質的な」つまり「ゲーティーグ（gētīg）」の存在を与えた。ゲーティーグの存在は、先行するメーノーグなものより良いとされた。というのも、それによってアフラ・マズダーの完璧な創造は、しっかりした知覚力のある形態をもつという長所を付加されたことになるからである。

　創造行為は、この二つの状態を作り出すことから成り、合わせて「ブンダヒシュン（Bundahišn）」（「ブン」は「はじめ」「原初」の意で、「ダヒシュン」は創造のことである）と呼ばれた。ゲーティーグの状態の達成によって、悪との戦いの場が設定された。それはメーノーグの状態とは異なり、攻撃されると傷を受けたからである。そこでアングラ・マインユは、直ちに攻撃を開始した。パフラヴィー語文献で語られる神話によれば、彼は石できた天空の下半球から暴力的に侵入してその完璧さを損なった。それから水のなかを駆け上がり、その大部分を塩水に変え、大地を襲って砂漠にした。ついで植物を枯らし、「唯一に創られた牡牛」と「最初の人間」を殺した。最後に彼は、七番目の創造物たる火を攻撃して、それを煙で穢した。このようにして彼は、すべての良い創造を物理的に損なったのである。

そこで神々の方も軍勢を整えた。アムルタートは（ヤスナ祭式でハオマを砕くように）植物をとって砕き、その抽出物を雲や雨にのせて世界中にまき散らし、あらゆる所により多くの植物が育つようにした。牡牛と人間の種子は、月と太陽のなかで浄められ、より多くの家畜と人を生み出した。もともと異教の神々に属していた善をもたらす供犠を行なうことは、ゾロアスター教の側の古い神話では、邪悪な行為としてアングラ・マインユに帰せられた。というのは、アフラ・マズダーの完璧で静的な世界に、衰退と死をもたらしたのは、アングラ・マインユだからである。しかし、アムシャ・スプンタは、彼らの聖なる力によって、この悪意ある行為を善に変えることができた。すべての良い創造物は、このように不断の努力をしなければならないのである。

宇宙の歴史劇を三期に区切るとすれば、「創造」はその最初のものであり、アングラ・マインユが攻撃をしかけた時、第二期の「混合」——パフラヴィー語では「グメーズィシュン(gumēzišn)」——が始まった。この時この世界は、もはやすべて善とはいえず、善悪が混り合っているものである。

存在の循環がはじまると、アングラ・マインユは、ヤザタに対抗するため創出したダエーワや他のすべての闇の軍団をともなって攻撃を続け、彼らは一緒になって、人を肉体の病で傷つけるばかりでなく、道徳的・精神的なすべての邪悪さで苦しめるのである。これらの攻撃に抵抗するためには、人はアフラ・マズダーと六アムシャ・スプンタを崇拝して、それらを自分自身の心や存在にとり込み、悪徳や弱さの入り込む隙間を残してはならない。また人は、すべての慈愛深いヤザタを礼拝しなければならない。そのなかには、ゾロアスター自身『ガーサー』で二度祈願をかけているマズダー以外の下位の二アフラのように道徳的戦いにおいて人間を助けるものがいるだろうし、太陽や月のような他のヤザタは、アシャに従って物理的世界を力強く保つ役割を果たすだろう。

　ゾロアスターの新しい啓示によれば、このように人類は次第に悪に打ち勝って、世界をもとの完璧な状態に復帰させようとするスプンタ神と共通の偉大な目的を分かち合っていた。このことが成就する輝かしい時は、「フラショー・クルティ（frašō kərəti）」――パフラヴィー語で「フラシェギルド（frašegird）」――と呼ばれ、「治癒」または「新しくすること」を意味する。この時、歴史は終結するだろう。というのは、第三期である「分離」――パフラヴィー語で「ウィザーリシュン（wizārišn）」が始まるからである。この時、善は再び悪と隔てられる。悪は完全に破壊されるから、分離の期間は永遠である。この時アフラ・マズダーもすべてのヤザタも、男も女もともに永遠に、完璧で邪魔されることのない善と平和を享受するであろう。

　このように、ゾロアスターは、人類史の初めばかりでなく終末まで想定することによって、生命の過程はいったん開始されると人と神々がともにその役割を果たす限りは永遠に続くとされた以前の思想と深い断絶を画した。しかし、世界をアシャに従って維持するためには、神と礼拝者の連帯が必要だという昔からの観念は、ゾロアスターの教えのなかに残っている。が、彼は単に世界の現状を維持するのではなく、完璧さが更新される最終的な目標に達するよう努めなければならないと考えて、この連帯に新しい意義を与えた。彼の啓示は、さらに、人に新しい尊厳さを与えた。というのは、これによると人は神の同盟者となって、両者がともに願う悪に対する勝利を達成するために創られたことになるからである。

創造・混合・分離という三つの時の教義は、ゲーティーグの世界が、第三期には第一期に保有していた完璧さに立ち戻るという具合に、ある意味では歴史を循環的にとらえたものである。一方、現代というこの混合期の悲しみや戦いのすべては、アングラ・マインユとの戦いの一部であるとしたことで、ゾロアスターは、人間のために高貴な目的を見出したばかりでなく、彼らがこの世で耐えなければならないものについて合理的な説明をも与えたのである。この下界での被造物の苦しみは、対立霊によりもたらされた災害と見て、全能の創造主の意志のせいにはしなかったからである。

死と死後

人間の最も普遍的な不幸は、死である。死は、混合の期間中、個々の魂がゲーティーグの世界を去って、しばらくの間不完全なメーノーグの状態に戻ることを強制する。ゾロアスターによれば、人が死ぬと、その魂は、現世で善という大義を助けるために何をしたかについての審判をうける。男も女も主人も召使いも楽土に行ける希望があると彼は教えた。なぜなら、異教時代には楽土への物理的障壁であった「選別者の橋」は、彼の啓示では道徳的審判の場所となり、橋を渡れるのは各々の霊が生存中にもっていた権力や、豊富な供物をしたか否かではなく、倫理的な実績によるとされたからである。

判事の席について正義の天秤を手にしたミスラは、スラオシャとラシュヌを両脇に従えており、魂の考えや言葉や行動を量る時に、一方の秤に善を、他方には悪をのせる。善の方が重ければ、彼は楽土へ行くにふさわしいとされ、魂は自分の意識――「ダエーナー(daēnā)」――の擬人化である美しい処女に導かれて広々とした橋を渡り、天に昇ってゆく。もし秤が悪の方に傾けば、橋はかみそりの刃ほどの狭さに縮まり、魂が渡ろうとすると恐ろしい魔女が来て腕をつかみ、「最悪の意図の住むところ」〔ヤスナ・三二・一三〕と言われる地獄にひきずり落とされる。そこで邪悪な魂は、「長年の間、悲嘆と闇と悪食と呪いの叫び」〔同上・三一・二〇〕に耐えなくてはならない。地獄をアングラ・マインユの支配する苦悶の場所とする観念は、ゾロアスター自身が正義の必要性を痛感して作りあげたものと思われる。「その偽りと正しさが均衡している」〔同上・三三・一〕少数の魂は、「混合したものの所」である「ミスワン・ガートゥ(Misvan Gātu)」に行き、昔の地下の死者の王国にいるように、喜びも悲しみもない灰色の存在でありつづける。

この混合の時には、楽土に行った魂にとってさえも、至福はまだ完全であるとはいえない。なぜなら完全な幸福は、フラシェギルドにおいてのみ回復できるとされているからである。おそらく異教時代のイラン人はヴェーダ時代のインド人と同様、祝福された魂は楽土に着くと復活した肉体に再結合され、充分な感覚を備えて再び幸福な生活を送ると考えていた。しかしゾロアスターの教えでは、祝福された者も、フラシェギルドと「未来体」――パフラヴィー語で「タン・イー・パセーン（tan ī pasēn）」――に至るまでこの完璧さに達するのを待たねばならず、この時、大地は、死者の骨を引渡すとした［ヤスナ・三〇・七］。この大復活のあとに最後の審判があって、その時まで生きていた者もすでに一度審判をうけた者も、正しい者はすべて邪悪な者から隔てられるであろう。それから友情と治癒のヤザタであるアイルヤマンがアータルつまり火とともに、山々からすべての金属を溶かしだす。それは輝く川となって大地を流れ、すべての人間はこの川を渡らねばならない。パフラヴィー語文献によれば、「正しい者にとってはそれは暖いミルクのようであるが、邪悪な者にとっては溶けた金属のなかを生身で歩くようなものである」［ブンダヒシュン・三四・一八―一九］という。

この偉大な黙示的ヴィジョンにおいて、おそらく無意識にゾロアスターは、火山が爆発して溶岩が流れだす話と、溶けた金属を用いるイラン人の神判の経験とを混同したと思われる。彼の本来の厳格な教えによれば、地上での火の神判による個々人の裁判のように、その時ゆきわたる裁きは厳密なものであろう。この最後の大審判では、邪悪な者は第二の死をむかえて、地上から消滅するであろう。ダエーワと闇の軍団は、ヤザタとの最後の大戦で消滅するだろう。そして溶けた金属の流れは地獄にそそぎこんでアングラ・マインユを殺し、宇宙から邪悪の最後の痕跡も消し去るであろう。

その時アフラ・マズダーと六アムシャ・スプンタは、最後の霊的なヤスナ祭式を施行し、(これ以後、死はもうなくなってしまうので)最後の犠牲をささげ、神秘的な「白ハオマ」を作る。この白ハオマは、参加する祝福されたすべての者の復活した肉体に不死性を授与する。そしてその後、人間は「不死者」となり、考えも言葉も行動も一つとなって、老いず病まず堕落せず、地上の神の王国で永遠の喜びに満ちるだろう。

なぜなら、ゾロアスターによれば、遠くの形のない楽土ではなく、完璧な姿に復されたこのなつかしく愛すべき地上においてこそ、永遠が至福となるのであるから。したがって分離の時とは、創造の時が更新したものであって、これなくして生あるものが本来の単一性に回帰できるとは予言されていない。山や谷は再び平坦になるが、もとは一つしかなかった植物・動物・人は、その後派生して増えた種類や数はそのままで、永遠に残るだろう。同様に、アフラ・マズダーによって存在を与えられた多くの神々も、別々の存在として在り続けるだろう。それらが最高の偉大な「神」に再び併呑されるという予言はない。パフラヴィー語文献では、フラシェギルドの後、「オフルマズドとアマフラスパンドとすべてのヤザドや人間は一緒にいるだろう。すべての場所は春の庭にも似て、あらゆる種類の木々や花々におおわれるだろう……このすべては皆オフルマズドの創造である」[『パフラヴィー・リヴァーヤット・ダーデスタン・イー・デーニーグ』四八・九九、一〇〇、一〇七]といわれる。

ゾロアスターはこのように、個々の審判、天国と地獄、肉体のよみがえり、最後の大審判、再結合された魂と肉体の永遠の生ということを、初めて説いた人であった。これらの教義は、ユダヤ教、キリスト教、イスラム教に採り入れられて、人類の宗教の多くにおいてなじみある項目となった。しかし、これらのことが、充分に論理的一貫性をもっているのは、ゾロアスター教においてだけである。

というのは、ゾロアスターは、肉体を含む物質的な創造が善であることと、神の正義の揺るぎない公平さとを合わせて主張したからである。彼によれば、個人の救済は、その人の考えや言葉や行動の総量によるもので、いかなる神も、同情や悪意によってこれを変えるよう介入することはできない。そのような教義の上に、「審判の日」があると信じることは、充分に畏怖すべき意義をもち、各人は自分の魂の運命について責任をとるだけでなく、世界の運命についての責任も分かたなければならないとされた。ゾロアスターの福音は、このように高尚で努力を要するものであり、受け入れようとする人々に、勇気と覚悟を要求するものであった。

第三章　マズダー礼拝の確立

はじめに

ゾロアスターの教えは高尚で、昔からのアフラ信仰を発展させたものでありながら、人々を怒らせたり惑わせたりするものを多く含んでいた。ゾロアスターに従って正義を求める者はすべて天国に行くという希望を与えたために、すべての下層民は死後地下に行くものと定めた貴族や祭司たちの伝統を絶ちきったとみられるからである。ゾロアスターは、天国で救済される望みを卑賤な者にも及ぼしたのみならず、さらに、たとえ権力者であっても、不正な行ないをすれば、地獄へ行き、究極的には消滅するという恐怖を与えた。このような死後の世界に関する教理は、二重に権力者を怒らせたと考えられる。ゾロアスターがダエーワたちを否定したことは、富める者にとってもまた貧しい者にとっても、性急で危険なものとみえたに違いなく、全教徒集団がこれらの神々の怒りをこうむるのだと考えられた。さらにまた、唯一の創造主、二元論、道徳的な努力を続けることを要求する宇宙的大闘争というような壮大な観念を理解することは、非常に困難であったろうし、たとえいったん受け入れられても、一般の安直な多神論者にとっては、たいへん挑戦的なものであった。

このようなすべてに加えて、ゾロアスターの故郷の人々は、自分の知っている人が、神から唯一の啓示を受けたと主張することに対して、普通抱くような疑いをもったのは明らかであった。そのため、宣教に何年費やしても彼はほとんど実りを得ることなく、ただ従兄のマイドヨーイマンハを改宗させただけだった。故郷を去った彼は、他の部族のところに行き、外国人として王妃フタオサーとその夫ウィーシュタースパ王に傾聴されるようになった。つまりこの王は、「このアフラを信ずるゾロアスター教の戦士として、また援助者として現われてきた」［ヤシュト・一三・一〇〇］のである。近隣の諸王はウィーシュタースパの改宗に怒り、かつての信仰に戻るよう要求した。王が拒否すると戦争となり、ウィーシュタースパは勝利を得た。こうしてゾロアスターの教えは、ウィーシュタースパの領土に確立された。

伝承によれば、ゾロアスターはウィーシュタースパの改宗後も長い間生きていたというが、この重大事件の前後の彼の生活についてはほとんど知られていない。イラン人は、祭司は結婚しなければ天職にふさわしいとはいえないと考えており、預言者も三度結婚したという。はじめの二人の妻の名は伝えられていないが、その間には三人の息子と三人の娘が生まれた。末娘ポウルチスターの結婚は、『ガーサー』の一つ［ヤスナ・五三］で祝福されている。彼女の夫ジャーマースパは、ウィーシュタースパ王の宰相で、ゾロアスター教徒の間では賢者として名高い。『ガーサー』では、ジャーマースパは親戚のフラシャオストラとともに名をあげられている。フラシャオストラの娘フウォーウィーは、ゾロアスターの三番目の妻となったが、この結婚からは子が生まれなかった。

ゾロアスター教徒のしるし

『ガーサー』では、ゾロアスターは預言者であって、立法者として描かれてはいない。しかし、ウィーシュタースパの宮廷で過ごした数年間に彼は教徒集団を組織し、礼拝の型式や実践を確立したに違いない。

インド・イラン語族には人がある宗教集団の一員として入信すると、そのしるしとして編んだ紐を身につけるという習慣があったと考えられる。たとえば、インドのバラモンは、片方の肩から紐をかけ、いったん祭司がその紐を結んでからは、儀式に必要な時でも横にすべらせるだけで、決してほどくことはない。これは非常に古くからあった慣習であったと思われるが、ゾロアスターはこれを特別のしるしとしてその信奉者たちに与えることにした。

すべてのゾロアスター教徒は、男でも女でもこの紐を腰紐として身につけ、三度腰のまわりをまわしたあと、前と後で結び目をつくる。入信式は十五歳で行なわれ、その後は生きている限り毎日くり返して、信者は祈りの時にこの紐を解いて結び直さねばならない。この腰紐――ペルシア語で「クスティー（kustī）」――が表象するものは、時代を経るにしたがってくわしく定義されてきた。

しかし、初めは三重の輪は、ゾロアスター教の三層から成る倫理を象徴し、それを身につけている人の思考を信仰の実践に向けようとしたものであっただろう。クスティーは「スドラ（sudra）」という純白の下着の上に結ばれるが、その喉にあたるところには小さな袋が縫いつけられている。これは信者に、常に良い考えと言葉と行動という徳でその空間を充たし、天国に蓄えをするべきであることを思い出させるためである。

祈りの時と方法

異教時代のイラン人にとって、一日のうち日の出と正午と日没という三つの時は、礼拝と祈禱のために重要であった。昼間はミスラの守護のもとにある午前「ハーワニ（Hāvani）」と、ミスラの同胞のアフラであるアポンム・ナパートが守る午後「ウザヤラ（Uzayara）」の二つに分けられていた。三番目の時である夜は、「アイウィスルースラ（Aiwisrūθra）」と呼ばれ、死者の霊であるフラワシに属していた。

ゾロアスターは、二十四時間のなかにさらに二つの新しい区分を設け、信者に一日五回祈るよう要求した。新しい区分の一つは、「ラピスワー（Rapiθwā）」と呼ばれ、これは（創造が行なわれた「時」でありフラショー・クルティの時に再びその状態に戻るとされた理想的な時とされていた）正午に始まり、ウザヤラの一部をとりこみ、午後の前半を占めた。夏の間は、スプンタ側の勢力が隆盛なので、この新しい時は正午の霊ラピスウィナ（Rapiθwina）に捧げられ、火の主、真昼の熱の主であるアシャ・ワヒシュタの守護のもとにおかれた。しかしダエーワの支配する冬になると、ラピスウィナは地下にこもり、自分の熱で植物の根や水源を暖めるとされたので、一日のうちで彼の分担の時は、朝と同様にミスラに割り当てられ、第二のハーワニと呼ばれた。そして、正午に唱える祈りは、夏の間はいつも、信者たちにアシャのことや現在・未来の善の勝利を思わせ、ラピスウィナがひきこもる冬の間は、恐るべき悪の力とそれに抵抗する必要性を毎年思いおこさせるものだった。このようにゾロアスターは、一日の時と一年の季節とを用いて、根本的な教義を信奉者の胸にしっかりと刻みつけた。

二十四時間のもう一つの新しい区分は、昼の対極にある真夜中に始まった。ゾロアスターは、夜を二つに分け、前半はフラワシにとっておいたが、後半の真夜中から日の昇るまでをウシャ（Ušāh）と呼んで、祈りの主であるスラオシャに捧げた。悪の勢力が最盛期となって徘徊しているまさにその時に、信奉者が目を覚ましてかまどの火に薪木と香木をつぎたし、祈りを唱えることが、善の世界の力を増すものとされた。

日に五度祈る義務はすべてのゾロアスター教徒を拘束した。それは必要欠くべからざる神への奉仕の一部であり、悪との戦いの武器でもあった。

祈りの儀礼は現在の慣習から推量すると、次のようであったと思われる。信者は、まず自分の顔や手足の埃を洗い落とす。それから聖紐を解いて、それをもって両手を前に伸ばし、目を正義の象徴である火に向けて創造主の前に直立する。それから、アフラ・マズダーに祈り、軽蔑するように紐の端を軽く打ちながらアングラ・マインユを呪い、祈りを続けながら紐をまた結ぶ。全部でほんの二、三分しかかからないが、これを規則正しくくり返すことは、最も価値の高い行為であって、これによって信仰の基本的な条項を確実に修得すると同時に、定期的に明言することを意味した。

七つの大祭

ゾロアスターが信奉者たちに課したもう一つの厳格な義務は、毎年アフラ・マズダーとアムシャ・スプンタと、七つの創造物に捧げられた七つの大祭を祝うことであった。この祭のうち六つは、後に「ガーハーンバール（gāhāmbār）」として知られるが、伝承によれば、その始まりは当然のことながら預言者自身に帰されている。しかし、これらは不規則に一年の間に配分されており、本来、牧畜や農耕に結びついた祭であったものを彼が信仰に捧げなおしたと思われる。その名称は（後期アヴェスタ語形で残っているが）次のようである。マイドヨーイ・ザルマーヤ＝中春、マイドヨーイ・シュマ＝盛夏、パイティシャフヤ＝収穫（の祝祭）、アヤースリマ＝（家畜の群れの牧草地からの）帰郷（の祝祭）、マイドヤーイルヤ＝真冬、そしてハマスパスマエーダヤ――この意味は不明だが、春分の前日である一年の最後の夜に祝われて、フラワシの祝祭にあてられている。

ゾロアスター教徒はそれぞれ、これらの祭を祝う時、まず早朝、常にアフラ・マズダーに捧げられることになっている祭儀に出席する。それから集会に出て、先の祭儀で祝福された食物を楽しく一緒に食べて祭を祝った。貧富にかかわらず誰もがこの機会にともに集い、善意はその全体にゆきわたり、争い事は仲裁され、友情は新たにされ深められた。最初の祭、マイドヨーイ・ザルマーヤでは、フシャスラ・ワイルヤと天空の創造が祝われ、最後のハマスパスマエーダヤは、アフラ・マズダー自身と彼の創造物である人間、とりわけ「正義のため勝利を得た」正しい者たちのフラワシをたたえて捧げられた。

七番目の創造物である火が、普遍的な生命力として、いつも他のものと区別されているように、七番目の祭も他のものとは少々異なっている。これは、ペルシア語でノールーズ(Nō Rūz)▽＝新日（この名のアヴェスタ語形は残っていない）と呼ばれる。ゾロアスターはこれを春分の日に定め、おそらく古来から春の祝日であったこの日を、アシャ・ワヒシュタと火に捧げなおしたとみなされる。七つの大祭の最後にあって、「新しい日」は正義に究極的な勝利をもたらす最後の日、つまり永遠の命が始まる日を待ち望む日とされる。またこの祭は、アフラの季節である夏の前にあるので、毎年対立霊が敗退するということになる。中世初期から証明されるゾロアスター教徒の慣習によれば、ラピスウィナは「新しい日」の正午に地上に戻り、熱と光の季節をもたらすという。その後は、彼は毎日、自分の監視する正午の祈りを捧げられる。この時は、第二のハーワニの代わりに、再びラピスワーと呼ばれるようになり、夏の間中、アシャ・ワヒシュタが祈願されることになるのである。

ゾロアスターは、各個人が日に五度の祈りをすることと、教徒集団が七つの大祭を祝うことの二つの義務を信奉者たちに課すことによって、この宗教に強大な力を与え、千年以上も継承されることとなった信仰の制度を創りあげた。というのは、このような宗教的儀式は、ゾロアスター教徒に常に信仰の根本的な教義を思い出させ、それらを学問のある人だけでなく、素朴な人の心にも根づかせたからである。それによって教徒集団はさらに規律ある自立的なものとなり、強力な連帯意識が発達したのである。

最も古い祈り

またゾロアスターは、信奉者たちのために、短い祈禱文を作った。これはキリスト教徒にとっての主禱文のようなものであって、「アフナ・ワイルヤ（Ahuna Vairya）」▽、のちには「アフンワル（Ahunvar）」と呼ばれたものである。この祈禱文は、すべてのゾロアスター教徒の子供が最初に教えられるもので、必要に応じて、あらゆる型の礼拝や祈りに代って唱えられてよいものである。その言語はいうまでもなく、預言者が用いた古いガーサー語で、このあがめられた数行の正確な意味については、研究者の間でも異論が多い。次の読み方は、最も新しい翻訳から引用したものである。

彼（アフラ・マズダー）は、アシャに従う判定者であるとともに、望ましい主人である。（彼は）良い意図をもつ行為・生命の実行者である。王国は、アフラ・マズダーに王国はあり、人々は彼を貧者のための牧者とした。

「貧者」と訳された「ドゥリグ（drigu）」という言葉は、ペルシア語の「ダルヴィシュ（darvish）」の原型であって、献身的で謙遜な信仰の真の担い手という特別の意味をもっている。

ガーサー語の祈禱文には、もう一つ短いものがある。（アフンワルとは違って）これは、伝承のなかでもゾロアスター自身に帰せられていないので、おそらく預言者の最初の弟子の一人によって作られたものと考えられる。この「アイルユーマー・イシュヨー（Airyəmā išyō）」と呼ばれる祈りは、アイルヤマンに祈願するもので、アイルヤマンは、火と一緒にフラショー・クルティの時に、世界を浄めるとされる。その訳は以下のようである。

待望されるアイルヤマンが、ゾロアスター教徒の男女を助け、彼らの良い意図を助けに来るように。望ましい報酬に値する意識のために、私は、アフラ・マズダーが量るであろう正義に対して、待望される報いを求める。

この祈禱文は、今でも毎日ゾロアスター教徒の礼拝式において、またすべての結婚式において唱えられている。

信仰告白

ゾロアスターは、明確に規定された教義をもって、共通の守るべき勤めによって道徳的努力を分けあうようにと結びついた教徒集団をつくりあげた。この結びつきと、彼の啓示を受け入れないすべての人は呪われているのだという信奉者たちの確信は、改宗しない者を挑発したに違いない。そして伝承によれば、ゾロアスター自身、老年になって、異教の祭司の短刀で無残な最期をとげたという。またウィーシュタースパの王国は、何らかの破局に襲われ、ある期間、このできたての宗教は、生き残るために戦わねばならなかったとみられる。しかし、この宗教はそればかりか、次第にイラン人の間に広まる力を見出した。毎日唱えられるゾロアスター教の信仰告白「フラワラーネ（Fravarāne）」は、この初期の困難な時代に形づくられたとみられ、その時新改宗者の各々に要求された信仰の宣言であったと考えられる。古いテキストは以下のように始まる［ヤスナ・一二・一］。

私は自ら、マズダーの礼拝者であり、ゾロアスターの信奉者であり、ダエーワを拒否し、アフラの教義を受け入れることを告白します。アムシャ・スプンタをたたえ、アムシャ・スプンタを礼拝します。善にして宝にみちたアフラ・マズダーに、すべての良きものを帰させます。

何よりもさきに、信者を定義するものとして選ばれた言葉が、「マズダヤスナ（Mazdayasna）＝マズダーを礼拝する者」であることは特筆すべきである。この言葉は、拡大版の信仰告白（ヤスナ・一二として残る）には八回用いられており、ゾロアスターの信奉者を意味する「ザラスシュトリ」によって、さらにくわしく性格づけられているのは、そのうちの四回だけである。明らかにゾロアスター教徒は、アフラ・マズダーを神としてあがめ、最終的に彼にすべての礼拝を捧げる点において根本的に自分たちを異教徒から区別したのであった。

ダエーワの否定とともに、二元論もまた、フラワラーネの冒頭で認められている。しかし、アングラ・マインユ自体は、ゾロアスターの啓示にはじめて現われたものと思われ、改宗者には特別に彼を拒否することは必要とされなかった。アフラ・マズダーに帰するとされるのは、ただ善いものだけである。（ガーサー語を引用したあと）テキストは次のように続く。

善にして、聖なるアールマイティを私は自分のために選びます。彼女〔信心〕が、私のものでありますように。私は盗みや家畜の略奪、マズダー礼拝者の家の迫害や破壊を非難します。

これらの言葉は、初期の教徒集団がこうむった苦痛と悩みを表明している。続いて、悪の力を拒否することが、さらに詳細に強調される。

私は、誓って、……ダエーワやダエーワの信奉者、魔物やその信奉者、考え、言葉、行動や外に現われる徴《しるし》によって害をもたらす者の仲間にはならない。実際に、これ皆ドゥルグに属する者で、（善なる者）に対立するものであるとして、私は誓って仲間になることはない。……マズダーとゾロアスターが語りあったあらゆる機会に……ゾロアスターは特に……ダエーワの仲間にならないと誓ったので、マズダー礼拝者でありゾロアスター教徒である私は、ダエーワの仲間を絶つことを誓う。……水を選び、植物を選び、慈愛深い牝牛を選び、牛を創り正しい人を創ったアフラ・マズダーを選び、ゾロアスターを選び、カウィ・ウィーシュタースパを選び、フラシャオストラやジャーマースパを選んだように……その選択とその教義によって、私はマズダーの礼拝者である……。

この最後の数行は、ゾロアスター教に特徴的な教義を強調している。それは善を選ぶことによって、各個人はつつましい共働者として神と聖なる宇宙の全体と同盟するということである。ここでは、アフラ・マズダーは創造主として尊ばれているが、彼が、異教時代のイラン人にとってもそうみなされていたとは考えられない。なぜなら、もし彼らが、どれか一つの神に創造的な活動を属させるとするならば、その神はむしろ下位のアフラで、(多分遠く離れて在る「叡智の主」の命令を実行する神であった)ヴァルナであったろうから。これは、おそらくゾロアスターの教義のなかでもきわだった特徴の一つであった。

フラワラーネは、信者が、三層からなるゾロアスター教の倫理、信仰全般を守るよう努めるとすることで終わっている。

私は、よく考えられた思考をすることを自ら誓い、よく話された言葉を話すことを誓い、よくなされた行動をなすことを誓う。私は、自分が、……義しく、またすべての信仰のうちで最上、最善、最美のものであり、将来もそうであるだろうアフラのものであり、ゾロアスターのものである……マズダー礼拝の信仰をもつことを誓う。

典礼と聖なる祈りイエングヘー・ハートンム（Yeŋhē hātąm）

ゾロアスター教の最高のモンスラである『ガーサー』の詩句と、毎日使用しているアフナ・ワイルヤのほかには、ゾロアスターは、弟子たちのために決まった型の信仰宣言は何も作らず、それ以外にはおそらく、弟子たちが自分で選んだ言葉で礼拝し祈るべきだということで満足していた。

しかしある段階にいたって、彼の信奉者たちは、毎日の礼拝行為、つまりヤスナ祭式にともなう典礼を定めようと決意したに違いない。この決意は、ガーサー語が消滅しつつある時になされたのであろう。つまり、彼らは、このような発展に拍車をかけられて、行動をおこしたものと思われる。

それと同時に、このヤスナ祭式は預言者の思想の中心を非常によく具体化しているので、教徒集団は預言者自身の祈った言葉に可能な限り近い言葉を用い続けるべきだと望むようになった。その結果、「七章のヤスナ」つまり「ヤスナ・ハプタンハーイティ▽」［ヤスナ・三五―四一］が成立した。これは七つの短い章から成る（うち一つは詩）典礼式文で、年老いた祭司が当時まだ覚えていた毎日の火や水への供物に用いられるガーサー語のモンスラを集成したものであり、これらのモンスラには、前ゾロアスター教的要素とみられるものさえ含んでいる。

しかし現存する形では、典礼はいうまでもなくアフラ・マズダーに捧げられており、アムシャ・スプンタという用語がはじめて現われるのはこのところである［ヤスナ・三九・三］。『後期アヴェスタ』では、ヤスナ・四二としてこの七章にもう一つの小テキストが付されている。このテキストとヤスナ・ハプタンハーイティは、『ガーサー』そのものにはさまれた形になっており、これらは韻律によって五群に分けられている。ゾロアスター自身の言葉は、霊的な力が強いので、このようにヤスナに伴なう儀礼や典礼の両端に保護壁のように位置し、礼拝の全行為を悪意の影響から守り得るとされる。

ヤスナ・二八―三四の七章の前に置かれているのは、『ガーサー・アフナワイティー(Gāθā Ahunavaitī)』として知られる『ガーサー』の一群で、最も長いものである。そして残りの四群は、ヤスナ・四三―五一、五三を形成し、この七章のあとに続いている。『ガーサー・アフナワイティー』は、その名をとった「アフナ・ワイルヤ」に伴ない、他に短いが特に聖なる二つの祈りを伴なっている。その一つは「イエングヘー・ハートンム」▽で、ガーサー詩句のうちヤスナ・五一・二二を再構成したもので、次のようになっている。

あらゆる供犠において、アフラ・マズダーは、正義に照らして、私にとって最上のものを知っている。かつてあり今もあるもの、私はそれらの名をあげて礼拝し、近づいて誉めたたえよう。

ここでのゾロアスターの最初の言葉は、おそらく、その時礼拝行為を捧げている特定の神に言及しているのであるが、全詩句が、一般的な祈願をする祈禱になるように、かなり無理に変えられている。それは以下のように訳せるだろう。

存在するものは、男も女も、そのどれが礼拝のために最もよいか、アフラ・マズダーは正義によって知っているのだが、私たちはそれらを礼拝する。

明らかにこれは、不注意によって何も省いたりせずに、スプンタ創造のすべての神々に、これらの言葉によって敬意を捧げることを意図しており、この祈りは、信仰の連禱のなかで定まった部分を形成している。

聖なる祈りアシュム・ウォフー（Asəm vohū）

大部分のゾロアスター教の信心行為の終りにくるのは、もう一つの非常に聖なる祈りである「アシュム・ウォフー」である。これはアシャに心を集中させる短いモンスラで、十二語からなる祈りであり、そのなかに三度あらわれる言葉つまり名はアシャ・ワヒシュタで、その助けを乞うためのものとされる。次の翻訳は、おそらく最も無理のないものであろう。

アシャは善で、最良のものである。私たちの求めに応じてそうであるし、求めに応じてそうであるだろう。アシャは、アシャ・ワヒシュタに属している。

この祈禱は、「アフナ・ワイルヤ」や「イエングヘー・ハートンム」と一緒に、『ガーサー・アフナワイティー』の前に置かれ、二番目の偉大なガーサー語の祈禱である「アイルユーマー・イシュヨー」は、ヤスナ・五四として最後の『ガーサー』のあとにそれを守るように置かれている。全祈禱書は、「アフナ・ワイルヤ」から「アイルユーマー・イシュヨー」までだが、「スタオタ・イェスンヤ（staota yesnya）▽」つまり「たたえ礼拝する（言葉）」と呼ばれ、いったんヤスナに伴なう言葉の基本的な形として受け入れられてからは、すべての祭式を執行する祭司にとって、義務として暗記されたに違いない。こうして『ガーサー』そのものを間違いなく守ることが保障され、預言者の大讃歌は、このようなやり方で世代から世代へと口伝えで、大事に継承された。

讃歌

宗教的なテキストのなかには、個々のヤザタへの讃歌であるヤシュトをはじめとして、あるいは暗記されたり、あるいは即興で作られたりして、もっと長く流動的な口承の形態で続いたものもあった。その最古の部分には異教時代にさかのぼるものもあったが、それを預言者の教えの光に照らして構成しなおしてアフラ・マズダーの地位を上げ、すべての啓示がゾロアスターの口から出たようにされた。しかし詩句の多くは、慈愛深い神々に関していて、特別の修正を必要としてはいなかった。その他にも、きわめて異教的性格のものさえ変更されずに残ったものがあり、それらはあたかもキリスト教に対する旧約聖書の一部のようにゾロアスターの託宣と調和しない。

第四章　記録のない数世紀

初期

二輪戦車《チャリオット》で戦っていた青銅器時代の紀元前一五〇〇年頃、インド人は、ステップ地帯から南下し、中央アジアを越え、（考古学者が示すように）そこのかなり進んだ文明を破壊したと考えられる。それから南東に向きを変えた彼らは、山峡の道を踏破して、今日では彼らの名をとってインドと呼ばれる土地を征服した。イラン人はそれに続いて、別に南西に進路をとって、イラン高原に向かった。

アヴェスタ族は、この二番目の大移動の際、その後方にいたと思われる。というのも彼らは中央アジアの地、つまり後にはフワーラズムとして知られる地域に定着したとみられるからである。しかしながら、この全域はこの後数世紀以上も、年代を知る手がかりとなる記録を全くもたない先史的な状態にあったので、その動きは正確にはたどれない。

しかし、年代やはっきりした場所は決められないものの、『アヴェスタ』そのものに初期の信仰についての記事がみられないわけではない。その大部分は、フラワシへの讃歌であるヤシュト・一三にみられる。このヤシュトには、昔の人々でそのフラワシが尊敬に値するという男女の名のリストがある。

そのリストは「教義の最初の教え手と最初の聴き手たち」［ヤシュト・一三・一七、一四九］から始まっており、そのなかにはマイドヨーイマンハ、カウィ・ウィーシュタースパとその王妃フタオサー、ジャーマースパを始めとするような『ガーサー』や伝承によく出てくる名がある。続いて、イラン人であっても、はるか昔の忘れられた時代に属していて聞き覚えのない名が多くある。また、アイルヤ族（アヴェスタ族を含む）、トゥイルヤ族、サイリマ族、サーイヌ族、ダーヒ族といったゾロアスター教を受け入れた部族の名や、歴史上では知られていない地名もいくつかある。

　ゾロアスター教を、昔からなじみのある場所に結びつけようとした最初の証拠が、古いヤシュトのうち、フワルナ（＝神の恩寵）に捧げられたヤシュト・一九にある。ここでは、王のフワルナは「ハエートゥマント（Haētumant）川のそそぐカンサオヤ湖がある地を支配する者」［ヤシュト・六六］に備わるといわれる。ハエートゥマント川とは現在のヘルマンド川、カンサオヤ湖はイラン南東部のドランギアナ地方（今のシースタン）のハームーン湖に違いない。

　したがってその地域のイラン人は、『アヴェスタ』聖典の正典ができる前、つまり少なくとも紀元前六世紀までに、ゾロアスター教を受け入れたと考えられる。さらにこのことは、後に編集された『ウィーデーウダード（除魔法。後にヴェンディダードと呼ばれる）』の最初の章を形成するアヴェスタ語の散文で証明される。

　この章には、すでにイラン人の神話的な故郷とされていたアイルヤヌム・ワエージャをはじめとする十七の地名が列挙されている。そのいずれの土地も、アフラ・マズダーにより素晴しい所として創られたが、それぞれ対立霊のもたらした苦難を負っている。これらの土地のなかには、この『ヤシュト』以外では知られていないものがあるが、スグダ（ソグディアー）、モウル（マルギアナ）、バフディ（バクトリア）、ハラフワティ（アラコシア）やハエートマント（ドランギアナ）のようなよく知られた地名もある。

これらはすべてイランの東北か東に位置している。なぜこのリストが作成されたかについては、様々な推測がされてきたが、（宗教書として残されている点から）最も妥当なものは、これらがすべて比較的初期にゾロアスター教を受け入れた土地であるという見方である。しかし不思議なことには、フワーラズムはこのリストには含まれていない。その一方、アイルヤヌム・ワエージャは、後に付け加えられたとみられている。

教義上の発達

歴史時代以前には、ゾロアスター教に教会制度があったかどうかは全く知られていない。たとえば、全教徒集団に承認された唯一の長がいたのか、それとも、それぞれの部族の領土や王国に自治的な地域教会が存在したのかどうかもわからない。しかしながら、『アヴェスタ』に残る証拠から、宗教的知識がどのように修得されたかは、わずかながら確かめることができる。というのは、ヤシュトの一三・九七には、アフーム・ストゥートの息子サエーナが、百人の弟子をもち、教徒のなかの第一人者であるとたたえられているからである。移住、征服、新しい土地での定住といったことを通して、ゾロアスター教の祭司たちが、信仰を支え、着々と神学や典礼の実践法を発達させたことは明らかである。

初期に、物質的発展のため彼らが直面しなければならなかった教義上の問題点の一つは、フシャスラが、石でできた天空と戦士階級の人間をともに守護するということに関するものであった。というのは、青銅器の使用が広まった後に鉄器時代がはじまり（紀元前九世紀頃）、武器が石でできているとはもはや考えられなくなったからである。

六大アムシャ・スプンタに関わることは、教義上及び倫理上、最高の重要性をもっていたので、祭司の学者たちは必死にこの問題に取り組み、ついに天才的な解決法を発見した。彼らは天空を形成する石を水晶とみなし、これならば金属として分類し得ると考えた。水晶は、金属の鉱石のように、鉱脈のうちに見出されるからである。それゆえ、水晶でできた天空の主としてのフシャスラは、今度は金属を司るものとしてあがめられ、そのためひきつづいて戦士たちの保護者であるとされた。ヤスナ祭式においても、燧石に代わって金属製のナイフが使われ、『アヴェスタ』で言及されている。石と同様に金属の乳棒や乳鉢も次第に使われるようになった。このようにして、フシャスラは、金属の主として、毎日の礼拝式で、自分を代表するものを持ち続けた。

六大アムシャ・スプンタについて一層発展した点は、彼らの周囲にヤザタのパンテオンが組織されたことであった。その結果、天空の主フシャスラには、その仲間及び援護者として、太陽のヤザタであるフワル（Hvar）や天空の霊アスマーンやミスラが伴なう一方、大地の守護者スプンタ・アールマイティは、水〔実際の河川〕や水の神々であるアルドゥウィー・スーラーやアポンム・ナパートに助けられた。大地そのもののヤザタであるザムは、植物の主であるアムルタートを助けた。

これらの例が示すように、ヤザタのあるものは、いずれかのアムシャ・スプンタが守るものを擬人化したものであって、ゾロアスター教のパンテオンとは、協力と相互依存が複雑に交叉する織物のようなものである。しかし異教時代の信仰で、すでにこのような関係——その一例をあげるなら、ミスラは火や太陽の主として長い間崇拝されてきたが、一方火や太陽自身も神として擬人化された——に慣れていたイラン人の改宗者たちにとっては、このことはさしたる障害とはならなかったであろう。ゾロアスター教のすべてのスプンタ神は、アフラ・マズダーによって共通目的の達成に尽力するよう呼びだされ、共闘しているので、相互間には競争心もなければ、位が高いゆえに助け合いはしないという意識をもつこともない。このように神々のパンテオンそのものが、各々の能力に応じて仲間と助け合うべきだという人間社会の手本を作っていると考えられるのである。

救世主信仰

この信仰の暗黒時代に、神学上重要な発展があった。それは「サオシュヤント(Saošyant)▽」つまり来るべき救世主についての信仰が育ったことである。『ガーサー』の詩句によれば、ゾロアスターは、世界の終末が切迫していて、アフラ・マズダーは最後の戦いで欠くべからざる役割を果たすため人類を駆り立てるようにと、彼に真理を啓示して委ねたのだと認識していた。しかし自身は生きてフラショー・クルティを見ることはないと認識していたに違いない。そこで、彼に続いて「善い家系の信仰深い人」［ヤスナ・四三・三］つまりサオシュヤントが来るということが、彼の教えにあったようである。サオシュヤントの文字通りの意味は「恩恵をもたらす人」で、彼こそが、悪に対する最後の戦いにおいて人類を率いる人である。

ゾロアスターの信奉者たちは、これを待望し、サオシュヤントは、湖（カンサオヤ湖と同一視される）の底に奇跡的に保存されている預言者自身の子種から生まれると信じるようになった。それによると、時の終りが近づく時、この湖で一人の処女が水浴して預言者の子を孕み、時満ちて生まれる息子は「アストワト・ウルタ＝正義を体現する者」と名づけられる。この名はゾロアスター自身の「正義が体現されますよう」［同上・四三・一六］という言葉に基づいている。

奇跡によって受胎するとはいえ、来るべき救世主は、このように人間の両親から生まれるとされている。したがって、このサオシュヤント信仰が発達したことは、人間が宇宙の大闘争において大きな役割を演ずることになるというゾロアスター自身の教えを裏切るものではない。サオシュヤントは、王や英雄のようにフワルナを伴なう者と考えられる。このことは、現存する『アヴェスタ』中で最も多くフワルナについて述べているヤシュト・一九で次のように述べられている［八九、九二、九三］。

フワルナは、勝利をもたらすサオシュヤントに伴ない……彼が世界を更新するのを助ける。アフラ・マズダーの使者アストワト・ウルタがカンサオヤ湖から現われる時……その時、彼はドゥルグをアシャの世界から追い払うであろう。

信者たちは、この栄光に満ちた時を待ち望み、逆境の時にも、この希望を力とし慰めとするべきとされた。

救世主がくるという信仰のなかに奇跡という要素を発達させたのとちょうど同じように、預言者の人となりも、数世紀を経ると自然に誇張されるようになった。『後期アヴェスタ』では、ゾロアスターは神格化こそされなかったが、「最初の祭司、最初の戦士、最初の牧者……世界の主であり判定者である」［ヤシュト・一三・八九、九一］と称揚され、その誕生にあたっては、「水も植物も……善い創造のうちのすべての創造物は喜んだ」［同上・一三・九九］と言う。この時、アングラ・マインユは、地上から逃げたとさえ言われる［同上・一七・一九］が、戻ってくると、無駄なことながら預言者を地上の権力を約束して誘惑し、マズダー信仰を傷つけようとした［『ヴェンディダード』・一九・六］。

浄めの法の拡大

初期の発達は信仰面ばかりではなく実践面でもみられたに違いない。原始教徒集団の慣習のうちで着実に拡大した分野は、浄めの法についての規定であったろう。これらはゾロアスター教に特有のもので、預言者の二元論的教義のほかに、彼が精神と物質を結びつけたことに根ざしていた。

それはつまり、アフラ・マズダーや六大アムシャ・スプンタに仕えることが、精神的救済を促進することだというのと同時に、その七つの創造物を守ることは、実質的にフラショー・クルティの達成を助けることだという意味である。この七つの創造物は完全なものとして創られており、これを損なうものすべて、つまり汚物や病、錆、変色、かび、悪臭、虫害や腐敗は、アングラ・マインユとその軍団の仕業である。そこでこれらを防いだり減少させたりすることは、善い創造を守り攻撃者を弱体化させるのに貢献することになる。この教義は、ゾロアスター教のもつ力の一つである。というのは、このため教徒集団の各員は、日常の仕事を通して宇宙的邪悪との戦いに参加することとなったので、誰も、自分は役に立たないとか、自分の努力は自分以外評価していないとか感じなくてすむわけである。

浄めの法のなかには、明らかにインド・イラン語族の時代にさかのぼり、程度の差こそあれゾロアスター教徒にもバラモンにも守られてきたものがある。牛の尿を洗浄に使用することもその一つである。こういった古くからのきまりは、ゾロアスターの新しい教義と結びついて新たな力を得た。

人は、七つの創造物の長として、身体も衣服も細心に清潔にしておくべきであるとされる。人は理性と行動の力をもっているのだから、さらに他の六つの創造物の世話をすることも怠ってはならない。ゾロアスター教の基本的な戒めのなかには、大地を肥沃にかつ汚さずに保つこと、草や木を健康に育てること、動物を守ることがあり、こういうことは、今日では人間一般にとって望ましいこととされている。食物は注意深く、きわめて清潔に調理され、恭《うやうや》しく食された。それというのも、消費されるものすべては、いずれかの創造物に属しているからである。

そしてまた、この信仰にとって特徴的なものである水と火については、特別な規則があった。多くの人々は、物を洗う時に無造作に水を用いるが、ゾロアスター教徒にとっては、ハウルワタートのスプンタ創造物である水の清潔さそのものが守られるべきであった。したがって、不浄なものは何も、湖や川や井戸のような自然の水源に直接触れさせてはならなかった。もし何か儀式的に不潔とされるものを洗うときには、その目的のために水が汲み上げられるが、この時でさえ直ちに使うようなことはなかった。不浄なものはまず牛の尿で洗われ、砂か太陽光線で乾かされてから、最後に水に触れてよいとされた。

同様に火についても、ゴミを焼くような用い方をすることは、ゾロアスター教徒には考えられないことで、火の上には清潔で乾いた木と、清浄な捧げ物しか置かれることはなく、料理用鍋をのせる時も特別の注意を払った。そのためゴミは他の方法で処理しなければならなかった。壊れた器や日にさらされた骨のように乾燥して清潔な不要物は、善い大地を傷つけることはないので、埋めてもよいとされた。そのほかのものについては、正統的な慣習では、屋根に煙突のような開口部があるだけの小さな建物に投げ入れ、定期的に酸で溶かすことになっていた。糞便は畑にまかれたし、昔の教徒集団は、現代に特有の廃棄物はほとんど出さなかった。

不浄を構成するものは、おおざっぱにいって、ダエーワ的なものか、ダエーワの影響下にあるものすべてを含んでいた。猛獣からさそり、蜂もしくは醜い蝦蟇蛙《がまがえる》に至るまで、人に害をなしたり、嫌悪の念を起こさせたりする生き物はすべて、アングラ・マインユの対立創造の一部とみなされたので、不潔とされた。それらは「フラフストラ（xrafstra）」という総称で一括され、それらを殺すことは、悪の世界を減少させることになるので称賛に値するとされた。それらを造った者〔アングラ・マインユ〕の創造物に死をもたらすことは罪ではなかったけれど、死そのものはその場合でもなお、ダエーワのもので、たいへん不潔なものであった。そのため、死んだフラフストラは、生きているものより一層穢れをもたらすものとされ、正統的なゾロアスター教徒は、素手ではあえてそれに触れようとはしなかった。

しかしながら、祭司が、死の穢れの最大のものと認めていたものは、正しい人々の死体からのものであった。それというのも、悪の力は善を打ち負かすほど濃厚であったからで〔正しい人とは、たいへん大きな正しさをもつ人のことで、その人が死ぬということは、その大きな正しさを滅ぼすほど悪の力が大きいことを意味したので、死体に留まる悪は巨大なものと考えられるわけである〕、これらは、死体の周囲を徘徊しつづけるとされた。

そこで、死んだその瞬間から、死体は高い伝染性をもつかのように扱われ、訓練をうけて儀礼上の予防をしている職業的な葬儀人や死体運び人以外は、近づけなかった。もし可能であれば、葬儀は死の当日に行なわれ、死体は直ちに死体置場に運ばれた。中世以降は、葬儀用の塔が作られるようになったが、(『アヴェスタ』によると)古い昔には死体を置いたのは、山腹の荒れ地や、広大な岩石砂漠であった。穢れた死体は、鳥や獣に食わせるため裸で横たえられたが、重要なのは、善なる大地にも水や植物にも触れさせてはならないということだった。骨はしばらくの間、太陽や風にさらされた後、まとめられ埋められて審判の日を待つとされた。この葬儀の第一義的な目的は、すでに見てきたように、穢れた肉をすみやかに破壊することと、霊を自由にしてそれが天に昇るのを保障することであった。

古い信仰の名残りで、魂は死後三日間地上にとどまり、四日目の暁方に、昇る太陽の光に導かれて上昇し、チンワト橋でミスラと対面すると考えられた。ゾロアスターは、死後の運命については、個人が責任をとるべきだと主張して、死んだばかりの人の霊のために行なう伝統的な儀礼や守るべき勤めの数を減らした。しかしながら、長い間の慣行と、残された家族の敬虔さは、それらを復活させ、多くの祈りと捧げ物をもって死者のためとりなすことが、彼の信奉者の間で一般的な習慣となった。

不浄の源となるもう一つ大きなものは、血が流れることで、これは理想的な物理的状態が破れることを意味した。これに課される浄めの法は、女性には厳しかった。というのは、すべての女性は、月経の間中、儀礼上、不浄であるとされ、隔離され、日常活動に加わることを禁じられたからである。こういう慣習は疑いもなく古いもので、世界の諸民族の間に一般的なものだが、ゾロアスター教の祭司の場合は、制限を次第に増やしていって、結果的に厳しいものにしたとみられる。しかし苛酷なきまりといえども、女性はそれらを、悪に対する宇宙闘争において逃れ得ぬ自らの役割として、一般にきまじめに受け入れたとみられる。

このように、儀式的不浄をいっさい避けることは、女性には不可能であり、男性にとっても困難であった。しかも、清浄であることは、ゾロアスター教徒にとって道徳の一つであったので、清浄を回復するための種々の儀礼が存在した。そのいずれにも、頭から足先までを洗うことが含まれており、最も簡単なものなら、平信徒でも自分の家で行なうことができたが、重大な穢れに対しては、祭司が聖なる言葉を唱えて一層入念な儀礼を行なった。その最高のものは、牛の尿、それから砂、最後に水と三段階に続く洗浄から成り、穢れた人は九つの溝を渡ることで浄められた〔ゾロアスター教には、溝で区切ることによって、ある場所を特別のものとする概念がある。浄めの法に関しても、溝の数は九つとは限らないが考え方は同じで、溝をこえることによってその前の状態を離れて新しい別の状態に入ると考えられた〕。

のちにはゾロアスター教徒は、溝の代わりに石を用いることで、大地を穢す危険性を減少させようとした。そのあと彼らは、肉体と魂が浄められるよう、一層の洗浄や祈りをもって、九昼夜ひきこもって過ごした。こういった浄めは、それゆえ「バラシュノム▽・イー・ノーシャバ（barašnom ī nō-šaba）＝九晩の浄め」と呼ばれて実施された。このやり方については、『ヴェンディダード』にくわしく述べられている。

祭司と礼拝

この平信徒の入念な浄めの儀式は祭司が施行したが、彼らはしばしば自分たちのためにも実施した。なぜなら神々を呼びだして礼拝するためには、祭司は清浄なうえにも清浄でなければならなかったからである。加えて彼らは、異教時代の先祖たちのように、この仕事にそなえて厳しい専門的な訓練をうけていた。平信徒は毎日のヤスナ祭式を祭司に司祭してもらうばかりではなく、入信や結婚や葬儀や、特別な家族の行事や公的な場合にも、祭式を行なってもらい、その代わり祭司は、生計を直接平信徒に頼っていた。彼らは、特定の儀式を行なうたびに受けとる報酬で暮していたのである。このように、貧富にかかわらず、個々の平信徒と祭司の家族の間には緊密でたいていは世襲的な絆が存在した。これらの家族が時に通婚したことは、ゾロアスター自身がフラシャオストラの娘フウォーウィーを妻としたことに示されている。現在もそうだが、祭司職は父系を通してのみ伝えられたようである。

異教時代と同様に、儀式は普通は祭司の家か、それを頼んだ人の家で行なわれた。初期のゾロアスター教は、このように聖なる建物や固定した祭壇を必要としなかったので、考古学者のためには何の痕跡も残していない。七つの大祭は、季節に応じて、おそらく戸外か、地域の指導的教徒集団員の家で祝われた。ほぼ確実に異教時代から伝わったと思われる集団礼拝のもう一つの型は、一年の定まった時に人々が集まり、山へ登って神々に犠牲を捧げることだった。この慣習は完全にゾロアスター教の精神にかなっており、アムシャ・スプンタへの礼拝は、このように、彼ら自身が創造した自然の寺院で捧げられた。そして、イランのゾロアスター教徒は、今日までこの慣習を守っている。

結論

東イランにおけるゾロアスター教伝播の跡をたどることは不可能であるが、どこにおいてもアヴェスタ語が信仰の聖なる言語とみなされたことは明らかで、今日まで個人的な祈りも公《おおやけ》の祭事も、この古い言語でなされている。どのように、そして正確にはいつ、この宗教が西イランに達したか、どこで初めて歴史に記録されたかは、まだわからない。しかしながら、歴史に記録された時点ですでに、ゾロアスターがもっていた世界宗教としてのすぐれた識見はおおかた失われ、彼の宗教はイラン人に固有のものとみなされるようになっていた。これには多くの理由があったに違いない。大移動の時に東イランの先住民がどうなったかについては何も記録がないが、滅ぼされなかった人々も征服者たちに吸収されてしまったことは確かである。

いずれにしろ、ゾロアスター教の伝道者たちは、深刻な言語上の障害もなく、新しい信仰を受け入れる基盤となる共通の宗教的遺産をもっている同胞のイラン人に働きかけるのが最も簡単であるということに気づいたであろう。征服者の場合、当然強調される持ち前の人種的な誇りが、こういった考え方を強めたに違いない。イラン人にとって一般に非イラン人のことをさす「アナールヤ（anārya）」――パフラヴィー語の「アネール（anēr）」――は、ギリシア人にとっての「バルバロイ」と同じように、軽蔑と軽視の対象であったので、彼らが平和的でありさえすれば、どんな宗教を信奉しようとかまわなかった。このようにしてイラン人の多くが、次第にゾロアスターの教えを受け入れるようになった結果、それは、彼らの人種的遺産の一部とみなすようになり、全人類の救済をめざす普遍的なメッセージではなくなってしまった。

第五章　アケメネス朝時代

メディア人、ペルシア人とゾロアスター

古代には、山、砂漠、森が、越えがたい障壁となってイランの東部と西部を隔てていた。イラン民族のうちで、西に定住したメディア人とペルシア人とは、別々に山峡を越え、カスピ海の西へ向かって土地を侵略していったと考えられる。

彼らは歴史記録に登場した最初のイラン人である。というのは、紀元前九世紀以降、イラン高原への軍事遠征に関するアッシリアの記録に、彼らの名がくり返し、あらわれるからである。ヘロドトス〔一・一〇一〕によれば、北西に定住したメディア人は六つの部族に分かれ、その一つに「マゴイ（magoi）」があり（この名は、イラン語の「マグ〔magu〕」からきたラテン語の単数形「マグス」▽の複数形「マギ〔magi〕」によってよりよく知られている）、この部族は、他のメディア人に対してばかりでなくペルシア人のためにも祭司を務めた学識ある祭司階級に属していたとされる。

マギたちは、緊密に結ばれた同胞関係にあって、ゾロアスター教の西漸に頑強に抵抗したようである。その上、ザグロス山脈の東側に沿って定住したメディア人とペルシア人は、その新しい定住地で、数百年以上も、時には隣人としてあるいは臣下として、北はアッシリア

やウラルトゥ、南はエラムやバビロンにいたる古代の都市文明と接触を保ち、そこから多くのことを学んだ。そのため、彼らは、東方のイラン人同族に対しては、接触をもつようになってからも見下すようなところがあって、そちらで生まれた宗教的啓示を受け入れるには時間がかかった。

前六一四—前六一二年に、バビロンと連合してアッシリア帝国を滅ぼして、メディア人の誇りは膨らんだ。そののち彼らは、小アジアの一部を含む北アッシリアの領土を併合し、ペルシア人を臣従させるに至った。この頃ペルシア人は、やっとイランの南西のアンシャン王国を支配するようになっていた（この地域はその後、パールス、ギリシア人にはペルシスという名で知られるようになった）。メディア人の支配はまた、その時までにすでにゾロアスター教が明らかに一般的に確立されていたような東方に居住するイラン人にも及んでいた。

メディア帝国は約六十年間栄え、おそらくこの時期に、ゾロアスター教は西イラン人の間ですみやかに発展しはじめたのであろう。メディアの宮廷に人質として留まっていた東方の王子たちや、政略結婚にとられた王女たちの言葉や行ないが、その時の伝道者たちの努力を援護したであろう。そして次第に、メディアの都市のうち最も東方にあったラガが、ゾロアスター教徒にとって聖なる場所とみなされるようになった。

前五四九年、時のメディア王の婿で、アケメネス家出身のキュロス大王に率いられてペルシア人は反乱を起こし、メディア人を倒して最初のペルシア帝国を築いた（この帝国で、メディア人はまだ重要な役割を担っていた）。キュロスは進軍して小アジアとバビロニアを征服し、この時地中海沿岸にいたるまでのバビロニアの支配領域は、彼に服従し、イラン人のすべてが彼の支配下に入った。

古典作家によると、この小アジアで、ギリシア人とはじめて遭遇した時には、ペルシア人はすでにゾロアスター教徒であったことが推測される。ギリシア人はゾロアスターについてペルシア人から学んだので、当然彼をペルシアの預言者であり「マギの主」だとみなした。その上、彼がたいへん昔の人であることも知った。そのため、ヘルモドロスとスミュルナのヘルミッポスは、彼をトロイ戦争より五千年前の人とし、リュディアのクサントスは、クセルクセスのギリシア侵入より六千年前、アリストテレスは自分の師プラトンの死より六千年前とした。このことから明らかなのは、ペルシア人がギリシア人に自分たちの預言者が遠い昔の人であると話したことで、この情報をギリシア人学者は自分たちの時間算定式に組みこんだのであった。

ゾロアスター教をきわめて古いものとする伝承は、メディア人とペルシア人がこの信仰を、古くからあるものとして受け入れたという事実と対応する。その頃には、その教義や守るべき勤めは明瞭に定められており、アヴェスタ語による正典もできていて、実質的にはどんな西イラン的要素も混入できなかった。この最後の事実はたいへん注目すべきことである。というのは、『アヴェスタ』は、アケメネス朝よりかなり後まで口誦で伝承され続けたからである。

書かれていないテキストにおいては、当然、改竄《かいざん》は一層容易である。しかしながらこのような改竄が行なわれたことは例外的には認められるが、それは稀であり、メディア人やペルシア人が、神の啓示による言葉と信ずるものを、いかに尊んでいたかがよくわかる。

この時に『アヴェスタ』が文字で記されなかった理由は、複雑である。その一つは、メディア人やペルシア人は、西イランで数種の文字を知ってはいたが、そのような外国の技術を疑いの目で見たということである（ペルシアの叙事詩では、文字は悪魔が発見したとされている）。したがって、次第に実用的な目的のためにその技術は採用されはしたが、昔のイランでは知識人であった祭司たちは聖なる言葉を記録するにはふさわしくないとして、それを拒否したのであった。アケメネス朝において、文字による通信は、主として、セム語の一種で独自のアルファベットをもつアラム語でなされた。アラム人が偉大な商業民族であったために、それはすでに中東における共通語となっていたのだが、アケメネス朝初期の王たちは、王の碑文にはペルシア語を用いることを命じた。このため最初にイラン語として書きとめられたことが知られるものは、特殊な楔形文字から発達したものであった。

初期の王たち

キュロス

キュロス自身は、パールス北部のパサルガダエの壮麗な新都にある石に刻んだ短い碑文だけしか残しておらず、これらの碑文には彼の宗教的信念を表明するものは何も含まれていない。しかしこの宮殿の遺跡の近くには、二基の大きな石の台座のある聖域がある。これは伝統的なイラン人のやり方で、屋外での礼拝式をするためのもののようである。そこからは三つの「火の台」の破片も発見されている。

ゾロアスター教の慣習では、火の台とは、その前で信者たちが祈る火を保持することだけを意図したものであり、祭壇とは「平坦な表面をもった高い台で、その上に神への供物を置いたり、犠牲式を行なったりする」ものであるから、これらは厳密な意味で祭壇と呼ぶことはできない。

火に供物をするのは、火を燃え続けさせるため以外の何物でもなく、起源としては実用的なものである。ゾロアスター教徒の歴史を通して、祈りは個人的なものも家族としてのものも、かまどの火の前でなされてきた。だが紀元前六世紀に、中東の国家的な宗教儀礼を知ったことや新しい帝国の威風が、ペルシア人の祭司たちに、祈る王の前にある火に威厳を与えるよううながした。その火を置いたものは、エクバターナ（ハメダーン）の近くのヌーシエ・ジャーン・テペにあるメディア時代の遺跡で発掘された本物の祭壇の改良型と思われる。

この祭壇とは、前八世紀のものとされ、内容のわからない祭儀に使われたものだが、大きく重い泥れんがを積んだ台座で四段の階段状の上部を支えており、ていねいに漆喰が塗られている。てっぺんには浅いへこみがあり、おそらく供犠の火によるものと思われる炭化の跡がある。

パサルガダエの石の祭壇の上部
逆位置になっているが、頂の深い穴が見てとれる。

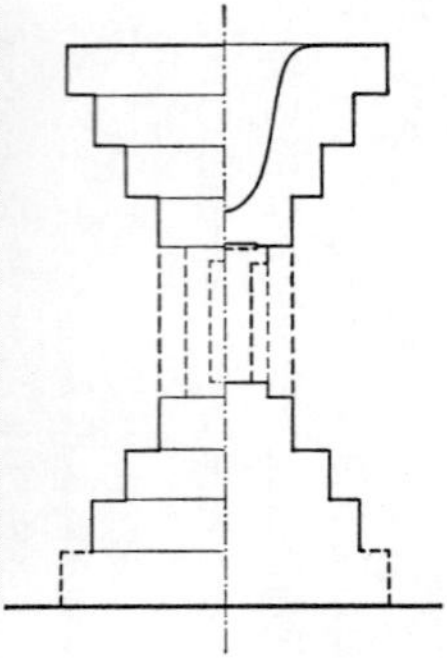

パサルガダエの火の祭壇の復元図

パサルガダエの石の「祭壇」は大きく重いながらも、もっと優雅である。これは三段になった上部に対称して基段も三段になっていた（三という数は、ゾロアスター教徒の守るべき勤めのなかに頻出する）。その頂は、ヌーシェ・ジャーンのように扁平ではなく、深い穴になっていて、火の台は、永遠に燃える火を保持するのに必要な熱い灰床をたっぷりためておくことができた。これらの火の台がもともとどこにあったのかは全くわからない。しかしパサルガダエには、寺院と考えられるような建築物は全くないので、多分これらは隣接している諸宮殿のなかにおかれて、大王の「かまどの火」もしくは私的な火を保持し、彼の尊厳の証しとして、日々のゾロアスター教徒としての祈りを荘重に行なうために、このように威厳を与えられたのであろう。

キュロスの信仰についてのこの明白な証拠に加えて、ギリシア人の記録によると、彼は自分の娘の一人を「アトッサ」——イラン語の「フタオサー」のギリシア読み――と呼んだとされる。この名はゾロアスターを後援した王ウィーシュタースパの妃の名であった。さらにキュロスの行動も、忠実なマズダー礼拝者のものであって、彼は、アシャに従ってその広大な新帝国を公正に善く治めようと努めた。

しかしながら彼は、イラン人の宗教を異民族の臣民に強いようとはしなかった。たとえそうしようとしても、彼らの数や固有の信仰の古さを考えるなら、実行は全く不可能であったろう。それよりはむしろ彼らが自分たちの信条に従って秩序正しく信心深い人生を送ることをすすめた。多くのアナールヤ人〔アールヤとは、本来、自由な民、高貴の生まれを意味する言葉。アナールヤはその否定語であり、外国人はすべてアナールヤといわれた〕のうち、彼の政治家としての寛容さの恩恵を受けたのはユダヤ人であって、彼らはバビロン捕囚から帰って、エルサレムに神殿を再建することを許された。このことは、キュロスの公平な行動として記録された多くのものの一つにすぎないが、人類の宗教史にとっては特殊な例であった。というのは、ユダヤ人はこの後もペルシア人には好感をもちつづけ、ゾロアスター教の影響を一層受容しやすくなったからである。キュロス自身は、「第二イザヤ」（捕囚期の無名の預言者）によって救世主《メシア》と讃えられた。メシアとは、ヤハヴェの名においてその権威をもって行動する人のことである。

「わたしの支持するわがしもべをみよ！」（ヤハヴェ自身が言ったとされている）

「彼（キュロス）はもろもろの国びとに道をしめす……彼は衰えず……ついに道を地に確

立する」〔イザヤ書・四二・一、四〕

同じ預言者は、ゾロアスターがアフラ・マズダーを讃えたように、ユダヤ文献ではじめて、ヤハヴェを創造主として讃えている。

わたし（ヤハヴェ）はよろずの物を造り……わたしは地を造って、その上に人を創造した。天よ、上より水を注げ、雲は義を降らせよ。……主なるわたしはこれを創造した。〔イザヤ書・四四・二四、四五・八、一二〕

これらの詩句はゾロアスター教の教義や聖典と驚くほど似ており、ゾロアスター教が捕囚後のユダヤ教に及ぼした強力な影響の最初の足跡を示すものと考えられている。

キュロスは、帝国の北東の国境を脅やかしていた同じイラン人で半遊牧民のマッサゲタイ族との戦いで死んだ。彼の死体は香詰めされてパサルガダエに戻され、そこの平野に今も残っている墓に安置された。死体が正統的な儀礼に従って風葬されなかったことは、一見彼がゾロアスター教徒であることを否定するように見えるかもしれないが、アケメネス朝ばかりでなく、その後継者であるアルサケス朝やサーサーン朝でも、王の死体は特別に香詰めして、天然の岩や石を墳墓としてそこに納めるという儀礼が続けられた。

『アヴェスタ』やパフラヴィー語文献には、そのような慣習の規定は全くなく、死者のために墓を作ることは常に激しく非難されている。そこで単なる仮定であるが、アケメネス朝が風葬の儀礼を採用しなかったことが、王たちにとっての先例となり、王たちはこの後も自分たちがこの特異な宗教のきまりの枠外にいるとみなすようになったと考えられる。王の死体を保存することは、おそらくその王のフワルナの観念と結びついており、彼の後継者および人民全体の利益のためにフワルナが墓の傍らにとどまると考えられていた。死んだ王に対して特別な祭儀がなされたかどうかについてまとまった証拠はない。死体を香詰めにする慣習は、西イラン人が、おそらく先住民から学んだもので、ステップ地帯の異教徒の同族の間にも広まった。このことはスキタイ人の首長たちの古墳からも充分に証明されている。

キュロスの墓

しかしながらキュロスの墓は、ゾロアスター教徒の王たちが、腐敗していなかったとしても死の穢れをもつ死体と、生きている創造物との接触を避けるために、墓を建てるときにどんな注意を払ったかを示している。

墓室は善い大地のはるか上にあげられた六段の石の台座の上に高く作られ、全体が石でできている。そこには一つの小さな部屋があり、壁は厚く、窓はなく、もとは二重の石の屋根と狭く低い戸口があった。この戸口の上には、光輝く楽土での不死性の象徴である太陽の彫刻があった。そしてキュロス大王の後継者カンビュセス王は、彼の父の魂のためにその墓前で毎日羊の供犠を行なうと同時に、特に太陽に関わりの深い創造物である馬の供犠を行なうよう寄進した［アリアノス・六・二九・七］。この儀礼は二百年間も維持されたが、アレクサンドロスがペルシアを征服した時にこの墓はあばかれ、略奪にあった。なかに入った一人は、そのなかには「金の寝台、器を載せたテーブル、金の棺と宝石で飾られた数えきれないほどの衣服と装飾品があった」［ストラボン・一五・三・七］と述べている。

カンビュセス

カンビュセスは、父の跡を継いでペルシア帝国を拡大し続け、すでに広大であった領土に下エジプトまで加えた。（アケメネス朝の歴史についての主たる情報源である）ギリシア人は、彼について良いことはほとんど記録していないし、ゾロアスター教に関して注目すべき主な点は、彼が「フワエートワダサ（xvaētvadaθa）」つまり近親婚を行なったことで知られる最初の人だということである。パフラヴィー語文献によれば、この結婚形態は大いに褒むべきものであって、親族関係が近いほどよいとされたので、父と娘、兄弟と姉妹、時には母と息子の間でさえも行なわれた。この言葉そのものは、ゾロアスター教の信仰告白である「フラワラーネ」にもでてくるが、奇妙なことにそれは高尚な一般論を述べている部分の終りのところにあって、あとで挿入されたもののようにみえる。ここで問題にしている文章とは、次のようなものである［ヤスナ・一二・九］。

私は、マズダーを礼拝する宗教に従うことを誓う。この宗教は、攻撃を払いのけ、武器を放り出させ、正しいものである「フワエートワダサ」を守らせる。

この慣習の最も初期の証拠は、ウィーシュタースパとその妻フタオサーが、両者ともナオタラ族に属していたことから、その結合はフワエートワダサであったと推測されることである。しかし『アヴェスタ』には、彼らが近い血族にあったと示すものは何もない。同じことは、キュロス大王と、アケメネス家のパルナスペスの娘「カッサンダネ」［ヘロドトス・二・一、三・二］との結婚にもあてはまる。したがって、確かにこの種の結婚といえる最初のものは、彼らの息子カンビュセスのもので、彼は両親を同じくする姉妹のうちの二人と結婚した。

ヘロドトスによれば［三・三一］、彼が姉妹の一人と恋におちて結婚しようとした時、「自分の望みがペルシアの慣習に反していると知っていたので、王付きの法官を呼んで、姉妹を妻にすることを望む者にはそれを是認するような法律があるかと下問した……法官たちは、法にも背かずまた自分たちの身にも危害の及ばぬような答えをした。つまり兄弟と姉妹の婚姻を認める法律は見当らないが、それとは別に、ペルシア王はその望むところを行なって差支えないという法律があると答えたのである」。その結果、カンビュセスはまず姉妹の一人、次にもう一人（アトッサ）と結婚した。

もしヘロドトスの記事が細部のすべてにわたって信頼できるものであるならば、フワエートワダサは、西イラン人にはカンビュセス以前には知られていなかったということになる。しかしある一人の君主の気まぐれに由来するような慣習が、信者一般の宗教的義務とみなされるようになったとするのは納得できない。さらに、ヘロドトスの同時代人であるリュディアのクサントスは、次のように言ったとも伝えられる。

「マギ人は母親と同衾する。彼らは、娘や姉妹とも同様の関係をもつことがある」

近親婚の慣習は古代の人々の間では広く行なわれていて、多分、ゾロアスター教団も初期には人数が少なかったために、信者間での結婚を奨励して、直系親族内での結婚を執り行なったのであろう。その後ゾロアスター教祭司は先例を尊重して、このような緊密な結びつきは、実際に信仰の実践を強めると信じるようになった。カンビュセスはこの信心に基づく風習を取り入れた最初のペルシア王で、その後フワエートワダサはパフラヴィー語文献で賞賛されるばかりでなく、前六世紀から後十世紀まで、王侯・祭司・平民の間で行なわれたことが、文学、文書、歴史的記録のなかで確かめられている（その後は従兄妹間の結婚の形だけが残り、これはイランでは現在も最も好まれる形態である）。

ダリウス大王

カンビュセスは、前五二二年に死んだ。短期間ののちに、傍系家族からダリウス大王が後継者となって、カンビュセス王の姉妹でその未亡人でもあるアトッサ／フタオサーを妃にむかえた。ダリウスは、（ウィーシュタースパのギリシア読みである）ヒスタスペスの息子であった。このことは、彼の祖父母がキュロスと同様、信心深いゾロアスター教徒であったことを示唆している。ダリウスは、帝国における支配を確立するため必死に戦わねばならず、その時以降、彼が達成したことを記録するためにも、多くの楔形文字碑文を残した。

そのなかで彼は、自らをマズダー礼拝教の敬虔な信者であるとし、宗教面でのゾロアスターに対応する権威を現世でもって、世界を支配するよう神の委任をうけたと確信していたと考えられる。なぜならそのどちらも、アフラマズダ（ペルシアでは前六世紀までに、叡智の主の名と称号は、このように一語となった）により、直接に授けられたからである。そこで彼は述べている。

偉大な神はアフラマズダで、彼はこの地を創り、かなたの天空を創り、人を創り、人のために幸福を創り、ダリウスを王、多くの王の上の唯一の王、多くの主の上の唯一の主とした……アフラマズダはこの地に混乱があるとみて、この地を私に授け王となした。私は王である。アフラマズダの恵みによって、私はこの地にこれを建てる……なされたことはすべて、アフラマズダの意志によって私が行なった。アフラマズダは、私が任務を全うす

るよう援助を与えた。［ナクシェ・ルスタム碑文A・一―八、三一―三六、四八―五一］

もとより彼は確信をもった二元論者で、彼の支配に対する反乱すべての背後に「ドゥラウガ（drauga）＝偽り」の活動をみた（ドゥラウガとは、アシャの敵であるドゥルグの古代ペルシア語形で、『ガーサー』や「フラワラーネ」でくり返して非難されている）。「この後、王となる者は、ドゥラウガから力強く身を守るように」［ベヒストゥーン碑文・四・三七―三八］と後継者には勧告している。この時代のすべての苦難は、「ドゥラウガが地にはびこっていた」［同上・一・三四］時にはじまったと、彼は確信している。そして「アフラマズダがこの国を（敵の）軍隊、飢餓、ドゥラウガから守りますように！」［ペルセポリス碑文D・一五―一八］と祈る。彼は（アングラ・マインユの後期アヴェスタ語形の）アンラ・マインユについては述べておらず、いろいろな点で、アヴェスタ語よりなじみのあるペルシア語の用語を好んだとみられる。

このように顕示されたドゥラウガを打ち負かしたあとで、ダリウスはアシャ（古代ペルシア語では「アルタ〔arta〕」）に従って生き、正義を地上に広めようと努力したと述べている。

この理由で、アフラマズダは、他の神々とともに私に援助を与えた。それというのも私が敵対的でなく、偽りをいわず誤った振舞をしなかったからである。私と同様私の家族もこのようであった。私は公正さに従って自らを導いた。強者にも弱者にも不正を働かなかった。［ベヒストゥーン碑文・四・六二―六五］

すぐれた人には私も充分に報いた。邪悪な者には、充分な罰を与えた。［同上・一・二一―二二］

アフラマズダの恵みによって、私は正しい者の友であって、不当な者の友ではない。弱者が強者によって不当に扱われることを私は望まないし、強者が弱者に不当に扱われることも望まない。正しくあることが私の願いである。人が害をなすことは私の願うところではなく、もし害をなす者がいるならば、その者が罰せられないということは私の願うところではない。［ナクシェ・ルスタム碑文B・六―一一、一九―二一］

ここでは、ゾロアスター教の真髄である厳密な平等が求められている。

ダリウスが名を呼びかけたのはアフラマズダだけだが、「存在する他の神々」とか「すべての神々」全体にも呼びかけており、このような伝統的な表現法では、神として『アヴェスタ』で好まれた「ヤザタ」よりはむしろ、「バガ」という古語が好まれた（ペルシアではこの用法が残り、サーサーン朝時代にも広く使われた）。これらの「他の神々」を、彼は、創造主アフラマズダに従属的な小さな神々であると正統的にみなしていた。さらに彼の言葉から、彼にとってはイランでは「マズダ礼拝」が唯一の真の信仰であって、他のすべては苦難と無秩序をもたらすものであったことがわかる。したがって彼は、エラム人について次のように述べている。

エラム人は不信心で、アフラマズダを礼拝しなかった。私はアフラマズダを礼拝した。アフラマズダの恵みによって、私は私の望むとおりに、彼らをこらしめた……力の限りアフラマズダを礼拝する者には、生きていても死んでいても幸福（がある）。［ベヒストゥーン碑文・五・一五―二〇］

しかし、ペルセポリスで発見されたエラム語の粘土板の記述によると、ダリウスは、実際には、非イラン人の臣下でもいったん降伏したなら、アフラマズダと同様に彼ら自身の先祖の神々を礼拝し続けることを許し、そのために彼の宝庫から奨励金を与えさえしたことを示している。このように彼は、先王キュロスと同様、非イラン人の信仰とその実践に対し広い寛容の心を示したのであった。

クセルクセス

このようなことから、ダリウスの子クセルクセス〔前四八六―前四六五年〕が、碑文で以下のように述べたことは、同胞のイラン人に対する行動であったことは確かである。

私が王となった時……かつてダイヴァが礼拝されていた（ところが）あった。その後アフラマズダの恵みによって、私はダイヴァの聖所を破壊して〝ダイヴァを礼拝してはならない〟と宣言した。ダイヴァが礼拝されていたところに、私はアシャに従って正しい儀礼をもってアフラマズダを礼拝した。［クセルクセス・ペルセポリス碑文H・三五―四一］

古代ペルシア語の「ダイヴァ（Daiva）」は、アヴェスタ語の「ダエーワ」に対応するもので、これら数行は、東イランで預言者が始めた宗教的な争いが、数世紀のちには信奉者たちによって西部で続けられたことを示している。おそらく書記たちのモデルとなった古代近東のテキストに預言者に言及するような例がなかったため、ゾロアスター自身の名は、いかなるアケメネス朝碑文にもでてこない（同じように、後のサーサーン朝の王の碑文にも、偉大な大祭司キルデールのものにさえも、ゾロアスターの名は見られない）。

アケメネス朝の宮殿と墓

大帝国の支配者であったアケメネス朝の諸王は、王宮をいくつか所有していて、メディアの古都エクバターナ（ハメダーン）にも一つあった。ダリウスは、エラムの古都スサに堂々たる新しい宮殿を建てた。またパールス地方のパサルガダエの南、ペルセポリスにも壮大な新宮殿ができた。ここは、王朝の彼の家系の象徴的な故郷となったとみられる。この宮殿は、広い平原を見おろす石の基壇の上につくられ、つづく諸王の治世を通して増築され豪華になった。その多くの壮麗な飾りのなかに、広い階段に沿って素晴しい彫刻があり、兵士や宮廷人、ペルシア人、メディア人、他のイラン諸族をはじめとして、遠くインド人やエジプト人、バビロニア人やギリシア人まで含む帝国の民族が行進しているのがみられる。これらの民族の代表は献上品をもっていることから、この行進はノールーズの祭に、諸王の王に年毎の贈り物を捧げているところを表わすと、一般にみなされていて、研究者のなかには、春分の日の出との関係で、宮殿の方角に宗教的な意味を探る者さえいた。壁にはライオンとその獲物を表わす美しい浮彫もあり、その象徴性については、おおいに論議されている。

王墓群は、ペルセポリスの近くにあり、そこから数マイルほど離れたナクシェ・ルスタムという山の側面高くにダリウスは、墓を造らせた。つづく三代の王も、その傍らに自分たちの墓を造った。王朝後期の三王は、ペルセポリスの裏の山に同様の墓を造った。

ダリウスの墓の入口の上には、印象的な彫刻が刻まれ、他のすべての王墓にも、これと同じものがある。ここでは王は三段からなる壇の上に立ち、右手を上げ、祈っている姿で描かれている。彼に向かいあって、高い台の上で燃え輝いている火がある。この台もやはりパサルガダエの火の台と同じ三段からなる基壇の上に逆転した階段状の三段の上部をもち、上下をつなぐ部分は三重の凹んだパネルで飾られている。王の像と火を載せている広い壇は三十人の人が支えており、そこに彫られた名から、この三十人がペルシア帝国を形成する三十の民族を代表していることがわかる。

この場面は幅の狭いパネルで枠どられており、そのパネルのなかには両側に三人ずつ、合わせて六人の人物像がたてに並んでいる。これらはダリウスの即位を助けた六人のペルシア人貴族を表わしたもので、パフラヴィー語文献によると、六大アムシャ・スプンタがアフラマズダの両側に立つように、大王の両側に立っているのである。ダリウスはこのように、自分はアフラマズダの地上での代理として支配していて、同様に偉大な七人衆の主役なのだという彼の確信を、目に見える形で宣言したのだと考えられる。向かって右のパネルで王に向かいあう三人の貴族は皆、左手を口をおおうように上げて袖で隠すという儀礼的哀悼の仕草をして描かれている（これは、今日でも、祭司が死者のための告解の祈りを唱える時にする仕草である）。

中心パネルの右隅、王の頭上に、月の表象が彫刻されている。それは、満月の丸い輪の弧の下辺に沿って、弦月が描かれたものである。この表象はエジプト起源で、早い時期にアッシリア人が自分たちの月の神を表わすのに採り入れたものである。夜、ダリウスは「月」の火の前で祈るということなのであろう。その少し下、王と火の上に、近世再び用いられるようになったゾロアスター教に特徴的な象徴とみなされているものが彫られている。これもまたエジプト起源で、太陽神ホルスの象徴であった。それは両側に羽がついている輪で、下部にはしばしば鳥の尾と二本の波形の線が描かれている。これは、聖なる蛇の原型から派生したものである。アッシリア人もこの象徴を採用して、輪のなかに男の胸像を置いた。ペルシア人もこれにならったが、簡単な羽のついた輪も用いた。アケメネス朝美術では、この象徴

アルタクセルクセス２世の墓上部の浮彫（ペルセポリス）　ダリウスの浮彫とほぼ同じ図柄である。

はしばしば人の上に置かれ、その人が王族である時は、いつも輪のなかに男性像がある。この像は王のように装い、冠をつけ、右手を上げて祝福し、左手は環状のものをもっている。この形の象徴の最初のものと知られるのは、ベヒストゥーンのダリウス碑文にあり、その後、アケメネス朝の大宮殿の石の壁に何度も現われる。

今では、それは、（簡単な羽のついた輪で表わされるような）一般的な観念としてフワルナつまり「神の恩寵」を表わしたと解釈されている。また特別に輪のなかに王に似た姿を加えることで王のフワルナを象徴するものとしてであった。フワルナというのは太陽とつながりをもっており、昼にはこの天の火の前でゾロアスター教徒は祈るのである。したがって、これと死とには特別なつながりはない。

ダリウスの墓の浮彫の主題は、このようにきわめてゾロアスター教的である。王はアフラマズダの代理であるので、アムシャ・スプンタに対応する六人の貴族の助力者に囲まれ、預言者が信奉者たちに教えたように火の前で祈っていると示されている。三という聖数は、基壇や火の台の三段や、台の上部と下部をつなぐ柱の部分の三層のパネルにくり返して表わされている。このように、王たちは死体を保存するという非ゾロアスター教的な習慣は維持していたけれど、死体を不潔なものとみなし、念入りに遠ざけたし、その図像法は正統的であった。ヘロドトス［一・一八七］が伝えるところでは、ダリウスはバビロンの門の一つが、その上の墓室に、かつての女王の香詰め死体を安置しているため使えないことにいらだっていた。

ペルシア人の間では下層の者でさえ、風葬の儀礼を採用したのは遅かった。当時マギが、死体を埋葬する前に「鳥か犬に引き裂かせる」ことは一般に知られていたけれど、ヘロドトスの述べるところでは、ペルシア人はこのことについては寡黙で、一般的習慣は「死体を蠟でおおい、地下に埋めることだ」と言っている。

特にゾロアスター教的な儀礼のなかで考古学的証拠となる最も古いものは、小アジア西部のリュキにある山の岩を穿った前四〇〇年頃の墓からでた。そこにある他の墓は、リュキの貴族のものと思われるが、これはそれらと違って、ギリシア語とアラム語の碑文をもっている。アラム語の碑文は「アルズィフィの子アルティムがこの納骨所＝アストーダーナ(astōdāna)を作った」と記している。アルティムとは、おそらく、前四〇一年にリュディアの総督に任命されたペルシア人アルティマスのことであろう。この納骨所は、（ギリシア語碑文によると）彼自身と子孫の骨を納めるために作られたもので、小さな二室から成っていて、それぞれの岩床に長方形のくぼみがあり、さらに安全を期すためかつては石のふたがあった。どちらのくぼみも、明らかに数人の骨を納めているが、それらは風葬ののち集められたものであった。アルティマスは王家の出であったろうから、この納骨所は、前五世紀末までには風葬の儀礼が地位の高い貴族の間にも受け入れられたことを示していることになる。

パサルガダエとナクシェ・ルスタムには、独立した二基の堂々とした建造物があり、葬儀の目的となんらかの結びつきがあると考えられてきた。この二つは全くよく似ている。後世「ゾロモンの牢＝ゼンダーネ・ソレイマーン」と呼ばれたパサルガダエのものは廃墟となっているが、ナクシェ・ルスタムのものはよく保存されて、現在は「ゾロアスターの箱＝カーベ・ザルドゥシュト」と呼ばれている。これは、三段の石の基壇をもつ塔のような建物で、大きな石のブロックでできており、地上高いところに窓のない一室がある。その唯一の開孔部の戸口は狭く、三十段の急な石段の上にある。石の組み方の細部から、ゼンダーネがキュロスの時代に属し、カーバはそれを真似したもので、ダリウス一世の治世以前に建てられたものではないことがわかる。この二つの建物はユニークなもので、その目的はいろいろな理由から論議の的になっている。しかしながら、このように高いところに孤立させた二つの狭い部屋は、王家のあまり有力でない人々や王妃・王子・王女たちのための納骨所であった可能性が高い。

火と火の祭壇

アケメネス朝の墓や葬祭用の浮彫は、創造物の清浄さを細心に守るゾロアスター教の正統的慣習と、異邦の習慣や新しく採用された象徴との混淆を示している。このことは、ペルシア人が、東方からきた権威ある啓示としてゾロアスター教を受け入れつつも、大帝国の民として、自分たちの足跡を、後世に残るようないろいろなやり方で残したという事実を表わしている。

最も早くから知られる祭儀上の変革は、火を高い台の上に置いたことであった。しかし、ペルセポリスの遺跡から推測されるのは、アケメネス朝初期には、そのような火の台はまだ宮殿のなかにしかなかったということだけである。というのもこの時期には、聖なる建物が別につくられたという証拠が全くないからである。キケロの後年の言葉にあるように、「全世界を住家とする神々を壁のなかに閉じ込めること」はよくないとみなして、ペルシア人は寺院を軽蔑していたのだと、ギリシア人たちは肯定的に述べている。

パサルガダエに残る二基の大きな台座は、屋外での礼拝の伝統がつづいていたことを証明している。ストラボンの記すところでは［一一・八・四］、小アジアのゼラにキュロスが建てたという寺院は、もとは周りを壁で囲んだだけの大きな人工的な山で、建物というよりは人造の丘であり、人は祈るためにそこに登ることができた。ダリウスがベヒストゥーンの碑文［一・六三］で「アーヤダナ（āyadana）＝祈りの場所」（しかしこの語は慣例的にではあろうが、エラム語やバビロニア語版では「寺院」と訳されている）について述べた時に言及したのは、このような聖域のことであったかもしれない。前五世紀にはまだ、ヘロドトスはペルシア人が聖像も寺院も祭壇も建てないと言うことができた。それにもかかわらず、祭壇のような台の上高くに置かれた火は、明らかに初期アケメネス朝の人々にとって非常に重要なものであって、おそらく彼らがゾロアスター教信仰と至高の支配権の両方を合わせてもつことを表明するものであったろう（王のかまどの火はこのように高められて、彼自身の尊厳の象徴となった）。祭司もまた、この定住の時代になると、ヤスナ祭式とか他の主要な儀式を施行するための場所を定めたにちがいなく、これらは（前四五八年のアラム語碑文から判断すれば）「ブラーズマダーナ（*brāzmadāna）＝儀礼の場」と呼ばれた。

神々

その他ゾロアスター教においてペルシア人が行なったとされる革新的発達は、パンテオンに関係があった。その一つに、おそらくアッシリア／バビロニアの偉大なイシュタル（Ištar）――金星の主で、広く愛と戦争の両方の女神として礼拝された異邦の神――をとり入れたことがある。ヘロドトスによれば［一・一三一］、ペルシア人は、のちにギリシア人が「アフロディテ・アナイティス」また単に「アナイティス」と呼んだ、この「天の女神」に供犠をすることを早くに学んだという。王族は、いかに真剣にゾロアスター教に改宗したといっても、明らかにこの異邦の神への礼拝に執着していた。同じようにゾロアスター教の祭司の方では、預言者によって、礼拝されるべしとされたスプンタ神々のなかに、この女神をそのまま受け入れることを奨励できなかったのは明らかである。

帝室の影響力が非常に大きかったので、ある程度の妥協がなされたとみえる。その証拠は、アルタクセルクセス二世の治世〔前四〇四―前三五九年〕に最初にみられる。この王は、先王たちの伝統を破って、アフラマズダばかりではなく、「アフラマズダ、アナーヒタ、ミスラ」にも祈願した。この変革の説明は、『アヴェスタ』やパフラヴィー語文献、ゾロアスター教徒の慣習、ギリシア語による資料などを併せた証言に求めねばならない。それと同時に、これらはイシュタル女神が、西イランの人によって、「無垢なもの＝アナヒティシュ」として崇拝されるようになったことを示している。アナヒティシュとは、彼ら自身が金星を呼ぶ名だったので、アヴェスタ語形の形容詞「アナーヒタ＝無垢な」を用いることによって、アナヒティシュは、ハラフワティー・アルドゥウィー・スーラーというヤザタに同化されることになった〔この神は、『アヴェスタ』ではアルドゥウィー・スーラーと呼ばれた川の女神である。金星をさすアナヒティシュの形容詞形をアルドゥウィー・スーラーに加えることによって、アルドゥウィー・スーラー・アナーヒタは金星を表わし、その結果、イシュタルとの同一視が可能になったというわけである〕。この女神はそれ以後アヴェスタ語の礼拝式ではいつも、「アルドゥウィー・スーラー・アナーヒタ」という三連の称号で祈願されるようになり、その固有の名前は忘れられた。この女神が選ばれたのは、明らかにハラフワティー自身も川の女神として豊饒を祈って礼拝されたからであった。

この同化は、二つの強力な祭儀の統合を意味するものであって、結果としてアルドゥウィー・スーラー・アナーヒタの崇拝がどれほど支配的なものとなったかは、アルタクセルクセス二世の祈願が示している。なぜならこの彼の祈りの言葉を『ガーサー』におけるゾロアスター自身の「マズダーと他のアフラたち」という祈願と比較してみるならば、「アナーヒタ」は、川の女神との同化によって、アケメネス朝期の礼拝では、三番目のアフラたる水の子[*]ウォウルナ・アポンム・ナパートの地位をもつようになったと考えられるからである。この後、ウォウルナは、今日でもゾロアスター教の祭司の儀礼や祈りには残ってはいるけれど、一般の信仰では背後の方に消えてしまった。アルタクセルクセス二世により始められた型式は、後継者に受け継がれ、イラン帝国の諸王はこののちもアフラマズダ、アナーヒタ、ミスラの三神に祈願し続けた。この三神は、勝利の神ウルスラグナとともに、俗信の主たる対象として人気があった。

もう一つの同化は、ペルシア語でおそらく「素早いもの」を意味するティーリ（Tīri）と呼ばれていた、バビロニアの書記の主であり水星を司るナブー（Nabū）が、『アヴェスタ』のティシュトリヤと同一視されたことである。アケメネス朝以後に「ティーリ」を語の要素とする多くの固有名詞が現われることから、彼の祭儀が存在したことが確かめられる。この二つの「星の神」の名にわずかの類似点があることのほか、ティシュトリヤもティーリも雨の到来と結びついていた。この後ティーリカーナ（Tīrikāna）と呼ばれて毎年祝われるようになったティーリの祭は、ゾロアスター教の大祭として残ったが、その祭事や祈りの席で祈願されるのはすべてティシュトリヤであり、この神のための祝祭にふさわしく雨の祭として祝われた。

図像と寺院

ティーリとの同化によって、『アヴェスタ』のヤザタ、ティシュトリヤの人気は高くなったとみられるが、「アナーヒタ」の礼拝を併呑したことがゾロアスター教に及ぼしたほどの広汎な影響はなかった。

聖像の形で神や女神を崇拝する慣習は、近東全域にわたって存在していた。前三世紀初頭のバビロニア人祭司ベロッススの記したところでは、アルタクセルクセスは偶像の祭儀を導入した最初のペルシア人であって、帝国の主要都市に「アフロディテ・アナイティス」の像を建て、人々にその礼拝を強制したという。

ゾロアスター教徒はこれらの偶像を、アルドゥウィー・スーラー・アナーヒタを表わすものとして崇拝するよう要求された。『アヴェスタ』のこのヤザタへの讃歌のなかには、直接、これらの偶像に刺激を受けたと思われる詩句がある。それというのも、そこでは初め、彼女は激流の擬人化したもので、風と雲と雨とみぞれという馬にひかれた戦車に乗って突進する姿で描かれていたが、後の詩句では［ヤシュト・五・一二六―一二八］堂々とした静止した姿の像として祈願され、宝石で覆われた豪奢なマントを装い、金の靴とイアリング、ネックレスや光輝く冠をつけているからである。これほど飾りたてられた彫像は、建物のなかに置くしかないから、この偶像崇拝の祭儀の導入とともに寺院が建てられたことに疑いはない。最近の発掘によれば、ペルセポリスのテラスの北にあって、「フラタダーラ」寺院として知られる大きな建物群は、アルタクセルクセス二世時代のもので、十中八九まで「アナーヒタ」のために王が建立したものの一つであったろう（この柱のある大ホールからは石の台が発見されており、それが彼女の像を置いた台座であったことは、充分に考えられる）〔フラタダーラとは、前二世紀から後三世紀までパールス地方を治めたペルシア人による地方政権で、はじめはセレウコス朝、次いでアルサケス朝の宗主権を認めていた〕。

このようなめざましい変革は、祭司階級の協力を必要としたに違いなく、「アナーヒタ」像により啓発された詩句が創られたことは、彼らの階級のなかに、すすんでこの祭儀を助長した者がいたことを示している。帝国の権力と影響力は、かなりのことを保証した。しかし他の祭司たちは、平信徒と同様、人間の作った聖像を崇拝の対象とすることに衝撃を受けたに違いなく、この偶像崇拝に対抗する手段として、寺院に火を置いて礼拝することが導入されたのではないかと考えられる。つまり正統派は、建物を聖別して礼拝の中心として設置するという新しいやり方には従ったが、祭壇を前に彫像を置く代わりに、聖所に火を置いて、預言者が承認した唯一の聖像の面前に人々が祈りに来ることができるようにした。

新しい寺院の火は、アケメネス朝の諸王の浮彫に見られる火のように、祭壇のような台の上に置かれた。このような進展は王の同意を必要としたに違いなく、おそらくその後援者は、時の王の注意をひいたのであろう。その時の王はおそらく信心深いアルタクセルクセス二世自身か、その後継者アルタクセルクセス三世（前三五九―前三三八）である。というのもゾロアスター教徒の伝承で非常に賞揚されている「アルタクセルクセス」もしくは「アルダシール」という王は、この王たちのいずれかだからである。

創始の正確な日付はともかく、アケメネス朝時代の末までには、火の寺院が偶像の聖域と同様に、ゾロアスター教徒の礼拝の場所として認められるようになったことに疑いはない。

王が代わるたびにその王の火を建立《こんりゅう》する儀礼は、すでに発達していたと思われるが、この儀礼は、新しい寺院の火を、（ゾロアスター教徒の慣例でいう）「即位」させる時にも、採用されたらしい。しかし肝心なことは、寺院の火も王の火と同様、伝統的なかまどの火がそのまま高められて別にされたものだったということである。この火は常に薪木をついで消えることなく燃やされ、伝統的な火への祈りである「アータシュ・ニヤーイシュ」を唱え崇拝された。その句には、朝と夜の食事を火を使って料理することについて言及しているところがある。この火は、かまどの火と同様、毎日五度の祈りの時に、乾いた薪木と香料の供物をうけ、犠牲獣からとられた脂肪を定まった分け前として受けた。またこの祭儀に関する用語は、（パルティア朝やサーサーン朝時代に記録されているところでは）平明な日常語であった。

建物は単に「火の場所」もしくは「火の家」と呼ばれ、火が燃えている台は、「火の壇」「火の台」または「火のある所」と呼ばれた。このような散文的な語を用いるのは、寺院の祭儀を制度化した人々はおそらく非常に保守的で正統的な人々であったろうが、意識的に努力して、偶像崇拝的な色調が混じることを避け、新しい「火の家」を、単なる集団礼拝の場としようとしたことを表わしているのだと思われる。そこでは、家でかまどの火を前にした時のように、即位した火の前でも自然に祈りの言葉が述べられた。

しかし寺院の火に特別な神聖さが賦与されたり、礼拝者たちに新しく深い信心を呼びおこすことは避けられなかった。聖所に隔離された火の清浄さは、かまどの火では不可能なほど厳密に守られた。それらは、設置される時に聖別されるばかりでなく、ひき続いてその前で唱えられる多くの祈りにより、常に神聖に保たれていた。さらに、聖像としての火は生き生きと輝いており、木や石の偶像よりはるかに崇敬を獲得しやすかった。そして後の習慣にみられるように、信徒たちは、他の宗教では彫像や聖画に付されるような個性や守護力を、各々の寺院の火に付すようになった。したがって、寺院の祭儀が定められて以後、火はゾロアスター教徒の信仰生活に大きな役割を果たすようになった。ヘロドトスは〔三・一六〕、ペルシア人が火を崇拝すると語っているが、このことを、この宗教のきわだった特徴として選び出してはいない。他宗徒たちが、ゾロアスター教徒を「拝火教徒」と名づけるようになったのは、寺院の火が確立された以後のことである。またペルシアの軍隊の儀式について叙述する時、ヘロドトスは火について何も語っていないが、クルティウス・ルーフス〔紀元後一世紀。『アレクサンドロス史』を著した〕は、アケメネス朝最後の王ダリウス三世が進軍した時、その軍隊の前には「ペルシア人が神聖で永遠であると呼ぶ」火の燃えさしが運ばれていたと述べている。

アケメネス朝の寺院の火の分類については、直接には何も知られていない。しかしこの時代の末までには、後世よく知られる二種の聖なる火が既に存在していたと考えられる。ゾロアスター教の「大聖堂の火」ともいうべき高位の火は、「勝利の火」と呼ばれ、邪悪に対する絶えざる戦いで勝利を得るとされた。それらは後世、「アータフシュ・イー・ワラフラーム（Ātaxš ī Varahrām）、アータシュ・バフラーム（Ātaš Bahrām）」として知られた。これらは多種の普通の火の燃えさしから創られ、長々しい儀式を経て浄められ聖別された。下位の火は、単に「火の火」、後の言い方では、アータフシュ・イー・アードゥラーン（Ātaxš ī Ādurān）、アータシュ・アードゥラーン（Ātaš Ādurān）として知られた。この火は、社会の各層の代表者のかまどの火からつくられ、その寺院はいわばキリスト教の教区教会に対応していた。

なぜ高位の火が、ウルスラグナに献げられたのかは推測するしかない。しかし、後のパフラヴィー語文献の示すところでは、すべての火はスプンタ創造のために戦う戦士――闇や寒さのような物理的なレベルばかりでなく、悪の力や無知のような霊的なレベルでも戦っている――とみなされたからである。したがって、その最大のものを勇気と希望という気持をもって、勝利に献げたことは当然であろう。そこからゾロアスター教徒の軍隊が不信心者との戦いにむかう時、その前にそのような「勝利」の火からの燃えさしを運ぶというのも理解できないことではない。

寺院の祭儀が創始された結果、いろいろなことがおこった。初期のゾロアスター教には、教義や守るべき勤めは豊富にあったが、その信奉者たちに物質的な要求をすることはほとんどなかった。かまどの火へ供物をすることには実用的な目的もあって、そうすることはどんな家庭でも必要なものを常備させることだった。集団の礼拝は、高い所に登って行なうものであろうと季節の祭であろうと、特別な建物も、序列が別の祭司も必要としなかった。しかし、これと対照的に、新しい聖なる火は、世俗の役にたたないばかりか、「アナーヒタ」の像のように、そのための建物を建てたり維持したりしなければならず、それに仕える祭司を雇わねばならなくなった。このことは、ペルシア帝国の富が信仰に関する事柄のために費やされるという新しい局面をひらいた。つまり、金や銀で飾った豪華な寺院が建てられ、大きな資産が寄進されたのである（しかし、アケメネス朝後期は、ほとんど記録がないので、そのような寺院についてもその崩壊後の記録しかない）。

祭司階級

すべての大寺院は多くの祭司を擁していたに違いない。特に聖なる火は不断の奉仕を必要とした。（残っている証拠から判断するなら）火の寺院の大祭司は「マグパティ*（magupati）＝祭司の長」と呼ばれ、下位の祭司を支配下においていた。これらの祭司は、寄進されたものからの収入と、信者からの供物とで生活していたと思われることから、聖職者の位階に新しいグループが形成されるようになった。彼らは、日常の生活に関しては、家庭付祭司ほどではないにしろ、ある程度平信徒に負っていたので、教徒集団の新たな負担となった。神学校も独立もしくは大きな宗教基金と結びついたような形で存在していたに違いない。アケメネス朝には寺院の建立より明らかに古い寄進のやり方もあったことが知られている。これは故人となったすぐれた人の魂のために、可能な限り長く宗教的儀式と供物を続けることを確実にするためのものである。カンビュセス王が父の墓へ供物を供えることを制定したのはこの習慣の例証であり、彼の創始した儀礼は、二百年以上もその墓の傍らで墓守りとして住んだ祭司一族によって維持された。このような定まった役目をもつ祭司は、聖職者の組織のなかでまた別のグループをなした。

アケメネス朝時代を通じて、ゾロアスター教が、寺院や神殿や広大な領地を所有しており、ますます数が増大する祭司群をもつ大帝国の信仰として成長したことが確かめられる。しかしながらこの時の教団組織については全く知られていない——東と西の祭司、つまり「アサウルワン（aθaurvan）」と「マグ（magu）」が、統合された階級制度をもつ一つの組織に加わったのかどうか、それとも地方の祭司階級は、全体としてペルシアの指導のもとで、ある程度の自治権を享受していたのか。後者の方が状況としては可能性は高い。アケメネス帝国では、各地方つまりサトラピー〔アケメネス朝の行政単位〕が、自分たちの慣習や言語、一定の独立を保っていたという世俗の状態を反映したのであろう。全体としてはかつての部族的な区分に対応するイラン人のサトラピーでさえペルシア語を採用する代わりに、（パルティア語やソグド語のような）彼ら自身の方言を守っていた。これは明らかに、帝国全域にわたって、文字による通信には主にアラム語が用いられ、ペルシア語は支配階層のイラン人の言葉ではあったけれど一般的に使われるまでには至っていなかったためである。

アケメネス朝の初期に、「書く」という外国の技術とともに、アラム語という外国語が、異邦人の書記によって使用されるようになった。しかしこの時代が終わるはるか以前に、イラン人の知識階級である祭司はこの二つの技術を採り入れ、その結果、(中世ヨーロッパにおけるように)ますます複雑化していく社会で必要とされる判事や行政官や「書記」を提供した。このような人々は、おそらく十五歳くらいまでに自分の世襲の天職のための基礎的訓練をうけた後、アラム語を書くという実際的知識を身につけて、書記としての特別な技術を学んだ。書記は、半分外国語の名「ディピワラ(dipivara)」つまり中世ペルシア語で「ディビール(dibīr)」と呼ばれた。この語は、「書くこと、記録」を意味する古いアッカド語「ディピ(dipi)」に由来する。この訓練は、中世ペルシア語で「ディビレスタン(dibirestan)」すなわち「書記の所」と呼ばれる学校で行なわれた。それぞれのイランのサトラピーには、この種の学校があったに違いなく、当然のなりゆきとして、この職もまた世襲されるようになり、サーサーン朝までには、書記は社会の特殊グループとして認められるようになっていた。

祭司を描いたものはわずかながらアケメネス朝の遺物にあるが、彼らは膝まで届く長袖の上着をベルトでとめ、ゆるいズボンと袖のあるマントを着ている。頭には、前にもってくると口を覆えるような側布のついた頭巾に似た帽子を被っていた。伝承によれば、帽子と衣はすべて、祭司の色である白でなければならなかったようであるが、これら描写されたものでは色は残っていないので、多くのイラン人平信徒と同じようにみえるが、祭司はバルスマンという小枝の束をもっていることで区別された。この服装は草原地帯のスキタイ人が戦車を捨ててその代わりに騎馬兵となった時に発達し、メディア人や北方の他のイラン人定住者たちにもとりいれられたものと考えられる。ペルシア人の貴族でさえ、戦場では同様の装いをしたが、くつろいでいる時にはガウンを着ていた。

祭司たちが馬に乗る人の衣服を選んだことは一見奇妙に見えるが、この服は実は彼らにとっても実用的なものだった。祭式を施行している時に着るには、ゆったりしたガウンより、きちんと身体に合った衣服の方が具合良く、これなら服の襞《ひだ》が聖別されたものに触れる危険はなかったろう。口覆いのある頭巾のような帽子の本来の目的は、明らかに寒暑や埃を防ぐことであったが、この頭飾りは、清浄さを守るために頭の毛やひげを覆うのに役立ち、また聖別されたものに息がかかるのを防いだ。したがって、ゾロアスター教の祭司は、アケメネス朝期、教団全体に広まったこの服装を何世紀もつづけた。

ズルワーン教という異端

ゾロアスターの明晰で包括的な教義は、特に重要なことに関しては、異端や分派の生まれる余地をほとんど残さなかった。しかしそれらは、西方のマギたちに、多くの新しい考察の材料を提供したに違いない。

預言者の教えのなかで最もきわだった要素の一つに、歴史に終末があるという完全に独創的な観念があった。この観念は、創造・混合・分離という「三つの時」の教義に表わされていて、信奉者たちは定められた時間的な枠組のなかで、いろいろな出来事が起るという考えに慣れていった。

あきらかにマギの方は、全く異なるバビロニア人の洞察に親しんでいた。そこでは、歴史は回帰する大きな時間周期に分けられていて、どの時間周期においてもすべての出来事がくり返されるとされた。そのような理論を、ゾロアスターの教えと対比させて、彼らは時やその性質について熟考するにいたったのであろう。

そのように考察した結果、異端のズルワーン教が生まれた。これは、アケメネス朝後期に発達したとみられ、長い歴史と広い影響力をもつものとなった。アヴェスタ語の「ズルワン(Zurvan)」とは、「時」のことである。『後期アヴェスタ』の二、三の章句には［ヤスナ・七二・一〇、ヴェンディダード・一九・一三］、この語は時を実体化した重要でない神の名として用いられている。この用法は、ズルワーン教徒への、非常に限定された譲歩であるとみられる。彼らは「時」つまりズルワーンとは、単に出来事のための枠組を提供するだけのものではなく、実際に事件を支配する、ある知覚しうる存在であると信じるようになった。

偉大なる『ガーサー』の詩句で、このことの証左となる主な記述は、ヤスナ・三〇・三にある。「実に、はじめに二つの霊があり、これらは双生で、戦っていると知られている……」。このことについて瞑想した結果、彼らは、学者的な巧妙さで、双生というからには父があるに違いないと仮定した。そうだとすれば、アフラマズダとアンラ・マインユの父となり得るのは、ズルワーンつまり「時」だけであると彼らは宣言した。もともとこれは、知的な洞察以上の何ものでもなかったが、次第に異端として成熟し、ズルワーンには力が賦与され、そのまわりに神話が展開されるようになった——しかしズルワーン教の神話のすべては、サーサーン朝やサーサーン朝以後の時代に属していて、アケメネス朝時代には、単に異端が存在したということが確かめられるだけである。

これらの比較的後世の資料の一つによれば、ズルワーンのみが、「常に在り、この後も在りつづけるものである……。しかしあらゆる崇高さが彼を取り巻くにもかかわらず、彼を創造主と呼ぶものはない。というのも彼は創造はしなかったからである」［『第二ウレマー・イ・イスラム』八、R. C. *Zaehner, Zurvan, A Zoroastrian Dilemma,* 410］。そこで彼は、アフラマズダとアンラ・マインユを生み出す衝動をもったといわれる。なぜアンラ・マインユを生み出したかについては、多くの異なる説明があるが、そのなかで最もよく説明されているのは、次のものである。アフラマズダが生まれる前に、ズルワーンは価値ある息子をもうける自分の能力に疑いを抱きはじめた。その疑いから、アンラ・マインユが生まれて、はじめにこの世に現われた。その黒く恐ろしげな姿は、父を恐れさせたというのである。

当然ながらこの神話は（たとえば、この双生児は、誰の胎内にはらまれたかというような）一層細かな点にまで展開された。またこの異端は、時の力やそこから出てくる宿命についての哲学的考察のための道を開いた。さらにまたズルワーンは、「三つの時」の主とみられ、（シリア語資料に残されているだけだが）三つの祭儀用称号をもって祈願された。これら三つの称号は、成長、成熟及び衰退の主を意味するとみられるが、その後イラン人に特徴的なやり方で、独立した神々として実体化された。その結果ズルワーンは、四位一体として祈願され、彼の祭儀で四という数は重要なものとなった。

しかしこの祭儀は、もしあったとしても実践するものはわずかしかなかったようである。というのも、ズルワーンは、遠く離れた第一原因であって、アフラマズダを生み出してからは、できるだけ早くこの神にこの世界の権力を委任したからである。彼自身は、「息子たち」の現在の闘いに介入することはなく、それゆえ彼の存在を信じても、ゾロアスター教の礼拝の対象もしくは方法、道徳的また精神的目的には何の変更ももたらさなかった。さらに、ズルワーンがアフラマズダとアンラ・マインユの両神を創造したという基本的な教義が採用されてしまえば、ズルワーン教徒はそのあとに続くすべての創造行為をアフラマズダに帰して、彼をその当然の名称「ダードワ（Dādvah）＝創造主」と呼んで崇拝することができた。それゆえ彼らは、自分たちを「マズダ礼拝者」と呼ぶことができたし、正統派ともおおむね協調して生きることができた。実際、彼らが、自分たちは最も真実に正統的なゾロアスターの信奉者であると感じていたことに、ほとんど疑いはない。彼らは決定的に重要な『ガーサー』の章句にある預言者の言葉の正しい意味を察知したとした。

この異端は、まことに深刻で致命的なものであって、これがのちのキリスト教やイスラム教との戦いでゾロアスター教を非常に弱めたことにほとんど疑いはない。なぜなら（後の論客の言うところでは）「オフルマズドとアフリマンが兄弟である」と宣べることによって、善と悪は全く別個のもので、その起源も性質も別であるというゾロアスターの基本的な教義を、ズルワーン教徒は裏切っていたからである。彼らはまた、創造されたのではない神、永遠に存在して礼拝に値する唯一の神的存在であるとゾロアスターによって表明されたアフラマズダの崇高さを減少させた。そして信仰についての明解な教えを、退屈な推測と下等な神話で混乱させた。さらにズルワーン教の、宿命や「時」の容赦のない天意との関わりは、自由意志の存在や選択権の行使を通して自らの運命を形づくる個々人の力についてのゾロアスター教の基本的な教義を曖昧にした。

ズルワーン教と正統ゾロアスター教を隔てる教義上の溝は非常に深いので、ズルワーン教に示されるこの寛容を説明するには、初期に影響力のある信者を獲得したと仮定しない限り可能ではない。サーサーン朝の王族はズルワーン教徒であったことが知られており、意識的にいろいろな方法でアケメネス朝の伝統を維持した。したがって彼らの模範となったのは、後期アケメネス朝の人々で、彼らはマギたちのなかに味方を得て、この異端を西イランで確立した可能性がある。

このことは、グノーシス派信仰の多くに多大な影響を及ぼしたことを説明するようすがになろう（グノーシス派にとって、「三つの時」、遠く離れた「第一原因」、下位のこの世の「創造主」の概念は基本的な教義であった）。いったん確立されてからは、それは王族の好意を得て、敬虔に正統派の慣習を守ることで、あきらかに何世紀もの間生き延びることを確実にした。にもかかわらず、教徒集団のなかには、異端を固く拒否し続けた者がいたことが、パフラヴィー語文献の一節に表明されている［『ディーンカルド』九・三〇・四］。それが最終的に消滅したのは、イスラム教が入ってきてから数世紀後であった。

ゾロアスター教暦

ズルワーンは、日々の礼拝では何の位置も占めていないので、アケメネス朝後期に発達したことが明らかなゾロアスター教暦に名前がないのも驚くにあたらない。初期のゾロアスター教徒はおそらく、伝統的な三百六十日からなる古いイラン暦の変型を使用していた。その十二ヵ月は、種々の祭日や、牧畜に関する年間の諸活動に基づいた名をつけられ、一ヵ月のなかは単に一日から三十日まで数字がついていた。というのも、『ガーサー』や『後期アヴェスタ』の古い部分には、暦についての言及がないが、そのような暦が存在した証拠は、古代ペルシア語の碑文や石板の銘に見出されるからである。

このことから、アケメネス朝初期の書記はバビロニア暦を用いながら、その月名を、対応する古代ペルシア語のものに「訳して」使いやすくしていたことがわかる。バビロニア暦もやはり三百六十日からなっていた。ヘロドトスによると［三・九〇］、ダリウス大王は、キリキア人からの年貢を「一年間に毎日一頭の割合、全部で三百六十頭の白馬」と定めていたという。しかし、ゾロアスター教徒の祭司は、自分たちの聖日を半ば外国風の数え方で祝う気にはあまりなれず、各地にあったイラン暦に従って数え続けたであろう。これらは基本的にはすべて同じだが、月名や多分閏《うるう》の回数について異なっていた（六年毎に閏の十三月を挿入するようなことは、三百六十日の暦を季節に合わせるために必要であったからである）。

しかし、何種類もの暦を用いることは、統一された帝国において望ましくないのは明らかで、ある段階でペルシア人は、教団のあるところどこででも用いられるような特別のゾロア

第1週	1	2	3	4	5	6	7
	アフラマズダ	六大アムシャ・スプンタ日					
第2週	8	9	10	11	12	13	14
	ダードワ	火	水	太陽	月	ティーリ	グーウシュ・ウルワン
第3週	15	16	17	18	19	20	21	22
	ダードワ	ミスラ	スラオシャ	ラシュヌ	フラワシ	ウルスラグナ	ラーマン	ワータ
第4週	23	24	25	26	27	28	29	30
	ダードワ	ダエーナー	アシ	アルシュタート	アスマーン	ザム	モンスラ・スプンタ	アナグラ・ラオチャ

ゾロアスター教暦の日と神々

スター教暦をつくろうとした。この暦には、ある程度の討議や妥協を示唆するものがあるので、この重大な作業にかかるため、イラン全土から有能な人たちが召集されたと思われる。

ペルシア人の主導は、新暦では十二ヵ月という月ばかりでなく三十日という日までも、敬虔に各ヤザタに献じられた事実に現われている。この霊感は、カンビュセス時代よりペルシア人がよく知ることとなるエジプトの慣習からきたものであろう。さらにイラン人は伝統的に、一ヵ月を月の形によって二、三の区分に分けていたのだが、新暦は、(西イランが特に受けやすかった)セム語族の週の影響によって、四区分の週に分けられた。この点は、四相でズルワーンを崇拝するズルワーン教の神学によって、一層補強されたものと考えられる。

たとえ、そうであっても、ズルワーン教の影響はその点までで止められた。というのも、一ヵ月のうち四日をアフラマズダに捧げることによって、四区分は全く正統的なものとなったからである。その第一日目は、彼自身の名をとって（アフラマズダの日と）名づけられ、その他の三日は、創造主としての称号（ダードワ日）で名づけられた。二日目から七日目までは六大アムシャ・スプンタに献げられ、第一「週」を形成した。八日目は第一の「ダードワ日」で、続く六日は、火、水、太陽、月、ティーリ、グーウシュ・ウルワンと名づけられた。ティシュトリヤではなくティーリが十三日目を与えられたのは、西イランのマギの強力な影響を示している。しかしティーリはそれと同一視されたティシュトリヤのおかげで、この特別な地位を与えられたことが明らかである。ティシュトリヤは星のヤザタとして、月とグーウシュ・ウルワンとも結びついていたからである。

十五日目は三番目の「週」の最初の日で、二番目の「ダードワ日」である。ミスラは十六日目を献ぜられて、月の後半を献ぜられた神々を率いていた。つづく二日は、特にミスラと関わりのあるヤザタであるスラオシャとラシュヌ（Rašnu）〔正義の神〕に献ぜられた。それからフラワシ、ウルスラグナ、ラーマン〔この三神は、正義の裁判官として死者の魂を裁く〕（ラーマンはワーユ（Vāyu）と関わっており、どちらも死と風の神である）に献ぜられ、最後が、もう一つの風の神ワータ（Vāta）に献ぜられた。二十三日は三番目の「ダードワ日」で、最後の「週」のはじまりであり、それぞれの日は、女性三ヤザタのダエーナー（Daēnā）、アシ（Aši）、アルシュタート（Arštāt）と、アスマーン（Asmān）とザム（Zam）の対（つまり天と地）、そして最後に（豊富な聖語を意味する）モンスラ・スプンタ（Maθra Spənta）とアナグラ・ラオチャ（Anagra Raoča）つまり楽土の「つきることのない光」に献ぜられた。

西方の祭司たちは、ティーリのための場所を獲得したが、アルドゥウィー・スーラー・アナーヒタも、彼女に栄光を奪われた偉大なヴァルナも名があげられていないのは注目に値する。このことは多分、東西の教団の要求が膠着状態におちいったことを表わすものであろう。しかしそれぞれが次善の解決策を得たものと見え、女性である水に捧げられた十日目は、アルドゥウィーとみなされるようになる一方、おそらく創造主の名に三日をあてる決定により排除されたと思われる三柱のヤザタは、パンテオンに捧げられるすべての儀式できまって、暦の神々とならんで祈願されるようになった。*ウォウルナ・アポンム・ナパートは、その一つである。

その他の二ヤザタとは、ハオマと「ダフマン・アーフリン（Dahman Āfrin）＝信者の祈りを実体化したもの」である。ゾロアスター教の祭司は、このように三十の主要な存在を、「礼拝に値する者」と認めている。「排除された」三つのヤザタも、アルドゥウィー・スーラー・アナーヒタも、ヤスナ・一六には祈願されない。このヤスナは、拡大されたヤスナの短い一部で、祈禱の形で三十日の各日の名を並べたものだが、その名はティーリ／ティシュトリヤ以外は毎日の名と一致している。

月の命名は、日の名のうちの十二と一致している。しかし『アヴェスタ』には、アケメネス朝時代に、それらが自然の季節にどう対応していたかを示すような章句は全くない。しかしながら、ゾロアスター教で確立された宗教的な一年についての象徴的意義によると、

「新年《ノールーズ》」は春分の日に祝われることになる。バビロニア人も新年を春においていたので、アケメネス朝においても、グレゴリウス暦の三―四月に対応する月に、「新年《ノールーズ》」の祭を祝ったと仮定することが無難であろう。月の命名には他にも伝統的な祭が考慮されており、それが注意深く考え抜かれた案であったことが明らかとなっている。

　したがって、十二月―一月にあたる真冬の月は、悪の力が最強になっている時とされたので、創造主に献じられ、力強いスプンタ力をもつ創造主が不断に祈願されるようにされた。その翌月はウォフ・マナに献じられた。彼は常に至高の主の近くにいるからである。続く五ヵ月は、平常の順序ではないが、当然のことながら他の大アムシャ・スプンタの名をつけられた。この配列はおそらく（「新年」から数えて）四ヵ月目にティーリカーナの祭が行なわれるので、その月をティーリのものとするようにし、秋にあたる七番目の月にミスラカーナが祝われたのでその月をミスラと命名するためであった。残りの三ヵ月は、火と水とフラワシに献ぜられた。水の月にあたった十月―十一月は、ペルシアでは雨が待ち望まれる時であり、火の月にあたる十一月―十二月には、サダ（Sada）という古い火の祭があった。これは、「新年《ノールーズ》」の前の百日を祝うものである。

「新年《ノールーズ》」月そのものは、三月―四月にあたっており、フラワシに割り当てられた。おそらくそれは、この不滅の存在であるフラワシが、この祭に予示するフラショー・クルティの到来と結びついていたためであった。大地の守護者であるスプンタ・アールマイティは、穀類が育ちはじめるその前月を担当し、彼女のパートナーであるフシャスラ・ワイルヤは、その

グレゴリウス暦	月名（パフラヴィー語）	神々（アヴェスタ語）	祭
1～2月	ワフマン	ウォフ・マナ	
2～3月	スペンダールマド	スプンタ・アールマイティ	
3～4月	フラワルディン	フラワシ	ノールーズ
4～5月	アルドワヒシュト	アシャ	
5～6月	ホルダード	ハウルワタート	
6～7月	ティール	ティーリ	ティーリカーナ
7～8月	アムルダード	アムルタート	
8～9月	シャフルワル	フシャスラ・ワイルヤ	
9～10月	ミフル	ミスラ	ミスラカーナ
10～11月	アーバーン	アーパス	
11～12月	アードゥル	アータル	サダ
12～1月	ダーイ（創造主）	アフラ・マズダー	

ゾロアスター教暦の月名と神々

補佐役つまり「ハムカール（hamkār）」であるミスラの月の直前の月を与えられた。このようにこの二つの月は、半年離れている。古いフラワシの祭であるが、スプンタ・アールマイティ月の最後の夜に行なわれ、大地と死者とのつながりの永続性を暗示している。火の主であるアシャ・ワヒシュタの月は、四月―五月にあたり、ペルシア台地に夏の暑さが感じられ始める時である。ハウルワタートとアムルタートの月は、ティーリ月の前後をはさんでいるが、それはおそらく、この二神の創造物を養なう雨が、伝統的にティシュトリヤと関係があるためである。

暦日の命名は、宗教上きわめて重要であった。なぜなら、それらは主要なヤザタのパンテオンを固定させたばかりでなく、ゾロアスター教徒の礼拝式では必ずその日と月にあたるヤザタが祈願されることから、その名がいつも口に出されることを保証したからである。さらにまた、ミスラの大祭はミスラ月のミスラ日に、ティーリのものはティーリ月のティーリ日に祝われたという事実は、「名の日」の祭の型を定めたこととなり、日と月の名が一致する時はいつも、その名の神のための祭が祝われるようになった。

そこで、創造主に献ぜられた冬の月は、（悪天候のおかげで人々は家にいて、特別な勤めをする余裕がある時であったが）、アフラマズダのために新しく四つの祭が創始された。ヤザタ・アータルの祭は、古いサダの祝祭の近くにおかれたがサダとは違って、屋外ではなく主として新しい火の寺院で祝われた。水やフラワシも、他の六大アムシャ・スプンタの各々同様、名の日の祭を与えられた。このように聖なる日が増えたことは、信心から発したことではあっても、単純な宗教年の七大アムシャ・スプンタとその創造物のための一連の七つの祭を伴なう効用に脅威をもたらした。なぜならそれぞれのアムシャ・スプンタとその創造物の二つが、今や別々の祭日をもったので、聖なる日を守る義務の教義的な意味が曖昧になり、もはや信者に根本的な信仰を明瞭に思い起こさせることがなくなるという危険が生じたからである。

祭が増えたことは、人々の生活により多くの自由時間と楽しみをもたらした一方、祭司にはより多くの仕事を創り出した。というのは、すべての聖日は宗教儀式をもって祝われたからである。祭司の仕事が増加したことは、平信徒により多く金銭的負担がかかることを意味した。ゾロアスター教の祭儀において、祈りのヤザタであるスラオシャが非常に大きな重要性を得たことには、守るべき勤めがそのように増加したことにいくらか原因があるかもしれない。もちろん、ゾロアスター自身も、スラオシャを尊重したことは明らかなので、その原因の多くは、おそらくゾロアスター教の西遷以前のものであったろうけれど。預言者は『ガーサー』でこの神の名を数度呼んでおり、一度は、おそらく人が神に近づくことができる手段つまり祈りの守護者としてであろうが、「すべてのなかで最大のもの」「ヤスナ・三三・五」と呼んでいる。明らかにこのような言葉のせいで、信奉者たちはスラオシャを事実上八番目のアムシャ・スプンタとみなし、アフラマズダの地上における副将として、その創造物であるる人を見守る特別の義務をもつとするようになった。そのため、ある段階で、新たに彼のために、ヤスナ・五七として残っている讃歌が作られた。これは、祈りのヤザタが、ミスラと同様に見えない敵を打ち負かすような力強い戦士であるとしたもので、ミフル・ヤシュトをモデルとしていた。

三人の救世主

もう一つ、アケメネス朝時代に発達したとされうるものに、世界の救世主サオシュヤントの信仰に関するものがある。この信仰は、預言者の種子によって、処女の母から生まれるという三人の救世主を待望するところまで敷衍《ふえん》された。これは、新しく発展した世界史観に関わっていたと考えられる。それによれば、「限られた時」（つまり「創造」「混合」「分離」の三つの時）は、それぞれ千年紀に分けられる大きな「世界年」とみなされた。このプランは、一般的には回帰する「大年」についてのバビロニアの洞察から得られたとされる。その

「大年」は永遠にくり返され、かつてその間に起こった出来事がすべて再び起こるとされていた。

ゾロアスター教の世界年を形成するのは何千年紀かという点については、諸テキストに異同があり、(三の三倍というのが好まれた数であるので) 九だとするものがある一方、(自然年の月数に対応して) 十二というものもある。しかしながら、本来の数は六千年であったのではないかと考える理由があり、その数を祭司階級の学者がこの歴史観を展開させた時に増やしたのであろう。この六千年のうちはじめの三千年は、創造と混合の過程と初期の人類史に帰せられた。

ゾロアスター自身は三千年紀の末に生まれ、啓示をうけたのは三千年目の年とされた。善の時と創造の最終的な目標への過程の時がそれに続くが、その後、人々は彼の教えを忘れはじめる。四千年に、「ウフシュヤト・ウルタ＝正義を成長させる者」という名の第一の救世主が預言者の福音を再び説くであろう。歴史はまたくり返され、彼の弟で「ウフシュヤト・ヌマ＝崇敬を成長させる者」が五千年目の年に現われる。そのあと最後の千年の終りに、最大のサオシュヤントであるアストワト・ウルタそのものが現われ、フラショー・クルティをもたらす。

このような三人の救世主についての教義は、さらに祭司階級の学者によって、人類が黄金時代たるイマの時代から、(最初のサオシュヤントの来る前の堕落の時とされている) 哀れな現在へ凋落したという古いイランの伝統と、ゾロアスターの希望の告示とが混り合わされ、出来事が回帰するというパターンをこみいったものにする余地を与えたのであった。しかし世界の年代学と三人のサオシュヤントについての全体像は、学者のためだけのものだったらしく、一般の人々はゾロアスターの預言したただ一人の救世主が現われることを待ち望み続けるだけだった。

信仰の実践

アケメネス朝時代に信仰がどう実践されたかについての細かい点は、直接の証拠がほとんど残っていない。ヤスナで新しい暦の命名に関わる部分が示しているのは、基本的には『アヴェスタ』の古い部分を寄せ集めたものを簡単な式文でつないだ新しい典礼をつくりあげて、信仰に結びつく慣習が着々と発達したことである。この時期のイラン人の宗教についての主たる情報提供者であるヘロドトスは、異教徒として信仰の内部的儀式に接することはおそらくなかったであろうから、そのことには何ら言及していない。しかし彼は、屋外で一人の平信徒が行なった神への供犠について描いている［一・一三二］。

自分だけのために祝福を乞うのは、供犠を行なう者にとって正しいことではない。彼はむしろ、自分がその一員であると認めているペルシア人全体と王とに祝福があるように祈る。それから彼は犠牲獣の四肢を切り刻んで肉を煮、クローバーのようななるべく柔らかい草を下に敷いた上に肉を全部のせる。このようにならべるとマグが近くにきて、ペルシアの伝承のいうところではそこで神々の誕生の歌をうたう。というのも、マグなしでは犠牲を捧げることができないからである。そのあと少したって、供犠をする者は肉をもち去り、自分の好むようにそれを処理する。

ここには、ゾロアスター教徒の慣習から知られるもののうち、正確に伝えられたもの（全教徒集団のための祈り、肉の配置の仕方、祭司の存在）と、不正確なもの（供犠がまず聖別されることなく、平信徒により行なわれること、祭司の述べることの内容）が混在している。このことは、ヘロドトスが、多分この「外での」儀式でさえも自分で観察したのではなく、むしろ充分に理解しないまま他の人の描写するものに頼ったことに由来している。彼はまた、ペルシア人が「ゼウス」すなわちアフラマズダに、山の上で捧げる犠牲について、もっと一般的に書いているが［一・一三一］、そこでもまた、彼らは「太陽、月、大地、火、水や風」にも犠牲を捧げると付け加えている。

マギに関しては、ヘロドトスは、彼らは自分自身の手で、「犬と人間以外はどんなものでも殺し、蟻や蛇、這うものも飛ぶものもすべて無差別に殺し、そのことをたいへん誇りにしている」と驚きをもって述べている［一・一四〇］。彼らはそのようなフラフストラどもを殺すことで、アンラ・マインユの勢力を減少できると考えていたので、これは当然であった。一般にヘロドトスは、ペルシア人について、「彼らは非常に川を敬う。彼らは川に小便をしたり、唾を吐くことはなく、川で手を洗うこともせずまた他の者にもそうさせない」

［一・一三八］と言っている。一方、彼らは火を「神とみなしている」［三・一六］という。社会的な行動については、「彼らは、嘘をつくことを最も恥ずべきこととしており、次には借金をすることである。この理由はいろいろあるが、最大の理由は、借金をしたものはどうしても嘘をつくようになるからだ（という）」［一・一三八］と述べている。「正直」はペルシア人の貴族が息子にしつけることの一つであると彼は言う［一・一三六］。

ゾロアスターの教えの普及

このように、ゾロアスターの教義は信奉者の行動の型をつくるとともに、この時期の近東全域に大きな影響を及ぼした。アケメネス朝のもとで、非イラン人の間に改宗が行なわれたかどうかの証拠はないが、帝国全域で支配的な地位についていたペルシア人官僚は家庭をもっていたし、（非イラン地域では）商人や他の移住者の定住地もあった。そしてペルシア人のいるところには、聖職者として彼らの必要に応じ、礼拝の場所で奉仕するゾロアスター教の祭司がいた（この最も早い時期の証拠は、ギリシア語の資料によるもので、小アジア地方からでている）。おそらく祭司も平信徒も、質問されれば宗教的事柄について論じる用意があっただろうから、ゾロアスターの根本的な教義の多くは、次第にエジプトから黒海までの全地域に伝播するようになった。

すなわち、創造主である至高神がいること・彼と対立し彼の支配下にはない悪の力が存在すること・この悪の力との戦いを助けるために、多くの下位の神々が創られたこと・この世界は目的があって創造されたこと・現状ではこの世界は終末をむかえること・この終末は宇宙の救世主が予告し、彼がその完遂を助けること・その間には天国と地獄が存在し、個々の魂には死んだ時に運命を決める個別の裁判があること・時の終りには、死者のよみがえりと最後の審判があり、邪悪なものは消滅すること・その後神の王国が地上に来たって、正しい者は庭園（「楽土」のペルシア語）に入るようにこの王国に入り、そこで神の前で永遠に魂と同様肉体も不死となって幸せになること、などである。

これらの教義はすべて、捕囚後のユダヤ教のさまざまな学派に受け入れられるようになった。というのも、ユダヤ人はゾロアスター教の影響に対して最も開放的であった民族の一つとみられるからである——つまり、少数派として自らの信仰を忠実に守る一方、恩人であるペルシア人を讃え、その信仰に自分たちの信仰に似た要素を発見した。唯一の至高神を礼拝し、メシアもしくは救世主の来ることを信じることは、（浄めの法を含む）厳しい行動の規範をもって、道徳的精神的野心が組み合った生活様式に執着することとともに、すべてユダヤ教とゾロアスター教に共通する事柄であった。おそらく自らを保護してくれる大勢力に対する臣従民族としての敬意が、この一致を強調しゾロアスター教の教義の影響を受け入れたのであろう。しかしこの影響の広がりが最もよく確かめられるのは、パルティア時代のユダヤ人の記述によってである。北伝仏教以外にキリスト教やグノーシス派信仰に及ぼした影響からも、この時期に、ゾロアスターの教えがどれほど深くアケメネス帝国の全領域に及んでいたかを見てとれる。

第六章　セレウコス朝とアルサケス朝時代

アレクサンドロスとイラン

紀元前四世紀までにゾロアスター教はイラン人の宗教として着実に定着し、世俗の権力だけでなく精神的にも大きな権威を獲得していた。しかしその時、重い一槌が下された。マケドニアのアレクサンドロス大王が小アジアに侵入して、前三三一年の戦いでダリウス三世を破り、五年間に及ぶ遠征でアケメネス帝国のほとんど全領土を征服したのである。彼の侵略は、富と栄光を求めてのもので、宗教的な衝動に駆られてのものではなかった。

　したがってゾロアスター教団は、その後の異民族支配の時代よりはむしろ、実際の戦闘において大損害をこうむった。それゆえにゾロアスター教徒の伝承で忌み嫌われたのは、後継者のセレウコス朝ではなく、アレクサンドロス自身であって、彼はアフリマン以外にはつけられない「呪われた＝グザスタグ（guzastag）」という形容詞を伴なって記憶されている。ソグド語の断片資料には、彼が歴史上最悪の罪人の一人であり、彼の邪悪さは「マギを殺した」ことにあるといわれるし、あるパフラヴィー語文献では、彼は「多くの教師、法律家、ヘールバド（hērbad）、モーバド（mōbad）〔祭司の位もしくは種類の一つ。おそらくヘールバドは東方系、モーバドは西方系の祭司をさしたと思われる〕を殺した」〔『アルダー・ウィーラーズの書』一・九」といわれ、他の文献では、「多くの火を消した」［『大ブンダヒシュン』三三・一四］といわれる。これらはおそらく、兵士たちが寺院や聖所を略奪した時に犯された罪で、祭司たちは聖なる場所を守ろうというむなしい試みのうちに殺されたのであろう。

具体的な損害についてはほとんど記録されていないが（それもギリシア人歴史家によるものばかりで）、ペルセポリスの「フラタダーラ」寺院はアレクサンドロスがこの首都を略奪した時、被害をこうむったに違いなく、またエクバターナ（ハメダーン）のアナーヒタ寺院は、マケドニア人により何度も略奪され、その天井の銀のタイルも柱の金箔も剝がされたといわれる。このような物質的な被害は、時がたてば償うことができる。しかしゾロアスター教徒がこうむった損失のなかでとりかえしのつかないものは、多くの祭司の死であった。この時代にはすべての信仰にかかわる作品は口誦で伝えられていたために、祭司たちは生ける信仰書であったから、大殺戮によって多くの古い作品は失われたり、首尾一貫しないものとなってしまったと伝承ではされている。しかしながら残ったものも多く、ゾロアスター自身の『ガーサー』は、祭儀を施行するすべての祭司たちによって「スタオタ・イェスンヤ」の残りの部分とともに暗記されていたので、そっくり受け継がれた。

セレウコス朝とイラン

アレクサンドロスの支配は七年間続いた。彼が死ぬと、将軍たちは後継者争いを起こして、彼が征服した土地にさらに被害を与えた。前三一二／前三一一年になって、その一人セレウコスは、全イランを含むかつてのアケメネス帝国の大部分に支配を確立することに成功した。彼はこの版図をバビロニアから治め、チグリス河畔にセレウキアと名づけた新首都を建設した。アレクサンドロスはイランを横断して都市をつくり、ギリシア人兵士や移住者を住まわせてその土地の支配と行政をまかせたが、セレウコス朝もこの政策をつづけた。この制度の他は、マケドニア人はアケメネス朝の行政制度の多くをそっくり継承し、サトラピーは州として改名されたが、各々にかなりの権力をもつ総督がいた。

新しい秩序のもとでは、もはやパールスつまりペルシアの地は特別なところとはいえず、単にイラン人の州の一つでしかなくなり、他のすべての州と同様異民族に服属していた。このことはゾロアスター教徒集団にとっては大きな意味をもった。マケドニア人は、政治的領域ではかつてのペルシアの権威を手に入れたが、宗教的分野ではそうはできなかった。したがって各州の祭司たちは、征服時の大虐殺と破壊とから立ち直るや、お互いの同胞的結びつきだけは維持しつつも、それぞれ独立した道を歩んだとみられる。しかしアケメネス朝のもとでもっと緊密なつながりがあった時代の名残りで、守るべき勤めに関してはかなり広範囲において共通していた。そのなかには、火の寺院や偶像の寺院の祭儀があり、「アナーヒート」や「ティール」の崇拝はイランの西部ばかりでなく東部でも続けられていた。

アレクサンドロスに最も激しく抵抗した地方の一つは、はるか北東のバクトリアであった。その結果、この戦略的に重要であったサトラピーは、ギリシア人総督のもとにおかれ、いくつかのギリシア人都市が建設された。この州にはゾロアスター教の古い伝統があり、アレクサンドロスが、はじめてゾロアスター教徒の死者を風葬する儀礼を見たのは、この地であったと推定される。この最後まで抵抗した地域を征服したあとで、アレクサンドロスと将軍たちは（いくぶんかは政治的理由から）イラン人貴族の女たちと結婚した。セレウコスは、バクトリア人の戦争捕虜であるアパマを選び、後継者となった息子アンティオコス一世をもうけた。このようにセレウコス朝は自らの内にイラン人の血をもった。ギリシア人兵士とイラン人少女の結婚は他にも数多く行なわれたことが知られているにもかかわらず、征服者と被征服者の両民族は、セレウコス朝支配の時代を通して、かなりの程度まで融け合わずにいたようで、新しい都市の文化は主としてギリシア的であり、古い町や村のものはほとんど純粋にイラン的なままであった。

このような事情や、当時のイラン人の生活が地方中心であったことを明らかにする証拠は、記述されて残されている。マケドニア人はイランに、印欧語を充分に表現できるように発達した美しく明解なギリシア文字をもたらした。イラン人の書記は、最小限のギリシア語とともに必ずこれを習得しなければならなかった。そうすることで彼らは、新しい支配者と意思の疎通を図り、その法や徴税の要求に従うことができた。しかし日常的な目的のためには、まだアラム語とその文字を使っており、それはこの頃までにイラン人の間で伝統的な文字による通信手段となっていた。

セレウコス朝のもとではイラン人の生活に地域主義が強まったので、アラム語の文字は次第に各地方独特の型を発達させるようになり、そのうちに、主要な州のすべてに独特な筆記法が発達した。現在残る記録や碑文から知られるものには、パルティア語、中世ペルシア語、メディア語、ソグド語、フワーラズム語などがある。これらの存在は、アケメネス朝の没落後、書記の学校や祭司の教育機関が各地で独立を享受していたことを証明している。

パルティア人の勃興

セレウコス朝は、アケメネス朝の支配下にあったメソポタミア東部の全地域（インダス川、ヤクサルテス川まで）の権利を主張したけれども、その権威はバビロニアにある首都から離れた地域においては、比較的脆弱であった。セレウコス自身の治世〔前三一二—前二八一年頃〕とか彼の子アンティオコス一世の治世〔前二八〇—前二六二年頃〕の間にも、イラン系遊牧民の一部族がイランの北東部、かつてのアケメネス朝のサトラピーの一つパルサワ、つまりパルティアに侵入した。これら、おそらくは異教徒の遊牧民は、ストラボンによれば［一一・五一五］、パルニ族という名で、黒海の北に住むスキタイ人の系統とされている。パルニ族は定住してパルティア語を採り入れるとともに、ゾロアスター教の信仰と、アラム語で書く祭司階級の書記を雇うことを含むその文明の諸習慣を採り入れた。

前三〇五年にセレウコス朝はインドにある領土を手離したが、東イランでの権威は維持され、前二四六年バクトリアのギリシア人総督が独立を宣言するまで続いた。同じ頃パルティア人も、おそらくギリシア人総督のもとで反乱をおこした。しかし、彼は間もなくアルサケス朝の創始者となるアルシャク――ギリシアではアルサケスとして知られる――という名の一人のパルニ族の首長にとって替られた。アルシャク自身おそらくパルサワで生まれ育ち、パルティア語を話したことから、アルサケス朝はパルティア人の王朝とみなされている。

この事件以前ですら南東にあるパールス地方はある程度の独立性を保っており、この地方の支配者は、前二八〇年頃から貨幣を鋳造していた。一方セレウコス朝はメディアを支配し続け、前二〇九年頃には短期間パルティアを自分の支配下にもどした。しかしながらアルサケス朝は支配的地位を保ち、二、三十年後にはミスラダテス一世〔前一七一―前一三八年頃〕が西方に進軍して、前一四一年、征服者としてチグリス河畔のセレウキアに入城した。彼と同名のミスラダテス二世のもとで〔前一二三―前八七年頃〕、アルサケス朝はインド辺境からメソポタミアの西の国境までの支配権を確立し、ゾロアスター教は再びイランの大帝国の宗教となった。この帝国はアケメネス朝よりはるかに長く続いたが、彼らほど中央集権化されていなかった。アルサケス朝は副王や大貴族たちの上に宗主として君臨したので、セレウコス時代の地域主義はかなりの程度まで継続し、パルティアの祭司たちもまたほぼ同じように教徒集団を統率したとみられる。つまり彼らは指導性を発揮はしたが、あらゆる事柄に服従を強いたり、地方の祭司間の問題を厳しく統制しようとはしなかった。

イランのギリシア人都市は、初期のアルサケス朝支配の下でも繁栄を続けた。ミスラダテス一世の治世以後のパルティアの諸王は、普通はギリシア人の工人を使って自分たちの貨幣を鋳造するようになった。これらの貨幣によって、この時期にゾロアスター教の図像法に急進的な変化が起こり、アケメネス朝が採用したエジプトやメソポタミアの象徴が、ヘレニズム型の擬人的な表現にとって替られたことが証明されている。

イランのギリシア人は、都市の市場のなか、往来する誰にでも見えるようなところに美しく自然主義的な自分たちの神々の像を建てる習慣があったことが発掘によって知られている。彼らは、イランでも、またシリアやメソポタミアなど定住したどこの土地でも、その地方の神々を自分たちの神々と同一視した（賢明にもこうすることで両者を宥和させることができたのである）。この結果、彼らはゾロアスター教のために新しい図像法を作りあげたのであるが、アルサケス朝の貨幣鋳造によって、それらは一般になじみのあるものとなったに違いない。というのも、発行された多くの貨幣の裏面に、アルサケス朝の王は敬虔にも、神々の像を刻んだからである。（今日入手可能なすべてのものに照してみて）確信をもって、それらはイラン人にとってはギリシアの神々の姿をとったヤザタを表わしたものだと解釈できる。これらの刻印されたもののなかには、ゼウスとアポロ（アフラマズダとミスラを表わす）、勝利者ヘラクレス・カリニコス（勝利の神のウルスラグナ）、ニケとデーメテール（アシとスプンタ・アールマイティ）がある。

後には、パルティア諸王は、自身を神であると主張するセレウコス朝の例に従い、ギリシア文字で「テオス（θeos）＝神」もしくは「テオパトール（θeopator）＝神の子」という称号を、表面の王の肖像の下に刻んで発行したこともある。この慣習は、かつては異端の徴とみなされていたものだから、このように主張することは、ゾロアスター教徒が行なうものとしては驚くべきものにみえる。

けれど、彼らの後継者のサーサーン朝も同様に、自分たちは「神々の一族」であると明言しているので、（これほど人間の心というものは影響されやすいのだが）このことが真の信仰と両立すると思われたことが明らかである。さらにアルサケス朝では、（教義上の問題に深く関わっている）祭司たちよりはむしろ、王や貴族がギリシアの図像法や称号をとり入れる道を開いたのであろう。というのも、国事を担当する者として、彼らは必然的にギリシア人と最も交渉があり、彼らの美術や生活様式を見て、ひきつけられる機会も多くあったからである。おそらく（書記以外の）ゾロアスター教の祭司は、信仰にこれほど害をもたらした不浄な異教徒から、可能な限り遠ざかっていたであろうし、畑で働く多くの農民は、外国人に会うことも全くなかっただろう。

イランの東部辺境――クシャーン朝

前二世紀末頃に、主としてイラン人系の別の遊牧民が、バクトリアの、グレコ・イラン王国〔バクトリア地方にあった王朝。発掘された貨幣から、その存在が推定されている〕を征服してそこに定住し、（彼らの前にきたパルニ族のように）その地方の文化の多くを採用した。そのなかにはバクトリア語も含まれていたが、彼らはそれをアラム文字ではなくギリシア文字で書くことを学んだ。このイラン系言語とギリシア風アルファベットとの融合は、この地域独特のことであったようで、おそらくそこでは、ギリシア的要素が非常に強かったせいに違いない。

後に――おそらくは紀元後一世紀に――これら侵略者の首長の一族であるクシャーン族が、（アルサケス朝のように）一連の征服戦争を始め、パルティア帝国やインドから領土を奪い、中央アジアの北に広がる土地を含むかなりの大きさの版図を切りひらいた。クシャーン朝は、（その頃までにはパルティアの敵となっていた）遠いローマと海上交易を行ない、発行する貨幣にはゾロアスター教、仏教、ギリシア・ローマの神々の像を刻み、大部分のものは、その下にギリシア文字で名を記した。ゾロアスター教のヤザタは、（音声学や綴字法上の問題にもかかわらず）既知のアヴェスタ語名のバクトリア語形と同定されている。その数は約十四、五あり、その神々はこのクシャーン朝初期のパンテオンのなかでは最大のグループを成している。そのなかには、おそらく王により公《おおやけ》に祈願された可能性が大きい二大アムシャ・スプンタである「アシャエイフショー（Ašaeixšō＝アシャ・ワヒシュタ）」と「シャオレオロ（Šaoreoro＝フシャスラ・ワイルヤ）」がある。「ミーロ（Mīro＝ミスラ）」と「オルランゴ（Orlango＝ウルスラグナ）」はともに征服王朝の貨幣にふさわしいヤザタである。彼らの事業を成功させる「ファロ（Pharro＝フワルナ）」や、軍が頼みとする馬の守護神「ルルーアスポ（Lrooaspo＝ドゥルスワスパ）」もいる。クシャーン朝自身の信仰をどのように規定すべきかは不定であるが、彼らの貨幣から、ギリシア人の支配していたバクトリアでさえも、ゾロアスター教がなお繁栄していたことがわかる。

東バクトリアのスルフ・コタルという丘の上では、クシャーン朝初期の大聖所が発掘された。そこで、二羽の大きな鳥の飾りがある石のベンチのような祭壇と、大量の木灰がある建物が発見されたので、そのなかには火の寺院があったと考えられる。のちに、クシャーン朝はさらにインド化し、バクトリア語も自分たちの信仰のなかのゾロアスター教的要素も棄て、プラークリット語〔文学語として固定した古典サンスクリットに対し、ヴェーダ語以来、自由な進展変化をとげて日常に使われた俗語で、音韻と語形上著しく簡略化されている〕を話す大乗仏教の熱心な擁護者となった。仏教はこうして、イランの辺境と内陸アジアに広まってゆき、そこで、イスラム教の到来までゾロアスター教の強力なライヴァルとして栄えた（二つの信仰は、教義も外観も全く異なってはいたが、北伝仏教のマイトレーヤ〔Maitreya〕つまり未来仏〔弥勒菩薩〕の信仰は、サオシュヤントについてのゾロアスター教の教えにいくらか負うているに違いないとされる）。

イランの西部辺境――アルメニア

パルティア時代については、イランには考古学的にも文献的にもほとんど資料が残っていない。しかしこの時代のゾロアスター教について証拠となるものは、帝国の西の辺境のアルメニアからも見出される。アルメニアはアケメネス朝に臣従していたサトラピーとして、当然ゾロアスター教を含むペルシアの影響を受けていた。セレウコス朝時代には、この地方は、セレウコス朝に貢納するペルシア名の支配者をもつ事実上独立したいくつかの王国に分けられていた。

前一九〇年、ローマ共和国軍がセレウコス軍を破って、ローマの影響力を小アジアに広めた。その結果アルメニアは、パルティアとローマの間にあって、ある時は一方につき、ある時は他方につく緩衝国となった。紀元後六二年、パルティア王ヴォロゲセス（ワラフシュ）が、自分の弟のティリダテスをアルメニアの王位につけた。このアルサケス朝の分家は、サーサーン朝時代までそこを支配した。ティリダテス王自身は、ローマの資料でマグスと呼ばれるほど厳格なゾロアスター教の遵守者であった。パルティア時代の後半にアルメニアがゾロアスター教徒の土地であったことは疑いがないが、その後、（サーサーン朝への挑戦という意味もあったようだが）アルメニアはキリスト教を採用した。それでそれ以前の宗教については、大部分キリスト教徒の年代記か聖者伝の敵意に満ちた言及を通してしか情報を得ることはできない。

これらの資料が示すのは、アルメニア人が「アラマズド（Aramazd＝アフラマズダのパルティア語形）」を「空と大地の創造主」で「あらゆる神々の父」として礼拝し、しばしば彼を「すべての善なるものを与えたもうた方」という称号でたたえたことである。「スペンダラメト（Spendaramet）」は大地の保護者として賞讃され、ハウルワタートとアムルタートの崇拝は植物の名によって間接的に証明されている。「アラマズドの子ミフル（Mihr）」や「勇気の授け手……勇敢なワハグン（Vahagn）」の寺院もあった。「アナーヒート（Anāhīt）」はたいへん愛され、「気高い貴婦人……すべての知識の母……偉大にして力強いアラマズドの娘」として尊敬された。「父」「子」「娘」という言葉の使い方は、明らかに比喩的なもので、四世紀のキリスト教教父のなかには、昔の信仰が自分たちの一神教にきわめて近似するものをもっていたことを認めるのにやぶさかではない者もいた。しかしながらアルメニアのゾロアスター教徒は正統的な二元論者で、「ハラマン（Haraman）＝アンラマインユ」の名は、「デウ（dev）」や「パリク（Parik）＝女の悪魔」と同様に言及されている。

その上キリスト教徒の年代記には、ゾロアスター教のヤザタの寺院には、「アルメニアでは誰もどのようにして聖像を作るか知らなかったので」ギリシア人の手による彫像があったことが述べられている。これらの彫像は、この国がキリスト教を採り入れた時、ほとんど全部破壊された。しかし、（ギリシアのアフロディテのものと区別できない）すばらしい青銅製の女神の頭部が発見され、アナーヒート像の一部と考えられている。エレーズにあった有名な金無垢のこの女神《アナーヒート》の像は、前三六年、ローマのマルクス・アントニウスの兵士たちによって運び去られた。

火の寺院と聖像を置いた神殿

パルティア人によって「バギン（bagin）」または「神々の場所」と呼ばれたヤザタの神殿は、キリスト教徒の記述では言及されることの少ない火の寺院に較べて、はるかに彼らの怒りをかきたてたと思われる。たしかに、火の寺院を意味するパルティア語は「アートゥローシャン（āturōšan）」、アルメニア語では「アトルシャン（atrušan）」といって、「燃える火の所」を意味していたが、この語はアルメニア語形でしか残っていない。同じくアケメネス朝の旧領土であった小アジアのカッパドキア王国では、マケドニア人による征服のためイランの同宗徒たちから切り離されてしまったペルシア人移住者たちが、先祖の信仰を守りつづけていた。ストラボンは前一世紀に彼らを観察し、これらの「火を点火する者たち」は、火の寺院とともに多くの「ペルシアの神々の聖所」をもっていると記録している［一五・三・一五］。

彼の述べるところでは、後者は「注目に値する囲い場で、その真中に祭壇があり、その上には大量の灰があって、マギが永遠に燃えつづける火を置いている。彼らはそこに毎日入って、約一時間、火の前で一束の小枝をもち、唇を覆えるほど長く頬に垂れるフェルトの山高のターバンを頭にかぶって呪文を唱える」。この最後の部分は、アケメネス朝のマギを描いたものとも、セレウコス時代やアルサケス時代に石に刻まれて残っている他のわずかのものとも一致している。

パルティア期の火の寺院については、ほかに、ギリシア人旅行者パウサニアスが述べており［五・二七・三］、彼はカッパドキアの西のリュディアに住むペルシア人の集団について書いている。彼によると、彼らは、こう記されている。

ヒエロカエサリアとヒュパエパの町に聖所をもち、その聖所のいずれにも礼拝堂がある。その礼拝堂の祭壇の上に灰があるが、その色は普通の灰とは違う。マグが一人礼拝堂に入り、祭壇の上に乾いた木をのせたあとで……ギリシア人には全く理解できない異国の言語で、ある神への祈りをうたう……それから火をおこさずに、薪木に点火する。輝く炎がそこからのぼり立つ。

この記述もストラボンのものも、おそらくゾロアスター教徒が二人に説明したものに基づいており、パウサニアスのものには、(たとえば彼は、祭司が祈禱書によって祈るといっているように)単純な誤解と思われるものがある。にもかかわらず彼らの描いた儀式は、今日でもゾロアスター教徒集団のなかで、下位の聖なる火すべてに毎日行なわれるものに大変よく似ている。パルティア時代の聖なる火への平信徒の信心の有様は、のちのペルシア語訳が残っているパルティアの宮廷詩「ヴィースとラーミーン」〔ファクル・ウッディーン・グルガーニーの作になる。メルヴの王モーバドの妃ヴィースと王の甥ラーミーンの恋愛物語詩〕のなかのいろいろな出来事にみられる。ここではある機会に、王の王は土地や牛の群れや宝石やお金を惜しげもなく火の寺院に寄進したことが述べられている。また他では、彼の妃は、自分の兄弟の健康回復のお礼にといって聖なる火に詣でている。彼女は火そのものに供物を捧げ、豊富な施し物をし、多くの動物の供犠を行なってその肉を貧しい者に分け与えている。

パルティア時代には、聖なる火に仕えたことの最も古い記述があるばかりでなく、実際に火の寺院だと認められる最古の遺跡が残っている。これらは南東イランのシースタン（昔のドランギアナ）のクーヘ・フワージヤ（主の丘）にある。この丘は孤立している台状の山で、冬になると水があふれて広い水の帯のようになる浅い窪地のなかにそびえている。この場所は寺院や祭壇が西方から導入されるよりはるか前から、土着のゾロアスター教徒にとって、聖なる場所であったと思われる。というのも、この丘は、いつかサオシュヤントが妊《はら》まれるというハームーン湖（カンサオヤ湖）に近接しているからである。

そこの火の寺院は数度建て直されたが、最古のものはセレウコス時代かパルティア時代初期に建造された。平面図によって跡をたどる限りでは、長方形の広間に続いて、四本の中心柱をもつ小さな正方形の部屋があり、その奥に火の聖所であったかもしれぬさらに小さな部屋があるのがわかる。

二番目の寺院は前三―前二世紀にこの地に建てられたらしく、基本的には同じ設計だが、小さな正方形の部屋とその向こうの聖所とを囲んで回廊がある。（上下に三つの段をもち、真中が柱のようになった）石でできた火の祭壇が丘の上で発見されており、それは明らかに三番目のサーサーン朝の寺院のなかにあったものである。しかしこの形式はアケメネス朝時代から知られており、これがパルティア時代の古い建物のなかでもすでに使われていたという可能性は大きい。

パルティア（昔のパルサワ）の地の聖なる火については、（前六六―後七七年の間のいつかに生存していた）カラクスのイシドロスが記録しており［『パルティア駅亭誌』一一］、永遠に燃える火が、「アルサケスが初めて王を宣言したところ」であるアサークの町で守られていたという。これは、アルサケス朝の王朝の火で、彼らがペルシアの大王の相続人であるという事実を強調するために、アケメネス朝の例にならって建立されたものであろう。（ミスラダテス二世の時になると）彼らもまた自分たちのためにつくられた系図をもつようになり、それによれば彼らは「ペルシア人の王アルタフシャスラ」（おそらく全土にアナーヒタの寺院を建てたアルタクセルクセス二世のことで、彼の名は毎日の祭儀で言及されていたのだろう）の子孫とされた。アルタクセルクセス、もしくはアルタフシャスラとは、「正しい王国の」を意味する。サーサーン朝時代になってさえも、アルサケス朝はこの名を意訳した「正しい支配で知られる」〔『大ブンダヒシュン』三六・九〕ものという名で描かれた。パルティア人の祭司たちはさらに、アルサケスが権力を握るまでの物語を、ダリウス大王の時のように、六人の貴族の援助者がいたかのように改変した。

そして事実、アルサケス朝はアケメネス朝のようにその領地に六大家族を認めていたので、イラン人の王は、またもアフラマズダが天で六大アムシャ・スプンタをもつように、地上に六人の援助者をもつことになった。またアルサケス朝は、（セレウコス朝では使われなかった）アケメネス朝の称号「王の王」を復活させた。このことと自らをアケメネス朝の子孫だとする彼らの主張は、（「ダリウス」や「アルタクセルクセス」という）その地方王朝の王名が示すように、アケメネス朝の伝統を守り続けたパールス地方で強い反感を買った。しかしアルサケス朝は独裁的支配とは程遠かったし、副王たちにも彼ら自身の王朝の火を設立するのを許したので、その領土では、聖なる火の数がかなり増えたに違いない。

ゾロアスター教の三つの最も聖なる火、すなわちアードゥル・ブルゼーン・ミフル(Ādur Burzēn-Mihr)、アードゥル・ファルンバーグ(Ādur Farnbāg)、アードゥル・グシュナスプ(Ādur Gušnasp)は、たとえアケメネス朝の下でその座につけられていなかったとしても、パルティア時代の初期には設置されていたに違いない。というのは、サーサーン朝時代になると、その起源は神秘と伝説とにおおわれてしまっていたからである。三つとも「世界を守るため」[『大ブンダヒシュン』一八・八]アフラマズダ自身によって存在を与えられたといわれる。はじめのうちそれらは自由に移動して、必要とされるところに援助を与えた。たとえば、伝説的な王タフモルプの治世のある嵐の夜、人々が神話の牛スリーソーク(Srīsōk)に乗って移動していた時、火を入れてもち歩いていた火壺が、風で海に吹きおとされた。その時、その代わりに三つの偉大な火が牡牛の背にあらわれて、明るく燃え上って横断のための光を与えた。またそれらは、ジャムシェード(イマ・フシャエータ)が多くの英雄的な武勲を達成するのを助けた[同上・一八・一〇]。

パルティア人のもとでアードゥル・ブルゼーン・ミフルが特別にあがめられたのは明らかである。というのは、これは(おそらくホラサーンつまりパルティアの地のニーシャプール山系の一つである)レーワント山に建立された彼らの特別な火だったからである。伝説によれば、ウィーシュタースパ王自身によって、この火は「信仰をひろめ、確実性をうちたて、ウィーシュタースパとその子孫を神への信仰に導くために多くのものを目に見えるように表わした」〔同上・一八・一四〕あとで、ウィーシュタースパ自身によってそこの寺院に置かれた。つまりパルティア人は、自分たちの最も愛する火は、ウィーシュタースパの改宗の話では本来ヤザタであるアータルに帰せられていた役割〔『ディーンカルド』七・四・七五―七八〕を果たしたのだと主張したのであった。この宗教伝説には、祭司たちのあと押しがあったに違いなく、パルティア時代を通して無数の巡礼がアードゥル・ブルゼーン・ミフルへ向かった。アルサケス朝のこの聖なる火に対する信仰は、「ヴィースとラーミーン」の詩に示されており、王の一人は退位してから、晩年をこの寺院に隠遁して送ったという。

他の二つの偉大な火については、サーサーン朝の資料からもっとよく知られている（その時代には、これらの火の方が帝国で好まれていた）。後代から知られているもう一つの高位の火は、シースタンのカルコーイのもので、これもまたおそらくパルティア時代に設立されたものであった。

このかつてはドランギアナとして知られたイラン南東の地域は、パルティア時代に「サカスタン」（のちにサゲスタン、シースタン）と名づけられた。なぜなら前二世紀末に、（イラン系の）サカ族という遊牧民の一群が、ミスラダテス一世の遠征を強力に援助したらしく、その地に定住を許されたか、もしくは定住することを選んだからである。彼らもまた明らかにその地域の文化や宗教を受け入れ、聖なる火に敬意をはらった。そして彼らの偉大な英雄戦士ルスタムの話は、ウィーシュタースパの祖先であるカイ王朝の伝説と次第にまじり合って、ゾロアスター教の伝承に組み入れられていった。

火の寺院の遺跡同様、聖像を置いた神殿である「バギン」の遺跡も、パルティア時代以降には知られている。ペルセポリスにある「フラタダーラ」寺院は、セレウコス朝期に修復され、礼拝の場所として使われた。というのはそこで発見された祈願用の石板には、ギリシア語で、ゼウス・メギストス、アポロとヘリオス、アルテミスとアテーナの名が刻まれているからである。これら異邦の神々の崇拝は、いったんはゾロアスター教に混入しながら、パルティアの宗主権のもとで再び正統的なヤザタの礼拝に道を譲ったのだろう。近くの寺院の窓に、両手を上げた人が片手にバルソム枝をもって、祈りの姿勢をとっている彫刻がある。これはこの寺院が、アルサケス朝の臣下でペルシア（パールス）地方を支配した王朝であったフラタラーカ朝の礼拝所であった可能性を示している。今日「フラタダーラ」寺院として知られるのは、彼らの名を誤読したものである。

ヘレニズム文化とゾロアスター教信仰が混合したことの証拠は、わずかにベヒストゥーン山塊のダリウスの大碑文に近い道路端の岩にくりぬかれたヘラクレス・カリニコスへの小さな社《やしろ》に見られる。この社にはギリシア語の碑文があり、それによって前一四七年頃に作られたことが知られる。しかしそこには他にアラム語の未完成の碑文もある。この社の位置から、それがギリシアとイランの信者両方のためにつくられたものであることがわかる。なぜなら（横たわって手に杯をもった姿で描かれている）勝利者ヘラクレスは、ゾロアスター教徒にとっては旅人を守る神である勝利のヤザタたるウルスラグナと同一視されるからである。そこでこの岩の側の大道を行くイラン人は、ここで献げ物をして、ウルスラグナの保護を祈り、ギリシア人の方は、自分たちの神の親切な力を祈願したのであった。

文化の混合は、上メディア（クルディスタン）のカンガヴァルの大寺院の遺跡からも知られる。これはヘレニズム風の特徴をもっており、カラクスのイシドロスによれば、「アルテミス」が礼拝されていたところである。しかしながらこのアルテミスは、アナーヒートと同一視される女神の一つであり、おそらくセレウコス朝時代以後には、カンガヴァル寺院はすっかりこの女神のものとなったのであろう。また別の寺院跡がアケメネス朝の首都の一つであるスサで発見された。それはアケメネス朝時代のアルタクセルクセス二世の治世に建てられたか、または後に、彼の宮殿から運び出された石で作られたもののようである。しかしこのかなり粗末な聖所が、火の寺院であったか神像を置いた社《やしろ》であったかを示すものは何もない。

どちらの型の聖なる建物にも用いられるパルティア語は二つあったとみられる。一つはやはりアルメニア語でのみ確かめられるが、「ミフリヤン*（mihriyan）＝アルメニア語ではメヘアン（mehean）」つまり「ミスラの場所」である。この語は、古代ペルシア語の「ブラズマダーナ*（brazmadāna）」のように、本来、単に大きな祭式（すべて日の出から正午までに行なわれたので、ミスラの特別の保護下にあった）のための場所を意味したことは充分考えられる。

もう一つの言葉は「アーヤザン（āyazan）＝礼拝の場所」で、古代ペルシア語の「アーヤダナ（āyadana）」と同語源である。これは、パルティア本土のアルサケス朝最初の首都であった王都ニーサー出土のオストラコン（陶片）にみられる。ここには城も神殿もあり、今のトルクメン共和国アシュカバードの町に近い。その遺跡で、ロシア人の考古学者が発掘したものに大量の陶片がある。そのなかにぶどう酒などの商品の供給者の単調な記録があり、偶然ながら価値の高い情報を含んでいることがある。

これらはアーヤザンに二度言及している。一つは「ナナイ（Nanai）の所のアーヤザン」である。ナナイとは、エラムやメソポタミアで知られた異邦の女神であって、その崇拝はアナーヒタ祭儀に吸収されて、ゾロアスター教徒の世界に広まったものなので、これはおそらく聖像を置いた神殿であったろう。もう一つは「フラハート（Frahāt）のアーヤザン」である。「フラハート（ギリシア語のフラーテス（Phraates）」は、パルティア王の名なので、特にこの寺院は死んだ王の魂のため聖別された火を保持していたかもしれぬと考えられている。

この風習の証拠となるものはサーサーン朝時代に多く、そのような「魂の火」または「名をとった火」（中世ペルシア語での呼び方）は、定期的に寄進をうけた。またニーサーのオストラコンによって市のまわりの多くの荘園がアルサケス朝の王の名をつけていることがわかる。それはおそらくそこの産物が、それぞれの王の「魂の火」を維持するために使われたためであろう。つまり、「フリヤパタカン」荘園はプリアパティウス〔前一九一―前一七六年頃統治〕の名を、「ミスラダータカン」はおそらくミスラダテス一世〔前一七一―前一三八年頃〕の、「アルタバヌカン」はアルタバヌス一世〔前二一一―前一九一年頃〕かアルタバヌス二世〔前一二八―前一二四年頃〕の名をとってこう呼ばれたのだろう。――このように、ニーサーの寄進地は、王朝初期の諸王の魂の火のためであったと仮定される。

アルサケス王朝の墓はニーサーの近くにあるといわれる。おそらく、(その名の詩のなかで)ヴィースとラーミーンがパルティアの妃と王とされ、その死体がアードゥル・ブルゼーン・ミフルの上の山のなかにある王家の墓に置かれたというのは単にロマンティックな伝説にすぎないのであろう。

葬儀の習慣

アルサケス朝は、死んだ王族を埋葬するというアケメネス朝の伝統を維持したが、臣下の方は、風葬という正統的な儀礼を続けた。西イランの山々には、岩をくりぬいた多数の墓室が発見されている。これは明らかに、アルティマスがかつてリュキアにつくった貴族あるいは祭司の「アストーダーン(astōdān)」の類で、家族の一員の骨を風葬の儀礼のあと、もちこんだ場所のことである。その入口の浮彫の細部には、ヘレニズムの影響が見られるところから、セレウコス朝かパルティア時代に属するものであることがわかる。いかなる時期にでも、富者だけがそのように手をかけた納骨堂をもつことができた。

ポンペイウス・トローグスは、紀元後一世紀のパルティア人について「彼らの一般的な葬法は、遺体を鳥や犬にひきちぎらせ、最後に骨だけになったものを地下に埋めることだ」と記述した。しかしながら中央アジアから出土したサーサーン朝時代の遺物は、「地下に埋める」時は、しばしば小箱か壺に入れて埋めたことを示している。後代に発見された小箱には刻銘のあるものがあり、風葬の儀礼というものがもつ無名性にもかかわらず、多くのゾロアスター教徒が、死者に何らかの記念をしようという普通の人間的な願いを抱いていたことを示している。

ここで再び征服者ギリシア人は、すぐれた人物の記念像を建てるという彼らの習慣をもちこんでイラン人を刺激した。この習慣は、フラワシの祭儀を飾るものとして、ゾロアスター教徒にも一般に採用されてきたようである。王都ニーサーで発掘された二基の堂々とした建物は、どちらもこの祭儀に捧げられたものと考えられる。一基は柱の多い「方形の広間」で、前二世紀に作られ、のち修復されたとされているその全部の壁には凹所があって彫像が置かれていた。その廃墟のなかにいくつかの小さな大理石像が発見されたが、パルティア服を着た男女の彩色粘土像の方が多く残っていて、そのあるものは、等身より大きく、他のものはとても小さい。これらの自然主義的な彫像は、死んだ王族や貴族を表わすと考えられ、その前に死者のための供物が置かれたのであろう。二番目の建物とは「円形広間」で、同じような彫像を納めていた。

フラワシ祭儀における彫像の使用は、イランを横断して広まり、ニーサーのものに類似した遺跡が、南西部のフジスタンのシャミ村の神殿で発見された。一九三〇年代、パルティア服を着た貴族の等身より大きいすばらしい青銅の像がここから出土した。それがあった小山を発掘すると、焼けこげためずらしい神殿遺跡が現われた。そこにはれんが造りの台があり、一群の聖像を保護するために、一部分には屋根がついていたらしい。それというのも、その上や近くには、ニーサーにあったような大小さまざまの青銅や大理石の像の破片が発見されたからである。ある聖像台の前には、ヘレニズム様式の優美な小祭壇があり、彫像そのものはギリシア人職人の手によるものとみられている。

王族や貴族以外では、このように個人の高価な彫像を作るために工人を雇えなかったのは明らかだが、普通の人々は、中央アジアの遺跡でたくさん発見されたような、小さな定形のテラコッタの像を用いたのかもしれない。確かにアルメニアの遺物からは、多種多様の聖像がフラワシ祭儀で用いられたことがわかる。アガタンゲロスによると、そこには「金、銀、木、石、青銅」で作られた死者の像があると述べられ、彼はアルメニアのゾロアスター教徒を「魂を礼拝する者」と呼んでいる。

一方聖グレゴリウスは、死者の彫像の前で礼拝をするという彼らの習慣に言及している。中世イラン語で「聖像」にあたる一般的な言葉は「ウズデース（uzdēs）」で、ギリシア語の「イコン」同様、単にあらわされたもの、つまり形象を意味した。そして正統派や知識階級の人々が、神の礼拝やフラワシ祭儀に用いられた彫像を、それ以上の何物でもないとみなしたことは疑いない。しかし彫像を建立することは、聖像を偶像化するような危険性を常にはらんでいるので、いつの時代にも、このことに警告を発し、この習慣が初期の信仰とは全く相いれないものだと反対するゾロアスター教徒のいたことも疑いない。

暦と年代学の発達

セレウコス朝によって作られた新制度の一つに、紀元を定めて年数を数えることがあった。この時代以前には、人々は一般に、王の治世ごとに事件の年代を定めていたので、中断なしに年代を数えることは非常に困難であった。しかし彼らは勇敢にも、年代をセレウコス王朝の創始の年（紀元前三一二／前三一一年）から継続的に数えるという実用的な一歩を踏みだした。彼らは自分たちがアレクサンドロスの後継者であると主張したので、この紀元はアレクサンドロスのものとして広く知られるようになった。アルサケス朝も先例にならって、自身の紀元を前二四八／二四七年においた（おそらくこの年にアルサケスは権力を掌握したと思われる）。そしてニーサーのオストラコンが示すように、彼らは事件の年代を決めるのに、これとゾロアスター教の暦とを組み合わせた。月や日の名は、典礼に用いられるアヴェスタ語をパルティア語にしたものを用いたが、それらは、一、二の点でサーサーン朝の後継者が用いた中世ペルシア語のものと異なっており、このことは各地の祭司の学派の独立性を示すものの一つである。このようにしてアヴェスタ語の主格「ダードワ（創造主）」は中世ペルシア語のダードウ／ダイ（Dādv／Dai）に代わったが、パルティア人は、ダードゥシュ月と呼び、これはアヴェスタ語の属格「ダースショー（Dāθušō）＝創造主の」からひきだされた形である。

パールスつまりペルシア本土の祭司は、おそらくアケメネス朝のもとではゾロアスター教暦を作る主導権をもっていたが、もはやゾロアスター教徒集団全体で指導的な役割を演ずることはなくなったので、純粋な学問的研究に一層多くの時間をかけることができたのであろう。その成果の一つは、自分たちの預言者のために「歴史的」年代を確定することであった。セレウコス朝が紀元を定めたことに、この研究は刺激されたものであったろうし、そのことがまた事件を時間の流れに沿って並べるという新しい可能性をもたらしたのであった。

しかし、いかなる計算も、基盤となるゾロアスター教の資料が全くないことが妨げとなった。そこで彼らは、記録を書いて保存する習慣を長らく有していた隣人のバビロニア人に目を向けた。教徒たちは、彼らから、ペルシア人の歴史上の重要な事件が「アレクサンドロス紀元」つまり前三一一年より二百二十八年前に起こったと学んだようである。この事件とは、前五三九年のキュロスによるバビロン征服で、バビロニア人にとってはたいへん重大な出来事であった。しかしペルシア人祭司たちは、この重要事件を、明らかに彼らにとっては世界を変えた事件である預言者に啓示がくだったことだと再解釈し、ゾロアスターはこの啓示を三十歳で受けたとされていたので、「アレクサンドロス以前」二百五十八年、つまり前五六九年に彼は生まれたという計算にたどりついた。

この年代は彼らにとっては、非常に遠い昔と思われたに違いないが、実際はその他の事実と合致すべき時代としてはあまりに近すぎるのである。それにもかかわらず新しく「発見された」年代は、当時の正確な時間への関心を満足させ、ペルシアやその西に隣接する地方の知識階級に受け入れられるようになった。しかし東方のより古いゾロアスター教徒集団のなかにもそれが流布したという証拠はなく、そちらの方、たとえばフワーラズム人はアケメネス朝時代の記録された伝承に従って、より古い時代に預言者を位置づけていた。

『アヴェスタ』

ゾロアスターの生存年代を人為的に決めたことのように、後世の研究者に非常な混乱を起こさせることとなったもう一つの展開は、マギが『アヴェスタ』の全伝承を北メディア（アトロパテネ＝現在のアゼルバイジャン地方）の自分たちの故地に結びつけたことである。そのため、北東部イランの人や場所や事件が、新たに北西部と関係づけられることになった。そのような付加は、地理学が歴史学ほど確かな基盤をもっていなかった時には比較的容易に受け入れられたに違いない。そしてゾロアスター教の伝承に部分的にいろいろ付け加えることは、すでにアヴェスタ語の「カウィ」朝つまりウィーシュタースパの先祖を、カンサオヤ湖と結びつけたドランギアナ（シースタン）でも、ゾロアスターがそこに生き、死んだといわれているバクトリアでも行なわれてきた。

しかしメディアのマギたちはその作業を徹底的に行ない、カウィ朝も預言者も自分たちの故郷の出身とし、そこをイラン人の伝説的な故郷アイルヤヌム・ワエージャであるとさえした。マギたちはアケメネス朝時代にすでに、メディア人やペルシア人の間に自分たちの宗教的権威を保つために、そのような伝承を発展させたかもしれない。あるいは、パルティア時代当時にメディア領で、この権威を再確認する手段として、そうすることに拍車がかけられたのかもしれない。寛容なアルサケス朝は、地方的なものにとどまる限りは、そのようなことに反対したとは思われない。しかしこの寛容さは信仰に対する無関心から生じたものでないことは、ワラフシュ／ヴォロゲセス王（一―二世紀の数人の王につけられた名）の活動について、次のように述べられていることからわかる。

アルサケス朝のワラフシュは、『アヴェスタ』や『ザンド』で原形のまま残っているものはすべて、また書かれたものにしろ口伝にしろ、アレクサンドロスの破壊や妨害、マケドニア人の略奪や劫略によって散佚してはいるが、残っている権威あるものから引き出される教えのすべてを各地に残っている状態のままで保存するよう（彼らに命令する）覚え書を各地に送ることを命じた。〔『ディーンカルド』四―二・五―一一、『ゼーナー前掲書〔*A Zoroastrian Dilemma*〕』八〕

この数行は、ゾロアスター教の聖なる書物の継承について、六世紀まで受け継がれた一般的な説明に基づいている。その興味深い点の一つは、『アヴェスタ』そのものと、その解釈である『ザンド』は、当時はまだ完全に口誦で伝えられたとみられる暗示はあるにしろ、『アヴェスタ』『ザンド』から引きだされた「教え」に関しては書き記された、と言及されていることである。

ワラフシュ王の命令の結果、散佚した伝承から集成されたと思われるアヴェスタ語のテキストに、『ヴェンディダード（Vendidād）＝除魔法』がある。この散文作品の主要な部分は、清浄さを保つことや穢されたあとにその清浄さを回復するための規則に関わるものである。こういったことは悪の力に対する強力な防御なのである。これらの規則は、（ゾロアスターとアフラマズダの）問答の形で展開していて、これは教えを伝達するときに用いられる口誦の文学に共通な方法である。

しかし、『ヴェンディダード』は、「『アヴェスタ』の残ったものすべて」を保存するという意識的な努力の一部として、浄めの法を中核としていても、他に付け加えられたと思われる種々のものを含んでいる。その結果、その第一章には、（すべて東イランにある）世界で最良の国々のリストがあり、第二章には、イマ伝説の一説があり、第十九章には、敵対する霊がゾロアスターを誘惑した話が含まれている。その言語は後期アヴェスタ語で、語尾変化の規則は非常にくずれている。これがパルティア時代に編集されたとするもう一つの理由は、イラン式とギリシア・ローマ式と二種の度量衡がそのなかにみられるからである。『ヴェンディダード』にはまた、全『アヴェスタ』中唯一、寺院の火に言及していると思われるところがあり、それは「定められた場所＝ダーイトヤ・ガトゥ（dāitya gatū）」［『ヴェンディダード』八・八一］に火を置くことをほのめかしている。さらにイマ伝説には、メソポタミアの影響とみられるもの（イラン最初の王の伝承にふさわしく改変された洪水と箱船の話）がある。したがって、西イランでマギがこれを編集したとも考えられるだろう。しかしながら、彼らはこれらのテキストを敬虔な気持で集めた時に、アヴェスタ語の原本には意識的に何も追加しなかったことは疑いない。なぜなら、外部に由来する事柄はすべて、長年の口誦による伝承の過程で、無意識に採り入れられた痕跡を残しているからである。（言語が比較的正確であることから判断すると）古い「スタオタ・イェスンヤ」が、「暦」の神々の崇拝、三つの重要な祈りについての説明、ヤシュトの詩句の改変のような追加によって拡大したのはこの時代以前であったにちがいない。このようなものは「スタオタ・イェスンヤ」の前後に均等に置かれたので、典礼の中心は変わらなかった。そのような拡大はおそらくアケメネス朝時代に始まり、数世代にわたって続いたと思われるが、いつどこで、これらの発展が起こったかはわからない。

アルサケス朝は地域主義に寛大ではあったが、それでもヤスナ祈禱書への付加といった重大な事柄は、全教徒集団を代表する宗教会議での討論と同意を必要としたにちがいない。

筆記の伝統の発達

パルティア時代後期になると、アラム語が文字通信の共通語としては次第にすたれていったので、アケメネス朝以降の地方分権はさらに拍車をかけられた。たいへんゆっくりとではあるが、この言葉は主要地方で、変形されたアラム文字で書かれた土地の言葉に場所を譲っていった。この過程は、前二世紀末のニーサーから出土した陶片にさかのぼることができる。というのは、これらの陶片に書かれた簡単な記録には、アラム語のなかにパルティア語が散在するのが見られるからである。アラム語そのものが表意文字として用いられていることは、つまり、それらはもはやセム語として発音されたり、考えられることもないということとで、それに対応するイラン語を伝達するため、単に形としてなじみがあるために用いられたことを示す証拠も十分にある。したがってこの段階までには、口語イラン語を文語アラム語に翻訳し、それをまた口語イラン語に訳しなおすという初期の手続きはなくなってしまい、思考過程は全くイラン的になった。当然表意文字として形をとどめたのは、一般的に公文書や商業記録や手紙において用いられたアラム語の言葉であった。

さらにこれらの言葉は頻出する語形をもって定められたので、特に「その王」「私の父」「彼の息子」を意味するアラム語形が、一般的に「王」「父」「子」の表意文字として用いられた。動詞の表意文字には、しばしばアラム語の命令形単数もしくは三人称複数過去形が原形として用いられた。そしてイラン語の語尾の実際の発音を表わしたり、人称と時制を確定できるように、「音韻上の補語」としてこれらの表意文字に文字を加えたりするやり方が次第に発達した。また表意文字のあとにイラン語の複数語尾をつけることによって、名詞や代名詞の複数を表わすことが習慣となった。このように障害はあっても、訓練をうけた書記が用いれば使われている言語を伝達するには充分といえる方法が次第に発達したが、（部分的にしか音を表わさないので）これはアヴェスタ語のような死語を記録するには不都合であった。というのも、この書き方に従って筆記されたならば、聖典の正しい発音は失われたであろうからである。

ニーサーの陶片は、パルティア語においてこの方式がちょうど発展しはじめたことを示している。そして中世ペルシア語に関しても、アラム文字の中世ペルシア語的発展と同じ頃つまり前二世紀の末以降、パールスのフラタラーカ諸王の鋳造した硬貨から、全く同じ方式をたどることができる。このことはまた、ソグディアーやフワーラズムやメディアでも確かめられている。

しかしそれぞれの地域では、表意文字として用いられた語形や、時には実際の言葉そのものも異なる傾向があった。このことは、文字にそれぞれ差異のあることとあいまって、イランの諸地域間の文字による通信は、もはや以前ほど簡単ではなくなったことを意味した。当然パルティア語は、帝国民の言語として、（しばらくの間は）ギリシア語とならんで最も広く用いられた。このことは、一九〇九年ペルシアのクルディスタン地方のアヴロマンに近い洞窟で発見された封印された甕のなかにあった法律文書であるアヴロマン文書によって明らかにされている。ここは昔のメディアの領土であった。このうち（前八八年と前二二／二一年の日付がある）最初の二文書はギリシア語で書かれ、三番目は（五八年のもので）パルティア文字を使った表意文字で書かれたパルティア語である。

社会関係

最近親婚

二つのギリシア語文書において、日付を述べる決り文句のうちに、在位しているパルティアの「王の王」の王位名（アルサケス）と、彼の主な妻たちの名を含むものがある。古い方では、次のようになっている。

王の王アルサケスと……王妃たち、彼の父を同じくする妹であり妻であるスィアケ、ティグラネス大王夫妻の娘でアウトマという姓をもつアルヤザテ及び彼の父を同じくする妹であり妻であるアザテの治世で。

これらの決り文句は、アルサケス朝が「フワエートワダサ」婚を実行することにおいて、アケメネス朝に倣ったことを明白に示す同時代的証拠である。特にこの王は、カンビュセス王のように、自分の姉妹の二人と結婚した。他にも兄弟―姉妹婚はパルティアの副王たちやゾロアスター教徒である隣国人の間で記録されていて、例を挙げれば、アディアベーネのヘレナとモノバズス、アルメニアのアルタヒアドゥ朝のエラトーとティグラネス四世がいる。アルメニアのティリダテス一世は（特に敬虔な支配者であったが）、ガルニにある碑文で、自分を妃の弟であると記している。この習慣が王族に限られていたのではないことは、二世紀の人バルデサネスが観察している。彼は小アジアのペルシア人の間に行なわれる最近親婚を、人間というものが外国に住んでいてさえも、いかに祖先伝来の慣習に執着するかという例として引用した。

教会組織

さらにアヴロマン文書によれば、パルティア人はイラン全域を直接的に支配しようとはしなかったが、支配的な勢力としての地位のおかげでその影響が浸透していったことが知られる。ストラボンによれば［一一・五一五］、アルサケス諸王は二つの諮問機関――一つは王族を成員とし、もう一つは王国の聖職にある成員と俗人の成員から成る――の助言をうけた。この二番目の諮問機関に席を占めたすべての聖職者は、おそらくパルティア人であったろう。パルティア人祭司は、判事、行政官、書記として、またパルティア王や貴族の家庭付祭司として、帝国の全土に存在したにちがいない。

その高位聖職者に特別の称号はおそらく（アヴェスタ語の「アエースラパティ（aēθrapati）」からとった）「エールバド（ērbad）」または、「ヘールバド（hērbad）」であったと思われる。というのは、サーサーン朝のもとでも、その現実の機能上は区別をつけがたい二群の指導的聖職者がいて、「ヘールバド」と、（古代ペルシア語の「マグパティ（magupati）」からとった称号である）「モーバド（mōbad）」といったからである。アルサケス朝時代では、「マグパト」とか（パルティア語形の）「マグバド」という称号は、主として火の寺院の祭司長に用いられた。もう一つの称号の「バグナパト（bagnapat）」つまり「バギン」の主というのは、聖像を置いた神殿を受けもつ祭司をさすものと定まっている。

しかしながら、そのような命名の詳細な点はギリシア人やローマ人には知られなかった。彼らにとって、すべてのゾロアスター教の祭司は、出身地や教会の位階の如何を問わず、単なるマグでしかなかったからである。そしてパルティア時代の末頃の人、偽ルキアノスは、マギとは「神々への奉仕に身を捧げている幻視者の位階で、ペルシア人、パルティア人、バクトリア人、ホラズミア人、アレイア人、サカ人やメディア人のなかにみられる」とさえ記している。さらに「彼らは丈夫な体質でたいへん長寿である。というのも彼らのマギとしての職は、生活していく上で厳格な規則を守ることを義務としているからである」という。この時期の他の古典作家は、集団としてのマギの関心は研究と礼拝、倫理、予知や予言、聖なる言葉の学習や、浄めの規則を守ることにあったと述べている。

不信仰者

アルサケス朝は、自分たちの支配下のゾロアスター教徒が、自らと異なる宗教的伝統をもつことに寛容であったばかりでなく、（アケメネス朝の伝統に従って）その国境内外の不信仰者に対しても寛容であった。彼らの帝国は、先行した帝国ほどの広さには達しなかったけれど、イランの影響力はひきつづいて中東全域に及び、おそらく前の時代より強くさえなった。これは一つには、マケドニアの征服以降、ギリシア語がこの領域全体での共通語となって、諸思想のすみやかな交流の手段を提供したからである。もう一つの政治的要因としては、（ゾロアスター教信仰を伴なう）パルティア人の影響力を強めることが、ローマの無慈悲で歓迎されざる侵略への武装抵抗であったということである。このような影響の一つとして、この時期に、ゾロアスター教の予言の伝承が普及したことがある。サオシュヤントの降臨を待ち望む気持は、アレクサンドロスの征服後の暗黒時代にイラン人の間で強まったに違いなく、その頃黙示的かつ予言的な文学が発達して、広い範囲で模倣され、ギリシア・ローマ世界に「ゾロアストレス」や「ヒスタスペス」の名を親しみ深いものとした。

イランは、他の点でもユダヤ教やグノーシス派の思想に影響を及ぼし続けた。アルサケス朝はバビロニア社会の宗主としても隣人としても、ユダヤ人と良い関係を保ち、この時作られたかなりの数のユダヤ教の著作は、ゾロアスター教的思想を反映している。パルティア時代に、ゾロアスター教との五世紀にわたる接触によって豊かになったユダヤ教からキリスト教が興った。この新しい宗教はこのようにセム人、イラン人の二つの古い信仰に根ざしているのである。

ゾロアスターが千五百年ほど前に説いた教義は、このようにして新しい聴衆に達するようになったが、ユダヤ教においてそうであったように、ここでもまた、他の信仰に適用されることによって、その論理と一貫性の一部を失うこととなった。というのは、天地創造や、天国と地獄、審判の日についてのイラン人の預言者の教えは、正義ではなく愛に基づいた無限の支配力をもつ全能の唯一神の存在を主張する宗教の一部としては、知的にはあまり一貫しているとはいえなかったからである。にもかかわらずそれらは、この新しい状況においても人間が善であろうと努力することに強い影響を及ぼし続けた。

またはっきりはしないが、イラン人の信仰はミトラ教の形成に関わりをもったようである。この奮闘的な信仰は、パルティア時代に小アジアで発達したらしく、ローマの軍団に採り入れられ、ローマ帝国全域に広まった。文字による記録が不足しているため、ミトラ教の歴史や教義をたどることは困難で、この信仰については、その記念碑や礼拝の場所以外は何も知られていない。しかしミトラ教という名称は、明らかにイランのミスラから採られたものである。ミスラは、アケメネス朝時代にウォウルナ・アポンム・ナパートが衰退して以来、実質的には単独で、活動的で強力で正義を通すけれども情深い下位のアフラとして君臨した。（「ミスラにより与えられた」を意味するミスラダータ〔Miθradāta〕を始めとする人名は、ミスラ崇拝が小アジアのイラン人の間で人気があったことを示しているが、彼の名をとった宗教は明らかに折衷的なもので、そのなかに多くの非イラン的要素をかかえていた。それは主に、直線的な時間概念と、個人的及び宇宙的な救済を強調する点を、おそらくゾロアスター教に負っていた（ミトラ教の図像法の中心的要素は、牡牛を殺すミトラを表わすもので、それは明らかに贖罪のための供犠の行為である）。ミトラ教は精力的に西方の人々を改宗させ、一時期はキリスト教にとっての手ごわい挑戦者となった。

しかし、それがどれほど遠くまで、またいかに効果的に東方に浸透したかは知られていない。ミトラ神殿の一つがユーフラテス河沿いのドゥラ・エウロポスにあるパルティア時代の城砦都市で発掘された。しかしゾロアスター教は、イラン本土でのミトラ教の拡大には、かなり障壁となったであろう。

ゾロアスター教自体は、教義をもち改宗をすすめた世界宗教の最古のものであるが、種々の力関係でその伝道活動が制限されたために、実質的にはイランの民族宗教となってしまった。しかしこのために、ヘレニズムの多神教とも平和的に共存することができ、どちらも他方に影響を及ぼそうとはしなかった。しかし、パルティア支配の後半の数世紀には、この寛容と自己充足のパターンは二方面からおびやかされた。東ではインド・イラン国境地帯に仏教が勢力を広め、西にはキリスト教が熱心に改宗をおし進めた。

この時、その長い歴史において初めて、ゾロアスター教は、自分たちの信条を攻撃し、その信奉者たちに背教を強制しようとする他の信仰に出会ったのであった。この時期にはユダヤ教徒でさえ改宗活動をして、ある程度の成功をおさめはしたが、その活動は初期のキリスト教徒からの圧力と同様、比較的小規模なものであった。キリスト教が大きな現世の勢力の支持を得たサーサーン朝時代までは、その伝道活動がゾロアスター教徒に深刻な悩みをもたらすということはなかった。それゆえアルサケス朝は、その支配の末期まで、概して寛容の伝統を維持することができたのである。

結論

ゾロアスター教がパルティア人に及ぼした影響の跡をたどるには、多くは、ローマの歴史家の敵意ある証言によらなければならない。しかしそのように不充分な資料からでさえ、アルサケス朝が概して、その信仰の道徳律の主なものに忠実で、仲間同士の責任感や名誉や誠実さを強調していたことが知られる。彼らが捕虜や逃亡者にあたたかく振舞い、彼らに親切で敬意をもって扱ったこと、そして約束を守り条約の義務に忠実であろうと心がけたことは有名である。

　これらの点で彼らはアフラの宗教の忠実な支持者であり、彼らの宿敵ローマ人よりはるかにすぐれていることを身をもって示した。三世紀中頃までには、彼らは何世代も続いたゾロアスター教信仰の擁護者となっており、東や西の異教徒の軍隊に対抗して信仰を守っていた。その王朝が転覆されたことは、たとえ同じイラン人がしたことではあっても、全教団に深い衝撃を与えた事件であったろう。

第七章　サーサーン朝初期

サーサーン朝の勃興

サーサーン王朝の勃興に関してはいくらか不明なところがあるが、最も信憑性の高い説では、この王家は、パールス地方のイスタフルの町にあるアナーヒード大寺院（おそらくアケメネス朝に建てられたアナーヒタ寺院の一つ）の世襲の守護者であったといわれる。紀元後三世紀初め頃、その一族のパーパクが、パルティアの「王の王」の臣下である地方王朝の支配者から権力を奪った。そして彼の末子アルダシールは、篡奪した地位を継いだ。アルサケス朝のアルダバーン五世は、アルダシールの権威を承認することを拒んだので、彼はパールス地方で軍事力をもって自らの勢力を確立しはじめ、華々しい成功をおさめた。アルダバーン五世は自らこの危険な反乱を押しつぶそうと戦端を開き、おそらく二二四年の戦闘で敗れて殺された。

この無名の冒険者により、長い間続いたアルサケス朝が打倒されたことは、全イランに衝撃と動揺を与えた。しかしアルダシールの野心はとどまることなく、勝利の道を歩み続けた。二年のうちに彼は帝国の西部地方を従え、自ら王の王として戴冠した。その後の遠征ときびしい戦闘によって彼は東イランをも支配した。アルダシールは軍事的な天才であったばかりでなく、非常に機敏で、行政的手腕にもたけていた。彼は自分の支配を確立し新しいペルシア帝国を創出するためには、戦闘だけでなく、無血の手段をも用いるのにやぶさかでなかった。このために彼が選んだ手段の一つが、宗教的なプロパガンダである。ペルシア人の祭司は、アケメネス朝のもとでゾロアスター教徒集団を率いた先祖をもっていたので、自分たちも再びそうすることがふさわしいと感じた。そこで彼らは、自分たちが支持する新王朝とともに、熱心に、先行したパルティア人より自分たちは一層信心深く正統的であって、真の信仰の担い手であるはずだと同胞のイラン人たちを説得する仕事に取り組んだ。

信仰の宣伝者タンサール

アルダシールは、幸運にも、彼に匹敵する能力と勢力をもった祭司長をもっていた。その人の名はタンサールまたはトーサール（パフラヴィー文字は不明瞭である）といい、「ヘールバド」の称号をもっていた。これはパルティア時代にはおそらく指導的な高位聖職者を意味する称号だった（普通の祭司に言及する時は、サーサーン朝時代をとおして、単に昔の「マグ」からとられた「モグ〔mog〕」とだけ言われている）。

アルダシールの宣伝のために、タンサールが直面した仕事は、困難なものであった。なぜなら、アルサケス朝の場合はその権力獲得期に、異教徒のセレウコス朝に対抗する信仰の戦士としての役割をもっていたけれど、サーサーン朝は、同宗者を打倒したことを正当化しなければならなかったからである。

彼らがどのようにこれを推進したかについては、幸運にも、アルサケス朝のかつての臣下で、北イランのタバリスターンの山岳王国を支配していたグシュナスプ王に宛ててタンサール自身が書き、（種々の編集や翻訳を経て）今に残っている手紙から知ることができる。この地域は武力征服が困難な所であったから、タンサールはアルダシールに代わって、グシュナスプ王が自らすすんで新しい体制に従うよう説得を試みたのである。現存する手紙は、グシュナスプ王の手紙に対する返事で、そのなかでタンサールは、この北方の王が表明した多くの疑問や批判にいちいち答えている。

宗教的分野では、グシュナスプは、アルダシールが「伝統を放棄したこと」を非難し、「このことは現世のためには正しいかもしれぬが、信仰のためにはよくない」〔『タンサールの手紙』三六〕とみなしたようである。タンサールの答えには、二重の防御がほどこされていた。第一に、昔の方法がすべて正しいというのではなく、アルダシールは「昔の人々よりはるかに徳が高く……彼のやり方は昔のものよりすぐれている」とし、第二に、アレクサンドロスによる破壊の結果、信仰は非常に衰退してしまったために、アルサケス朝のもとでは、昔の「法や規則」について確かな知識はなかった。したがってそれは「真実で真直な判断をもつ人によって再建されねばならない……なぜなら宗教は理解した上で解釈されないかぎりは、何ら確固とした基盤をもたないからだ」と主張している。このように、アルダシールは彼の望む変革がすべて承認されるよう求め、タンサールはそれらをペルシア人の王によってなされる更新または復興とみなして、それをひとしく追認した。

同宗者のなかにも、このような勝手な振舞に対して、勇敢にも抗議する者があったことは、グシュナスプがさらに「彼（アルダシール）が、自分の裁定や命令に反対の行動をする者たちを虐殺するよう命じていること」〔同上・三九〕に、抗議していることから知られる。これに対してタンサールは、人々が邪悪になっているのであるから、懲罰や殺害の頻発の故に非難されるべきは彼らであって、新しい王の王ではないと答えている。「この種の人々の間での流血騒ぎは、たとえ果てしない浪費のようにみえようとも、我々にとっては、大地を活気づける雨のように、生命とか健康と認識されるものである……なぜなら、来るべき日にはこれらを通して国家と宗教の基盤があらゆる点で強められるだろうから」〔同上・四〇〕。

では、タンサールの承認を得て、アルダシールが血をもって強制しようとした宗教的政策とは一体何であったかという疑問は残る。サーサーン朝初期の歴史にはかなりの史料があって、アルダシールとペルシア人祭司たちが、同胞のゾロアスター教徒を苦しめたり怒らせたりしたに違いないさまざまなやり方を見分けることができる。

第一に、これまでの同胞関係にある地域的教徒集団の代わりに、ペルシア帝国の直接的で権威主義的な支配下にある単一のゾロアスター教教会が創設されたこと。それとともに、タンサールその人によって是認され公認された『アヴェスタ』本文の唯一の正典が確立したこと。この行為はパフラヴィー語文献の『ディーンカルド』に次のような言葉で表明されている。

王の王陛下、パーパクの子アルダシールは、タンサールを宗教的権威とし、散佚したすべての教え〔アルサケス朝のワラフシュにより保存を命じられたもの〕を宮廷に取り寄せることを命じた。タンサールの指揮のもとで、信頼に値するものが選びだされ、残りは外典とされた。そして以下のように定められた。マズダ礼拝教の教えすべての解釈は我らの責である。というのは、今ではそれらについて、確実な知識を欠くことはないからである。〔『ディーンカルド』四一二・一一―一七、『ゼーナー前掲書』八〕

また、他の箇所では「霊的指導者、雄弁で真実を述べ公正なヘルバドのタンサールの言うことを受け入れるまでは」イラン全土にいかなる平和もこないだろうと予言している。

そしてタンサールの言うことを受け入れる時……これらの地は、望むならば癒やされ、ゾロアスターの信仰から逸脱したとはされないだろう。〔『ディーンカルド』六五二・九―一七〕

暦の変更

全教徒集団員に影響を与え、今日もなおその調和を妨げているもう一つのことは、ゾロアスター教暦の改革であった。暦の変更は、いかなる社会においても、実施が最も困難な政策の一つとみなされているものだが、アルダシールが、新王朝の最初の治世に——たとえ計画どおり正確ではなかったにしろ——それをなし遂げることができたのは、彼の権力と勢力がいかに大きかったかを示すものである。

アルサケス朝没落のはるか前に、パールスの学識ある祭司たちは、(年代学への興味から)時を正確に計算することについて熟考したに違いない。アケメネス朝初期以来、ペルシア人はエジプト暦の知識をもっていた。この暦は三百六十五日から成り、(イラン人や近隣諸民族のものと同様)各々三十日から成る十二ヵ月に分けられていて、十二月の最後に五日の閏日をおいていた。パルティア時代、前四六年に、ローマ人はユリウス・カエサルのもとで、三百六十五日暦を採用した。このことは、ペルシア人祭司たちがアルダシールのもとで実施されることとなったゾロアスター教暦の改革を計画するのを早めたかもしれない。

彼らはエジプトの原形に正確に従って、なじみのある三百六十日から成る一年に、閏日を五日加えるだけにした。これら五日間は、ゾロアスターの五群からなる讃歌にならって「ガーサー」もしくは「ガーフ(Gāh)」日と呼ばれた。このことは、信心に基づくと同時に実用的な政策であった。なぜなら、普通の日はその日のヤザタを呼びだして礼拝したのに対し、この新しい日には、ガーサー五群のアヴェスタ語名が用いられたことを意味しているからである。明らかに「ガーサー」日は、宗教年の外におかれて、長く崇められてきた守るべき勤めの型を損なわないよう意図されていた。

しかしその導入には一つの大きな困難が伴なった。伝統的に、フラワシは、旧年の最後の夜（暦用語では、スペンダールマド月三十日の夜）のハマスパスマエーダヤの祭の際に、全国でその旧居に迎えられ、夜の数時間を過ごし、子孫からの供え物や崇拝を受けた。そして翌朝別れの儀式をして、新年《ノールーズ》をもたらす太陽が昇る前にひきとることになっていた。今や突然、スペンダールマド月三十日とフラワルディン月一日の間に五閏日が挿入されたために、この古い慣習が挑戦を受けることになり、その結果深い困惑と悩みがもたらされた。新しい日々は率直に「盗まれた」日と名付けられた。というのは、それらは、ともかくこれまでよく知られてきた年から盗みとられたものだと感じられたからである。そして、はじめて導入された時には、人々はその日々をできる限り無視しようとしたと思われる。

公式のノールーズや他のすべての祭日は、新しい暦に拠って行なうように、おそらく死刑の罰をもって強制されたに違いない。しかし国民の多くは明らかに、どの場合にも六日早い自分たちが真の聖日と信ずるものを内々に守っていた。このように数えていくと最初の年には、改革暦ではスペンダールマド月の二十五日でしかない時にスペンダールマド月三十日になり、フラワシを迎えた夜から公《おおやけ》に別れをつげることが許された公式のノールーズの暁方までには丸十日経過することになった。改革派でさえ、「ガーサー」日の五日間、延長されたフラワシのための儀式を守らねばならなかったので、それらは「ローザン・フラワルディーガーン（rōzan fravardīgān）」つまり「フラワシの日々」と呼ばれるようになった（「フラワルド（fravard）」はアヴェスタ語の「フラワシ」のペルシア語形である）。

その後もひき続き、守るべき勤めは二倍となった。多くの人々は、すべての祭日について一度は改革暦に従って公式の日を、もう一度は自分たちが本当のものとみなした日にと二度祝うこととなった。この習慣は非常に広く行なわれたので、最も容赦ない王でさえ、これを止められなかった。アルダシールの孫のホルミズド一世のもとで、ペルシア人の改革派は次第に妥協し、新旧の聖日をつないで六日間連続の祝祭とするような妥当な手段をとった。しかし一日だけの祭であったノールーズだけは、どうしてもこうすることができなかったので、フラワルディン月の一日か六日のどちらが真のノールーズであるかという論争は、サーサーン朝時代を通して続き、パフラヴィー語文献にも記録されている。今日までゾロアスター教徒は、この両日とも異なる名のもとで別々に祝っている。

もう一つ扱いにくい問題は、「フラワシ日」によってひきおこされたものである。改革主義者は、それらは五日でガーサー日のことだと主張し、伝統主義者は第一年の混乱のせいで十日（つまりスペンダールマド月二十五日からフラワルディン月一日までの）であるべきだとした。ゾロアスター教徒の資料を用いたムスリムの歴史家ビールーニーは、人々がこの事に非常に混乱しているが、それは「これが彼らの宗教の主要な制度の一つだからであり……彼らはこの件について、事実は何かを確信できないでいるので慎重に扱いたいと望んでいる」［『年代記』二二四］と報告している。

そこで、長い方の祭を祝うことで、彼らはフラワシに対する勤めを守り損なう危険を避けることができた。それに伝統主義者の祭司も、このやり方を妥当だと納得したので、フラワルディン・ヤシュトの一句［四九］に以下のように小さな変更がなされた。

私たちは、善にして力強く聖なる義者のフラワシを礼拝する。彼らはハマスパスマエーダヤの時に自分たちの旧居に急ぐ。それから彼らは十夜ここにとどまる。

古い版では、「十夜」はおそらく「一晩中」といった類のものであったろう。サーサーン朝初期の暦について、もう一つの注目すべき特徴は、その頃ノールーズは、春ではなく秋のフラワルディーン月一日に祝われたことである。このことはパルティア時代から受け継がれたことで、東イランの伝統ははじめのうちは変わらなかったとみられる。というのはサーサーン朝による最初の暦の改革の動機は、宗教的というよりはむしろ実用的なものであったようだからである。

しかし、最終的には、皮肉なことにこの改革は、神学的には信仰に長期にわたる被害を及ぼし、宗教上の守るべき勤めの範囲を増大する結果になった。七聖日を守る義務がある古い信仰年の効用は、個々のアムシャ・スプンタのための「名の日」の祝祭を加えたことによって、アケメネス朝時代にすでに脅やかされていた。そして今やそれは教義上の目的が圧倒されるほど枝葉をつけられた。ガーハーンバールは六日から三十六日にまで増やされ、七番目の祭であるノールーズは二度あり、新たに十日間とされたフラワシ祭の後に祝われた。このことすべては、次第に、義務として大祭を守るという意義を曖昧にし、後にはノールーズとガーハーンバールとの重要なつながりは、ほとんど見失われてしまった。

偶像破壊と聖なる火

サーサーン朝は暦の改革だけでは充分ではなかったかのように、明らかにその初期から、大論争の種となったもう一つの政策を実施した。つまり、彼らは礼拝に聖像を用いることを禁じたのである。

この時期に、彫像は聖別された建物から撤去され、その代わりとして可能な限り聖なる火が設置された。サーサーン朝は権力を握る前から偶像破壊を行なっていたとみられ、ムスリムの歴史家マスウーディー〔八九六―九五六年頃〕は、イスタフルの寺院には「偶像」があったが、それは遠い昔に取り払われ、その代わりに火が設置されたと述べている〔『黄金の牧場』一四〇三〕。この火は、ウルスラグナの火であるが、アナーヒードという名で聖別されていたらしく、三世紀のサーサーン朝碑文には「貴婦人アナーヒードの火」と記されている。アルダシールの子で後継者であるシャーブフル一世は（アルダバーンとの戦いでは、父とともに戦える年齢に達していたが）、おそらくこの火にちなんで、自分の娘の一人をアードゥル・アナーヒードと名付けた。このことは、この火が少なくともアルダシールの時には設立されていたことを示している。

聖像を伴なう祭儀は、アケメネス朝のアルタフシャスラ（アルタクセルクセス二世）によってゾロアスター教に採り入れられたものだが、（名前の起源が同じである）サーサーン朝のアルタフシャスラ（アルダシール一世）の始めた政策によって終結させられた。タンサールがグシュナスプに次のように宣言したのは、これを暗示するものであったかもしれない。

私の目からみると、この後の方のアルダシールは、昔のアルダシールより偉大な価値をもっている。[『タンサールの手紙』六六]（アルサケス朝はもっともらしく、アケメネス朝のアルタフシャスラの子孫だと主張していたので、この宣言はより大きな宣伝価値をもっていた）

サーサーン朝は、実際に偶像破壊運動を推進し、アルダシールの孫ホルミズド・アルダシールは、アルメニアで死者の像を砕き、パカランのオフルマズドの寺院に（おそらくは彫像の代わりに）聖なる火を置いたといわれる。しかもこの運動は長期にわたった（六世紀の法律書『マーディガーン・イー・ハザール・ダーデスターン』のなかにも、彫像撤去を含む事件が見出される）。なぜなら、暦の改革と同様に、それは信者に大きな苦痛を与えたため、頑強な抵抗があったにちがいないからである。しかし、サーサーン朝が攻撃したのは、祭儀で彫像を使用することだけであり、彼ら自身ですらオフルマズドを含むゾロアスター教のヤザタを、セレウコス時代に確立された伝統に従って人間の姿で表現することを続けた。

アルダシールの視覚的宣伝で最も印象的なものの一つに、アケメネス朝の王墓の近く、イスタフルからも遠くないナクシェ・ルスタムの大岩石浮彫がある。ここでは、馬に乗った征服者が、やはり馬上のオフルマズドに向いあっており、神は塔状の冠をかぶり、手にバルソム枝をもち、王権を表わす輪のようなものを渡している。神と王とは、それぞれの馬の間に、中世ペルシア語とパルティア語とギリシア語（ギリシア語版では、オフルマズドは当然、ゼウスと訳されている）の三ヵ国語による碑文があることから、それと知られる。オフルマズドの馬がその蹄の下に、（おそらくアフリマンと思われる）蛇の形をした生き物を踏みつけている一方、アルダシールの馬はアルダバーン五世と思われる人物を踏みつぶしており、彼は敗北において悪の力と対照されている。

サーサーン朝の彫刻では、他にも高い所にある浮彫のなかに、多くの神々を表わしたものがあるが、そのなかには、ミフルが光輝く冠をつけているものや、アルドウィズール・アナーヒードが豪華な衣装をつけたものや、ワフラームがギリシアのヘラクレスとして裸でライオンの皮をつけ、棍棒をもっているものなどがある。

このように図像法上からはパルティア時代との断絶はなく、ただ祭儀に聖像を使用することをやめるよう決定されただけであった。この運動の結果として、（パルティア語の「バギン（bagin）」や「バグナパト（bagnapat）」に対応する）中世ペルシア語の「バシュン（bašn）」や「バシュンバド（bašnbad）」という聖像を置いた神殿やその祭司を意味する言葉は、非ゾロアスター教徒の資料では確かめられても、パフラヴィー語文献のどこにも発見されていない。

この聖像反対の運動は、より多くの聖なる火を建立するという、これと同程度に強力な運動とともにすすめられた。このことは、「（アルダシールが）火の寺院から火を取り去り、それらを消して滅ぼした。それはかつて誰も想像もしなかったほど反宗教的なことである」『タンサールの手紙』四七〕とグシュナスプが訴えたことと一致しない。タンサールはこの重大な非難を認めているが、問題になっている火とは、昔からの資格をもたないアルサケス朝の臣下の王たちのものであったと説明している。彼の主張するところでは、それは「昔の王の権威もなく導入されたもので、全く新しいものである」ので、アルダシールは「寺院を破壊し、寄進地を没収した」というのである。こうして寛容なアルサケス朝支配の時代は去り、サーサーン朝のもとで、イランでは当王朝の火一つだけが燃えることを認められた。しかし、このような地域的な王の火を消すことは、多くのゾロアスター教徒の誇りや信心を深く傷つけたに違いない。

サーサーン朝は、(可能な限り多様なやり方でその偉大な先行者たるアケメネス朝を真似たようであるが)自分たちの王の火を重んじた。アルダシールは、重々しい台座の上に乗った自分の火を表わしたものを硬貨の裏に描かせ、この手法はこの王朝の貨幣に一般的となった。これとは別にアルダシールは、パールス地方に多くのアータフシュ・イー・ワフラーム(Ātaxš ī Vahrām)つまり偉大な火を建立したことで有名である。前述のように彼自身は、ダリウス大王と同様三ヵ国語で書かれた短い碑文を残しているだけだが、その息子シャーブフル一世は、それぞれ文字は異なるが三つの言葉、すなわち中世ペルシア語とパルティア語とギリシア語で、ナクシェ・ルスタムのカーベ・ザルドゥシュトの滑らかな石壁に、子孫のために大碑文を彫らせた。

この碑文の前半では、シャーブフルの対ローマ遠征での成果と勝利が記された（ペルシア人は、この西方の隣人との戦争をパルティア人から引き継いだからである）。後半は、王家の人々や、サーサーン朝の支配を確立し強化するのを助けた人々のために、聖なる火へ寄進したり、ささやかな供物をしたことに関するものである。ここでいう聖なる火とは「パド・ナーム・アードゥル（pad-nām ādur）」つまり「名をとった火」で、初期のアルサケス諸王がニーサーで建立したと同様のものと考えられている。

そしてシャーブフルは、征服による略奪で豊かになると、五つの聖なる火を建立した。その一つは彼自身の魂のために、一つは王妃のなかの王妃アードゥル・アナーヒードのために、他は彼とともに対ローマ戦争を戦った三人の息子それぞれのためにであった。シャーブフルはさらに、王家の他の人々や貴族の魂のため、毎日供物が捧げられるよう寄進した。その内容は、カンビュセスがキュロスの墓に毎日供物がなされるよう、寄進したと同じような犠牲の羊やパンやぶどう酒であった。

第二の偉大な高位聖職者キルデールの擡頭

聖なる火の建立は、サーサーン朝時代の二番目の偉大な高位聖職者であり、たいへん長生きして権力を維持したキルデールの碑文において、何度も言及されている。彼がいかに権力をもっていたかは、中世ペルシア語でだけにしろ、彼だけが王族ではないのに王と同じく碑文を彫ることを許されたという事実からわかる。

その一つは、実際にはシャーブフルの治世より後であるがカーバのシャーブフルの碑文の下に彫られた。もう一つはナクシェ・ルスタムの岩面にあり、三番目はそこから平原を越えてそう遠くない奥地の岩場のナクシェ・ラジャブにあった（この碑文の横にキルデールは自分の肖像を彫らせた）。四番目で最も長いものは、今では人里離れ荒廃したパールスのサル・マシャドにある。この地方は、サーサーン朝時代には水利のよい肥沃なところであった。彼はそこの土地を所有していて、この大碑文は、（今は哀れにも風雨で磨滅しているが）彼の納骨所のそばにつくられた記念碑だと推測されている。というのは、これが彫られている急な岩壁を登ると、納骨用の凹所があるからである。

キルデールについては、シャーブフルの碑文で述べられているのが最初であり、彼は先のタンサールと同様に「ヘールバド」の称号をもっている［パルティア語版・二八、中世ペルシア語版・三四］。当時彼は若かったけれども、王の王は、（キルデール自身の碑文が示すように）彼を「宮廷と、帝国のあらゆる地域で絶対的で、祭司の序列において権威をもつ者にした」［サル・マシャド・三―四］。キルデール自ら言うように、彼の行為によって、「宗教活動が盛んになり、多くのワフラームの火が建立され、多くの祭司は幸福で繁栄した。……そして、オフルマズドとヤザドには多くの善がもたらされ、アフリマンやデーウには多くの害がなされた」［同上・四―六］。

さらに彼は、「聖像は破壊され、デーウの潜伏所は粉砕され、ヤザドの居所や住居が確立された」と述べている［同上・三〇―三一］。これは（日に三回、スプンタ神が訪ねるとされた）聖なる火が、祭儀用の彫像に代わって設置されたことを述べる言い方である。聖像は、偶像破壊者の述べるところでは、人が不信心になって建立したものだが、デーウがそのなかに入って住みつき、その前に置かれた供物を悪用しているとされた。そこでそれを破壊して、正しい信仰上の守るべき勤めを増やすことによって、「この国でヤザド、水、火、家畜に大きな満足がもたらされた」〔同上・二八〕。

キルデールは、聖なる火については、「ワフラーム」の火と、特定しない「火」との二種類しか述べていない。この「火」とはおそらくアータフシュ・イー・アードゥラーンのことで、教区教会に相応する地方の普通の火をさす。しかしサーサーン朝の法律書には、この時期、聖なる場所で燃える第三の火もあったことが示されている。火は、燃料と絶え間ない世話が必要なので、彫像よりはるかに維持費用がかかる。

そこで聖像が、（個人の祈禱所や村の社のような）粗末な礼拝所から取り払われた時、聖像崇拝によりひきつけられた悪の力からそこを浄化するために、一時的にであろうが、代わりとして「小さな火」つまりアードゥローグが置かれた。そのような火は、その場で点火されたり、かまどの火の火種をもってきておこされた。そして、かまどの火のように、浄めをうけた平信徒が奉仕することができた。（六世紀の訴訟事件が示すように）時には、聖像の代わりの「小さな火」は聖像と同じように敬愛され、永く維持されることもあった。そのような火の正式な名称はアードゥローグ・イー・パド・ダードガー、つまり「定められた場所の小さな火」（アヴェスタ語で「ダーイトヤ・ガートゥー」）といい、今日ではダードガーと略されている。

キルデールは、対ローマ遠征の時王の王に従ったことから、シャーブフルの碑文に場所を獲得したとみられる。彼は、従軍した外国――シリア、キリキア、カッパドキア、ポントゥス、アルメニア、グルジア、アルバニア――のどこでも、聖なる火とそれに仕える祭司を見出したと記録している［サル・マシャド・三七］。これらの火は、（そのうちのいくつかは、ストラボンの記述したものに違いないが）、明らかにアケメネス朝時代の建立になるもので、昔のペルシア人植民者の子孫により忠実に維持されてきたものである。キルデールは、寺院や教会を略奪から守り、その間に秩序を確立したと主張している。その次の世紀に、これらの離散した信者の大部分がビザンツ帝国に戻った時、彼らを改宗させようとしたキリスト教徒の聖バージルは次のように記録している。

（彼らは）他の人々と混りあわず、自分たちで独特の慣習を守っている。彼らが自らの欲するところに従うことによってどれほど悪魔の餌食になろうと、彼らにそのことをわからせることができない。というのは、彼らには書物もなければ、教義を教える者もいないからだ。彼らは合理的でない育てられ方をし、その不信心を父から息子へ伝授する……彼らは不法な結婚を行ない、火などといったものを神と信じている。［『書簡集』二五八］

この言明は、敵意ある言葉でねじまげられているけれど、これらのゾロアスター教徒の小集団の磐石のような特質や、彼らが、書かれた言葉に頼ることなく、生きた伝統に強く依存していることについて生き生きと描写している。

キルデール自身も、信仰に関する彼の多くの業績のなかに、バージルが「不法な」といったフワエートワダサ結婚、つまり中世ペルシア語で「フウェードーダ」と呼ばれる結婚を奨励したと主張している［サル・マシャド・四五］。権力を握る前からすでに王族はこれを実施していたので、パーパクの息子アルダシールは、パーパクの娘デーナクと結婚し、シャーブフル一世は、娘アードゥル・アナーヒードを王妃のなかの王妃とした。

キルデールは、バージルを憤らせたこの慣習を良しとしたばかりでなく、この聖者が信じていたように、他宗教の信者たちは「悪魔の餌食にされている」と確信し、彼が仕えた後の王たちのもとで、イラン内部での他宗教者の地位をひきおろす重大な一歩を踏み出した。「大打撃と大損害がアフリマンとデーウのもとにもたらされ、アフリマンやデーウの教義はこの地からなくなって、もはや信じられていない。そしてユダヤ人も仏教徒もバラモンも、ギリシア語、アラム語を話すキリスト教徒やマニ教徒も、洗礼派も、この地では攻撃された」［同上・二九―三〇］と彼は言っている。

預言者マーニ

これら異邦の宗教のうち、マニ教はサーサーン朝の擡頭とともに興り、預言者マーニという姿をとって、ペルシア宮廷に不正をもたらした。彼はイラン人で、パルティアの貴族の出であった。しかし彼の父は、バビロニアでおそらくエルカサイト派〔グノーシス派洗礼派信仰の一つ〕の苦行教団に加わったので、マーニはそこでセム系の言葉を話して成長した。

成人すると、彼はゾロアスター教の要素をかなり含む折衷的な宗教を布教しようという思いに駆られた。というのは、マーニはおそらく若い時はゾロアスター教と直接の接触はなかったが、ユダヤ／キリスト教やグノーシス派の伝統を通して、その基本的な教義のいくつかを吸収していたからであった。このようにして彼は、神と悪魔、天国と地獄、三つの時、死後の個々人の審判、悪の究極的な敗北、最後の審判、祝福された者たちには天国の主の前で永遠の生命があることを信じた。しかしながら、現世に関しては、彼の教えは極度に悲観的であった。彼はこの世をほとんど全て邪悪であるとみて、個々人にとって最上の道は、可能な限りそれを否認して穏やかな修行生活を送り独身のまま死ぬことであるとした。そうすれば、その人の魂は天国へ行くだろうし、地上での人間存在のみじめさを永続させることもなくなるであろう。

マーニの教義はこのように、肯定的で実用的なゾロアスター教の教義と根本的に対立していた。にもかかわらず、彼は古い信仰に敬意を払っていた。——この宗教こそ彼がその統治下に生まれたアルサケス朝の大王たちの宗教であって、サーサーン朝になっても擁護されていたものなのだ。マーニは、この宗教もキリスト教も仏教もすべて、もとは同じ一つの真の信仰であったが、人間の誤解によってゆがめられたので、自分はそれを復元するよう遣わされたのだと考えた。したがってペルシアで説教する時は、マーニは自らの宗教にゾロアスター教的装いをほどこすことに抵抗はなく、そのパンテオンの多くの神々の名を、ゾロアスター教のヤザタのものに「翻訳」しさえした。このアプローチは、ゾロアスター教の祭司を非常に怒らせ、彼らはマニ教徒に「ザンディーク（Zandīk）」つまり異端者というラベルを貼った（異端者とはつまり、聖典にねじれた解釈を与える者のことである）。

しかしながらマーニは、シャーブフル一世によってあたたかく迎えられてその宮廷で何年も過ごし、彼の長い治世の間〔二四〇—二七二年頃〕キルデールの怒りから保護されていた。彼ははじめに王のために彼の教えの摘要を書き、それは直ちに中世ペルシア語に翻訳された。この「シャーブフラガーン」と呼ばれる本の断簡は、他のイラン語によるマニ教の書物とともに、中国領トルキスタンの砂に埋れたマニ教修道院の遺跡から二十世紀になって発見された。

サーサーン朝初期のズルワーン教

これらの書物によって、マニ教徒がマーニの最高神の名を中世ペルシア語でズルワーン(Zurvān）とし、その「息子」、マニ教での「最初の人」をオフルマズドと呼んだことがわかる。これはサーサーン朝が、（おそらくアケメネス朝後期の例にならってであろうが）ズルワーン教徒であったことを示す多くの同時代的証拠の最初のものである。後にマーニは、北東のパルティアに伝道団を送った。彼らは間もなくマーニの著作をパルティア語に翻訳し、マニ教の神々の名をその地方のゾロアスター教徒にも受け入れられるものにした。彼らがズルワーンの名を全く用いず、マーニの最高神の名を文字通り「偉大な父」とだけ訳したことは注目に値する。仏教資料から見るとズルワーン教は、はるか北東のソグド人の間にもその痕跡を残している。これはおそらくアケメネス朝時代にペルシア人の守備軍団がこの地方にもたらしたものであろう。

しかしパルティア人はこの異端に抵抗したとみられ、この点がおそらく、パルティア神学とペルシア神学の主要な違いで、サーサーン朝の聖職者の努力にもかかわらず、この違いは明白に存続した。というのは五世紀のアルメニア人の記述に、ペルシア派とパルティア派の両宗教思想を習得していたゾロアスター教祭司のことがでてくるからである。キルデール自身は、少なくとも四代の王のもとで教徒集団を指導したが、やはりズルワーン教徒であったに相違なく、他の有名なペルシア人の聖職者たちも彼と同じであったと知られる。そう考えるのでなければ、サーサーン朝時代に、ペルシア人の支配者と祭司たちの間にはっきりと見てとれる調和は存在し得なかったであろう。しかし彼は、マーニがその教義をズルワーン教に合わせて変えたことには欺かれなかった。

学習と記述

シャーブフル自身が、改革されたゾロアスター教の姿をとったマニ教にどこまで欺かれていたかはわからない。しかし『ディーンカルド』の示すところでは、王の方は「マズダ礼拝の」宗教をしっかり固守すると同時に、知性と信仰に関わる問題への広範な好奇心をもっていたと思われる。問題の文章は以下のようである。

王の王、アルダシールの子シャーブフルは、〝宗教〟に属するものではないが、インド、ビザンツ帝国、その他の国々に、（理論上はアレクサンドロスのせいで）散佚した医術、天文学、運動、時間、空間、実体、創造事、生成、通過、質の変化、成長、その他の諸技能や技術について述べたものを集めた。これらを彼は『アヴェスタ』に加えて、無疵で王の宝蔵に保存されるように、これらすべての記述のコピーを作成するよう命じた。［『ディーンカルド』四一二・一七―四一三・二、『ゼーナー前掲書』八］

これら外国の著述が「加えられた」（ここで使われている動詞の正確な意味は不明である）という『アヴェスタ』とは、明らかにザンド（Zand）のことであって、語釈と注釈をつけた中世ペルシア語訳のことである。現存するパフラヴィー語で編集されたものとアラブ・ペルシア語の文献によって、外来の学問が、このように宗教的な伝統に入りこんでいたことが知られる。

その結果、たとえば七つの創造についての古い教義は、時にエンペドクレス派の四元素（地、風、火、水）の理論と混合し、ヒッポクラテス派やインド人の教えは、伝統的なイラン人の医学理論と結びつくようになった。そのような同化は書物に基づいていたので、ゾロアスター教の祭司たちは書くことを単に実用的な目的ばかりでなく、宗教的・学問的な目的に結びつけることにも着実に慣れていった。

ザンドのなかに、パルティア時代に書かれたものがあるかどうかはわからない。しかし、はじめはキリスト教、続いてマニ教（彼らは真理を守るため、書かれた言葉の価値を大いに強調した）による改宗活動は、ゾロアスター教の祭司たちが、自分たちの聖典を記述するために真剣に努力することに拍車をかけたことであろう。しかしながら、いかにして『アヴェスタ』を遺漏なく書き記すかという問題は、この時代の後期になるまで解決されなかった。

キルデールの権力の絶頂

シャーブフルを継いだのは彼の息子で、「名をとった火」が寄進されているホルミズド一世（二七二―二七三年）であった。そしてキルデールは、この王がこの高位聖職者の権威を高め、彼に「オフルマズドのモーバド」という新しい称号を授けたと述べている［サル・マシャド・九―一一］。このことは、東方に対して西方の聖職者の称号の優越が再確認されたことを意味すると見られ、こののち「ヘールバド」は「モーバド」よりわずかながら低い地位にあるものと考えられるようになった。しかしその点は明瞭に証明されているわけではない。

おそらくホルミズドの短い治世の間に、キルデールは、「古い」聖日と「新しい」聖日を一つの長い祭にまとめるという妥協策を導入したようである。これは少なくとも平信徒にとっては、暦の改革に起因する不快と混乱を鎮めるのに大いに役に立った政策であった。

ホルミズドのあとは、その弟ワフラーム一世（二七三―二七六年）が継いだ。この王の治世にキルデールはマーニの殺害を企み、彼を裁判にかけ処刑するようワフラームを説き伏せた。この時のキルデールの役割を述べたパルティア語のマニ教断簡では、「マグベド（magbed）のキルデール」と彼を呼んでいる。

ワフラーム一世を継いだのは、同じ名の幼い息子ワフラーム二世（二七六―二九三年）で、彼はキルデールの援助により王位についたと考えられている。彼の治世に、キルデール自身はその地位と権力の絶頂に達した。彼は「ワフラームの魂を救うキルデール」というもう一つの名誉称号を与えられ、「全帝国のモーバドであり判事である」とされた。彼はまたイスタフルのアナーヒード・アルダシールと、貴婦人アナーヒードとの聖なる火を司る地位に任じられた。これはいわば、サーサーン朝が、世襲的に守護している寺院を司ることであった（「アナーヒード・アルダシール」と名づけられた火の由来は不明である）。

ワフラームのもとで、キルデールは自ら不信心者を打倒したと述べている。彼はまた、ゾロアスター教の祭司でも行ないの悪い者はこれを罰して叱責し、「マズダ礼拝および良い祭司が、国中で高く尊敬されるようにした」と述べている〔サル・マシャド・四二―四三〕。「そして不信仰者の多くは信者となり、一時はデーウの教義を信じた者も、私によってその教義を捨てた」と彼は主張する〔同上・四五〕。実際はデーウ礼拝は、遠い地方（特にソグディアーの山地）で、イスラム教勢力による征服の時まで続いたと見られるので、アルサケス朝が不信心者に対し不当に寛容であったとか、初期のサーサーン朝がただ一度でアウゲアスの牛小屋をきれいにする〔ギリシア神話によると、エリスの王アウゲアスは、三十年間掃除をしたことがない牛小屋に三千頭の雌牛を飼っていたといわれる。ヘラクレスの十二功業の一つに、この小屋を一日で掃除したことがある〕のに成功したのだという主張を受け入れることはできない。イランは非常に広大な国で、たくさんの信仰の潮流に開かれているので、国教といえども他のすべての信仰を消滅させることはできないのである。

長い生涯のうち、この時期までにキルデールは当然裕福になり、私費で多くのワフラームの火を建立し、毎年多数の儀式と「ヤザドへの祭事」を行なうようにしたという〔サル・マシャド・四七—四八〕。また一生のこの時点で、彼は碑文を彫らせたようである。その一つサル・マシャドの碑文の横には、英雄のポーズをとって、襲いかかるライオンに剣を振りかざしているワフラーム二世の堂々とした彫刻が描かれている。彼の後で、からの鞘を差し出している女性は、アナーヒード女神と推定されている。彼女はサーサーン王家の守護神で、その寺院はワフラームにより、キルデールの特別の管理下におかれた。その背景には二人の人が立っており、一人はおそらく皇太子、もう一人はキルデール自身だと思われる。

碑文では、キルデールはむしろ守るべき勤め、教会の規律、改宗、異教徒の弾圧について述べているが、教義的な事柄にはほとんど言及していない。しかしながら、彼は天国と地獄の存在を主張し、サル・マシャドの碑文の後半〔五七—〕では、部分的にしか読み取れないが、彼自身の見た死後のヴィジョンについての説明をしている。魂の遍歴の時、彼は自分自身の写しである「ハンギルブ（hangirb）」〔「ハンギルブ」は「同じ形」の意。ドッペルゲンガーのようなものと考えられる」と女性――チンワト橋で死者の魂に挨拶するという「ダエーナー＝中世ペルシア語ではデーン（Dēn）」とに会ったという。

彼らに連れられて、彼は天の黄金の玉座と、「ふくろうや他のフラフストラ」でいっぱいの地獄を見、マズダ礼拝教の正しい僕《しもべ》と同じように、いつの日か彼自身の座も高いところに置かれるだろうと確信するようになった。

キルデール自身も、またどのサーサーン朝の王も、その碑文ではゾロアスターに言及していない。彼らにとっては、自分たちがゾロアスターの教えた信仰つまり中世ペルシア語で「マズデスン（mazdesn）」というマズダ礼拝を奉じていると述べることで充分であった。このことは、預言者の名が頻出するパフラヴィー語文献と注目すべき対照をなしている。

キルデールは、ワフラーム二世の治世に碑文を彫らせ、納骨所を準備したけれども、この王よりも実際には長生きした。ワフラーム二世の十七年の治世ののち、その息子ワフラーム三世が継いだが、彼は間もなく、シャーブフル一世の末子で大叔父にあたるナルセにより退位させられた（ナルセという名は、この時期非常に人気があった使者のヤザドの中世ペルシア語形で、アヴェスタ語では「ナイルヨーサンハ〔Nairyōsanha〕」という）。

ナルセは、二九三年から三〇二年まで統治したが、（現在はイラクにある）パイクリの峠に大きな記念碑を建てた。そこは彼が、彼を王であると宣言したペルシア貴族たちと会った所である。その巨大な石の塊に刻まれている長い碑文は、中世ペルシア語とパルティア語の二言語だけで彼が権力を得た状況を述べている。そしてここで［パルティア語・一五］、キルデールは「オフルマズド・モーバド」という称号で、最も位の高い人たちの間に最後に姿を現わしている。碑文には宗教的な事柄はほとんど記されていないが、ナルセは、先行者たちにより確立された形式をとって自分を「マズダ礼拝の王の王」と宣し、「ヤザドの種族のもの」としている［中世ペルシア語・一］。その上信心深く自らの即位を「オフルマズドとすべてのヤザド、貴婦人と呼ばれるアナーヒード」［同上・一〇］の意志に帰した。彼はまたナクシェ・ルスタムに自らの叙任場面を彫らせ、そこで再び、王冠をかぶってゆったりした上着を着た姿のアナーヒードから、王位を示す輪のようなものを受けとることで彼女への献身を宣言している。

イラン全土でのペルシア語の公用語化

ナルセはその碑文で、彼の支持者のなかに、ペルシア人貴族だけでなくパルティア人の名も記し、父シャーブフル一世にならって、二つの帝国の人民を一緒に描いた。それにもかかわらず、彼は自分の碑文にパルティア語版を付した最後の王となった。パルティア語やパルティア文字による個人的な短い碑文はわずかホラサーン南部の岩面に発見されただけであるが、そこはパルティア本土にあたるところであり、そのいずれも、四世紀以後のものとは考えられない。したがって、パイクリの記念碑建立の後まもなく、サーサーン朝はイラン全域でペルシア語を唯一の公用語として強制するという決定的な一歩を踏み出し、パルティア語で書くことを全く禁じたと考えられる。このことは、アケメネス朝ではアラム語が普及していたので必要なかったことだし、またパルティア語を同様に強制することは、アルサケス朝の統治とは性格的に合わなかった。

この政策は、ゾロアスター教にとっては、大きな重要性をもったものの一つであった。なぜなら、ザンドを含む信仰上の二次的な宗教文学すべては、その後、認められた唯一の通用語である中世ペルシア語で書かれるようになったことを意味したからである。全土にわたって強制された過程で、中世ペルシア語は、大量のパルティア語彙を含むようになった。

そこで、サーサーン朝初期の碑文の、純粋な中世ペルシア語やパルティア語と較べてわかるように、ゾロアスター教文献の言語は——いわゆるパフラヴィー語文献だが——、混合的なものである。パルティア語は、このように、通用しているペルシア語の主な要素として残ってはいるが、ゾロアスター教の二次的な文献が中世ペルシア語版でしか知られていないという事実は、パルティアではゾロアスター教が事実上存在せず、信仰は南の王国の守護のもとでのみ正しく生き残ったというような（サーサーン朝のもとで意図的に助長された）誤った認識を助長することとなった。

結　論

ペルシア人にとって、その言語が流布することは文化的勝利を意味していたから、王がパルティア語を使用した最後の記録があるナルセの時をもって、サーサーン朝初期が終わったと考えるのはもっともなことである。この時期は征服と革新の時期で、世俗的な分野ばかりではなく、宗教的にも新しい権威が強引に押しつけられた。偶像破壊や寺院の火の祭儀の発展、暦の改革、聖典について唯一の権威ある正典が確立されたというような当時の宗教政策のいずれも、教義を変えるものではなかった。そしてまた、（皮肉なことにこの王朝は、一般的には正統ゾロアスター教の創始者であり守護者であるとされているけれど）サーサーン朝は実際は、自分たちのズルワーン教の信仰を優先することによってゾロアスター教の信仰を弱めていたのである。しかしながら実際的には、ゾロアスター教教会は力を得て、統合され裕福になり、訓練をうけた祭司集団が絶えず数を増し続けることによって支えられた。そしてまた、外国の知識との遭遇による知的刺激も受けたのである。

第八章　サーサーン朝中期

ズルワーン主義の正統派の擁護

ナルセの孫のシャーブフル二世の治世は、三〇九年から三七九年までで、四世紀の大半を占める。彼は碑文を残していない。サーサーン朝後期には、アケメネス朝後期と同様に、そのような慣習は廃棄されたからである。ゾロアスター教史では、彼については主として二つの資料から知られる。その一つ、『ディーンカルド』にある信仰の伝授についての説明では、彼についてこのように言う。

王の王、ホルミズドの子シャーブフルは、全地方の人々を召集して、先入観なしに(?)言い伝えを調べ研究して議論をさせた。自分の意見を神判で確かめて、すべての異なるグループや学派(?)や宗派の人々に勝利したアードゥルバードは、以下のように宣言した。『我々は信仰の真実の姿を知ったからには、どの偽りの宗教に対しても寛容な態度はとれないだろう。そして〔真実の信仰には〕特に熱心になろう』。彼は実際そのとおりであった。〔『ディーンカルド』四一三・二―八、『ゼーナー前掲書』八〕

他の資料によると、ペルシア人大祭司アードゥルバード・イー・マーフラスパンドは、信仰についての自らの解釈を、胸の上に溶けた金属をそそいで生き抜くという昔からの神判を実行して、証そうとしたという。残念なことに彼がこれほど勇敢に支持した教義がどんなものであったかは、どこにも述べられていない。しかし彼が、サーサーン朝の諸王や当時のペルシア人大祭司と同様に、ズルワーン教徒であったことは確実であろう。というのも、（自分の娘の一人を「ズルワーンの娘」という意味のズルワーンドゥフトと名付けた）シャーブフル二世が、ズルワーン教の信仰をもっていたことについては、特に明白な証拠があるからである。

その証拠の大部分は、彼の宗教活動についての主な資料であるキリスト教徒の記録、なかでもシリア人の殉教者列伝から得られる。この頃コンスタンティヌス帝がキリスト教を迫害から解き放ち、それが事実上イランの最大の宿敵ローマ帝国の国教となったので、この王の治世では、宗教的敵意を強めるよう政治的配慮がされるようになった。したがってシャーブフルは自国内のキリスト教徒に、「我らの敵カエサルと感情をともにし」、軍隊に入って戦えないのだからといって、二倍の税金と貢物を課した。そのため、この時はもうキリスト教徒の支配下に入っていた小アジアで暮していたゾロアスター教徒も苦しめられた。シャーブフルは、以下のように訴えたゾロアスター教の祭司長たちに教唆されたものと思われるが、三二二年、実際にキリスト教徒の迫害に着手した。

ナザレ人は太陽を嘲笑し、火を卑しみ、水を尊ばないので、そのせいで私たちは太陽に仕えることも、大気を浄めることも水をきれいにすることも、大地を清浄にすることもできない。［ブラウン・一二］

この告発はゾロアスター教の四つの無生物の創造物を挙げているが、太陽はしばしばそうであるように火を表わしているが、大気はギリシア風に天空の代わりに入れられている。この訴えを聞いてシャーブフルは怒り、キリスト教の司教二人を面前に引き出させ、以下のように申し渡したという。

おまえたちは、私がヤザドの種族であることを知らないのか。そして太陽に祈り、火を尊ぶことを。……オフルマズドよりすぐれている神、その怒りがアフリマンより恐ろしいものとは誰のことか。賢明な人でありながら、太陽に祈らない人とは何者か。

司教たちが頑固なことがわかると、彼らは死刑に処せられた。また他の機会に、あるペルシア人のキリスト教徒が太陽や火を拝むことを拒否した時、シャーブフルは次のように言ったと伝えられる［同上・三〇］。

私は、全世界の裁判官〔ミフル〕である太陽に誓って、友である私にあなたがこのように強いる限り、おまえを殺して、この（キリスト教徒の）名をもつ者は誰も生かしてはおかないだろう。

迫害する方もされる方も決然としていたので、しばしば多くの血が流れた。モーバドつまりマギは、王の前にキリスト教徒を引き出すときに頻繁に登場し、モーバドの長の職務はその脈絡で言及されることが多い。審問についてはキリスト教徒の記録しか残っていないので、殉教者たちは常に尋問に対してすぐれた抗弁をしたことになっている。プサイは、シャーブフルのもとで死刑になったが、王のズルワーン教的信仰に鋭く一矢を報いている［同上・六七］。

もし陛下が「太陽も月も星もオフルマズドの子である」と申されるならば、それはなぜか。我らキリスト教徒は、サタンの兄弟を信じない。マギのいうところに従えば、オフルマズドはサタンの兄弟である。我々がサタンの兄弟に祈らない以上、どうして我々にこのサタンの兄弟の子供たちを認める必要があろうか。

これらの言葉は、ゾロアスターがあれほど明確に区別した善と悪を兄弟としてつなぐことによって、ズルワーン教がその教えをいかに根本的に裏切ったかを明らかにしている。

このような迫害は、この後、サーサーン朝を通じて間歇的に行なわれたし、時にはキリスト教徒の側の非妥協的な態度からひきおこされることもあった。二つの信仰の対決は、両者の外見上と実践上の違いを明らかにした。

ゾロアスターの物質的な創造のなかの「スプンタ」性質についての教えと、神の王国が地上に来るというヴィジョンとは、ゾロアスター教を現世的な宗教にしていた。これは、死後に対する希望をもっている点以外は、古代ユダヤ教とほとんど同じであった。しかしペルシア人キリスト教徒は禁欲的で、ほとんど一途に来たるべき生に思いをいたし、現世やその義務を喜びも含めて無視することによって、ゾロアスター教徒に衝撃を与えた。独身、瞑想的生活の尊重、無益な快楽の拒否、聖なる貧困どころか聖なる汚辱をも受け入れることなどは、ゾロアスター教徒には全く異質の信仰表明の形態であった。彼らと、サーサーン朝の迫害の犠牲者になることもあったユダヤ教徒との間にも深淵があった。

その神学上の相違の一面は、マグがラビに、神が「害虫や這うものたち」を創造したことをどう考えるべきなのかを質問したことで説明される。ラビの答えは、「神は害虫や這うものを、地上の人間を癒やす物としてこの世に創った」というもので、これでよりよく理解できたとはとてもいえない。ゾロアスター教徒と仏教徒との議論については何の記録も残っていない。キルデールの碑文を除いては、サーサーン朝の歴史についてのほとんどすべての資料が、西イランに関するものなので、仏教徒集団の迫害については何の言及もないのである。

シャーブフル二世の長い治世のあと、三人の王の短い治世が続いた。ヤズデギルド一世は、三九九年に王位を継ぎ、その治世の初期には、キリスト教徒に対する寛容さが目立ち、キリスト教徒は、彼を善にして祝福された者と讃えた。しかしゾロアスター教徒の伝承では、彼は「罪人」として知られている――これはおそらく、彼が異教徒に親切であったためであろう。彼の寛容な行為として知られているものの一つは、キリスト教徒に、死者を埋葬することを許したことである。

これは（ゾロアスター教徒の目からは）善いものである大地を穢すことである。ゾロアスター教徒の間での葬儀の慣習は、先行する二帝国の時代と全く同じ、つまり、王族以外は一般に風葬が行なわれ、王族は香詰めにした死体を墓所に置く方法を続けたと思われる。しかしながらアルサケス朝と同様、このことは（ゾロアスター教徒やアラブ・ペルシア語の）文献資料から確かめられるだけで、サーサーン朝の王の墓は未だ一つも発見されてはいない（王朝はその成員のための共通の墓所を設けなかったと記録されている）。

ヤズデギルドの治世の後半は、キリスト教徒が性急な行動を起こしたために、彼らに対する王の忍耐力が試された時で、王の方も彼らに厳しい態度で臨んだ。たとえば、あるキリスト教司祭が教会の近くに建っていた火の寺院を壊し、王の命令があっても再建を拒んだ次第、また他の一人が大胆にも聖なる火を消してその場でミサを司祭した次第が伝えられている〔ホフマン・三四―三八〕。そのような挑発を受けてさえも、ペルシア人が意識して正しい取り調べと審問の手続きを踏んだ後に、最後に死刑を宣告したことは注目に値する。

宗教的熱狂は、続くヤズデギルドの息子ワフラーム五世〔四二一―四三九年〕の治世の特徴であった。彼は、「呪われたマギの長ミフル・シャーブフルの意見に従って、父の時代に埋葬された死体をひっぱりだし、太陽のもとにまき散らさせた。この命令は五年間有効だった」と記録されている〔同上・三九〕。彼の治世の記録を残したテオドレートス〔三九三―四五七年頃〕によれば、ペルシア人は、ゾロアスターから「死体を犬や鳥にさらすこと」を学んだけれども、ペルシア人のキリスト教改宗者は「もはやこの慣習に我慢できなかった。埋葬を禁じるという苛酷な法を無視して、彼らは地中に死者を埋め、彼らを罰する人々の苛酷さも恐れなかった」と記録している〔セルモ・九・三五〕。

ワフラームの宰相はミフル・ナルセで、その一生についてはアラブ・ペルシア語で歴史家タバリ〔八三九―九二三年。イスラム世界を代表する歴史家。『諸預言者と諸王の歴史』などを著した〕が（明らかにサーサーン朝の資料に基づいて）述べている。これからわかるのは、ミフル・ナルセが戦場で名を挙げた隊長であり、ヤズデギルド一世によって宰相に任じられ、ワフラームやその子ヤズデギルド二世〔四三九―四五七年〕のもとでも、その職を保持したということである。彼は頭が良く教養もある敬虔なゾロアスター教徒であったといわれ、その私生活は信心と慈善の行為に満ちていたようにみえる。彼の生地であるパールスのフィルーザバードの近くに今もある石の橋には、風雨にさらされた碑文が建てられている。

この橋は、宰相ミフル・ナルセの命により、彼の魂のために彼自身が費用を出してつくられた。この道を通る者は誰でも、ミフル・ナルセとその子たちに祝福を述べるように。

彼がこの渡しに橋をつけたのは、そのためであったのだから。

ミフル・ナルセの三人の息子は、ここでは彼とともに名を挙げられているが、それぞれ王国の伝統的階級の一つの名義上の長としての高い地位をもっていた。つまりカルダールは「戦士の長」であり、ズルワーンダードは、タバリによると教会と法に仕えることになっていて（このことは、祭司と貴族階級の関係についての問題を提起している）、「ヘールバダーン・ヘールバド」の称号をもち、マー・グシュナスプは「牧者の長」であった。このような古風な称号すべては、全ゾロアスター教徒集団の長のモーバダーン・モーバドつまり「大祭司のなかの大祭司」とともに、この時期の産物とみられる。ミフル・ナルセはさらに、フィルーザバードの近くに、良い畑と果樹園のある四つの村を開拓した。彼は、その一つの村に、自身の魂のために聖なる火を、残り三つには三人の息子それぞれのための「名をとった火」を建立した。これらの火は明らかに、村の礼拝の中心となることを意図したもので、それらを維持しその祭司を任命するのは、ミフル・ナルセとその子孫たちの責任だった。

ミフル・ナルセがその息子の一人をズルワーンダードつまり「ズルワーンにより与えられた」と名づけた事実は、彼もまたズルワーン教徒であったことを示しているし、この異端の教義についての唯一の詳しい資料は、彼の時代のものである。ヤズデギルド二世は、アルメニアをキリスト教徒から取り戻そうと決意し、その住民たちに昔の信仰に戻るよう呼びかける宣言を出した。

もう一つの資料は、彼らに宛てて、ミフル・ナルセが述べたもので、アルメニア人著述家エリシェ・ヴァルタバードやファルブのラザルスにより書き残されたものはその要点と考えられる。そのなかでは偉大な神ズルワーンは、天地より前から存在したといわれ、彼の双子の息子オフルマズドとアフリマンについての神話も語られている。その後はミフル・ナルセの叙述は正統派の線に沿っている。オフルマズドは、天と地と、その間に存在する善いものすべてを創ったと、彼は明言する。

一方アフリマンは、苦悩や病や死をつくり出した。「幸福、権力、栄光、名誉、健康な身体や美しい容貌、雄弁と長寿は、善い創造主の業《わざ》である……彼が死をつくったとか、善きものも悪しきものも同じく彼に由来するという人は間違っている」。

これに答えてアルメニア人は、悪の起源を神に帰すという問題を無視して、その代わりに分別ある論客のように攻撃に移った。

「我々はあなたたちのように、諸元素、太陽、月、風や火を礼拝したりしない。我々はあなたたちが地上や天において名づけたこれらすべての神々に供物を捧げたりしない……我々は……唯一の……神を礼拝する」。

シリアのキリスト教徒も同様に「邪悪なズラドゥシュトの信奉者たち」の宗教を、「偽りの神々や元素に仕える古くさいもの」であると特徴づけた。しかしワフラーム五世自身は、「彼は唯一の神を認めているのであって、残りは単に王の侍従のようなものでしかない」と答えた［ホフマン・四二］。

三つの偉大な聖なる火

このような伝道活動をする他の宗教と論争したということは、サーサーン朝以前にはゾロアスター教ではほとんど知られていない。この堅固な基盤をもち、はかり知れぬほど強力で、しかもその精神的な力をサーサーン朝における世俗権力のすべてによって支持されてきた信仰にとっては、そのようなことはほんの表面的な悩みでしかなかった。聖職者の見地からいえば、ゾロアスター教は広まり、繁栄を続けた。

パールスとメディアの二つの偉大な聖なる火が、アードゥル・ブルゼーン・ミフルの栄光に匹敵するきわだった地位を占めるようになったのは、この時期のことと思われる。パルティアの火は、（伝説では預言者とウィーシュタースパに結びつけられた）神聖きわまるものであったので、西方の祭司たちといえどもその崇拝をやめさせることはできなかった。

しかし彼らは、今やそれを彼ら自身の火より低い地位に置き、（パールスで燃えている）アードゥル・ファルンバーグが祭司の特別の火であり、（メディアの）アードゥル・グシュナスプが戦士の火で、アードゥル・ブルゼーン・ミフルは牧畜者や農民の階級に属する火であるとした。これは形式的な図式化でしかないが、西部の二つの火を熱心に売りだす根拠を与えたのであろう。

ペルシアの火もおそらく、他の二つの火と同様に、そのもとは、あまり業績の知られていないファルンバーグという人の「名をとった火」で、この名は「ファルナを通して、分け前

＝繁栄を得る者」を意味する。ファルナとは、アヴェスタ語のフワルナの一方言であり、中世ペルシア語ではフワラ（xwarrah）、ペルシア語ではハラ（khara）という。祭司たちは、この火の名声を高めるのにその名に含まれる要素を大いに利用し、時にはこの火を全くフワルナ神そのものと同一視さえした。アルダシール一世についての『シャーナーメ』の物語では［ワーナー訳・六・二二六］、サーサーン朝の創始者がこの寺院を訪れたといわれるが、これは明らかに時代錯誤であり、この火に関して信ずるに足る言及はすべて、サーサーン朝の中期か後期に属している。

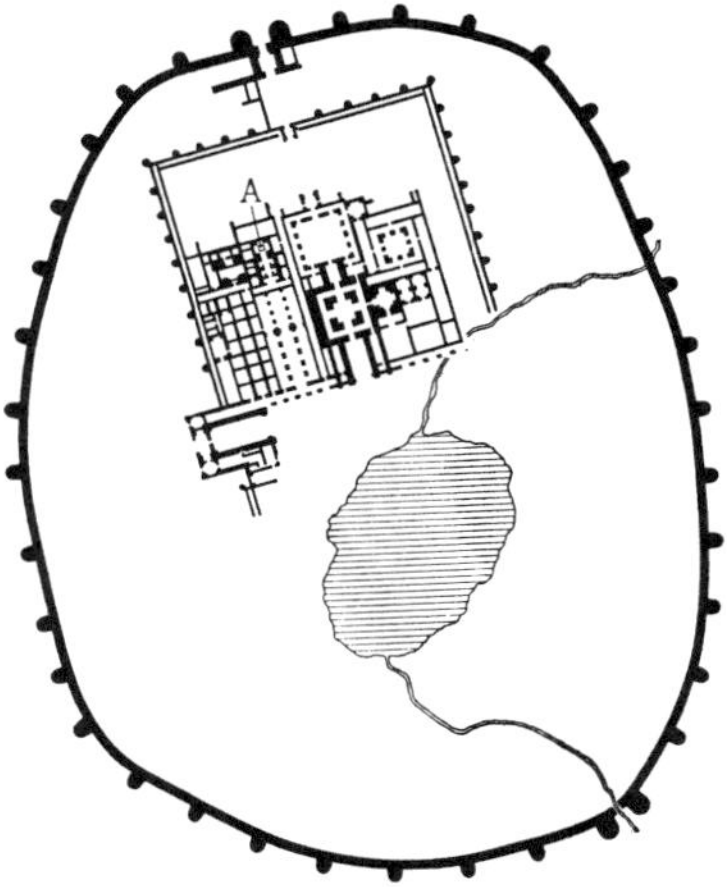

タフテ・ソレイマーン平面図

たとえばヤズデギルド一世は、ファルンバーグとブルゼーン・ミフルの双方に誓いをたてたというし［同上・三九二］、ビールーニーは、この王の曾孫ペーローズが「アーダル・ハラ」の神殿で、大旱魃が終わるよう祈ったと記している［同上・二一五］。最終的にパールスで編集されたパフラヴィー語文献『アルダー・ウィーラーズの書』の巻頭の章には、祭司たちの大協議集会が「勝利をもたらすアードゥル・ファルンバーグ」の寺院で行なわれたと記している。メディアの火アードゥル・グシュナスプについては、同時代の資料に一層多く述べられている。それは、一つにはこの火が三つの偉大な火のうちイランの西部国境に最も近く、外国人観察者の注目を集めたためであり、もう一つには、王が戦士階級に属していたので、祭司たちがこの火を王家の火だと推奨できたためである。

サーサーン朝初期の碑文では、この火は全く言及されていない。そして発掘によってわかったことは、それが四世紀末か五世紀初めにアゼルバイジャンのきわめて美しい場所に移されたということである。この場所は、ムスリムの時代にはタフテ・ソレイマーンつまり「ソロモンの玉座」として知られる丘で、その平坦な頂には、周囲の土地より海抜が高い湖があって、ゾロアスター教徒が、神や神の創造物である火や水を崇拝するのには完璧な場所である。丘の頂全体は厚い泥れんがの壁で囲まれており、北と南に入口があった。北側の入口から寺院の境内に通ずる道がある。境内はもう一つの壁で三方を囲まれ、南側だけが湖に向かって開いている。アードゥル・グシュナスプはここの内奥の聖所（前頁図のA）に安置されており、そこへ達するには一連の控えの間や柱のある広間を通らねばならなかった。

この「戦士の火」と王家はたいへんうまく結びつけられたので、王は戴冠式の後、（おそらく聖なる丘の麓から）徒歩でそこに巡礼するという習慣があったという。

アルサケス朝がアードゥル・ブルゼーン・ミフルに寄進したように、この神殿にはサーサーン王家が惜しげなく寄進した。それに関連して最初に名が挙げられるのは、ワフラーム五世である。タアリービーは、ワフラームが（ステップ地帯の遊牧民の一つであった）「トルコ人」つまりキオン族に勝利して凱旋した時、この寺院に、征服した首長の冠を寄進し、その妃や奴隷をここの従者とした有様を述べている〔五五九―六〇〇〕。『シャーナーメ』によれば〔ワーナー訳・七・一三八―一三九〕、この王は、自分の花嫁であるインド人の王女をそこの大祭司に委ねて浄めの儀式をし、ゾロアスター教に改宗させたこともある。この叙事詩には、ワフラームがサダやノールーズの祭の時にこの社を訪れたとも述べている〔同上・九四〕。

おそらく、信心深く熱心な王である彼が、はじめて、この聖なる火と王家との結びつきを正しく認めたのであろう。しかしこの遺跡から発見されたもののなかで、年代がわかる最古のものは、彼の孫ペーローズの治世〔四五九―四八四年〕のものである。

庶民も王にならってこの神殿を訪れたことはいうまでもない。そしてゾロアスター教のある文献には〔『サダル・ブンダヒシュン』四四・一八、二二〕、視力の回復を祈る者は、「金の眼」を作る誓いをたて、それをアードゥル・グシュナスプに送るべきだし、息子が賢明であってほしいと望む人は、そこに贈り物をするべきだとしている。ゾロアスター教の大聖所が、キリスト教の大聖地と同じように、一般の人の信心と巡礼の中心となり、その祭司たちが互いに張り合ってさまざまの伝説を広め、自分たちの火の神聖さを高めようとしたことは明らかである。春や秋には古代イランでも中世ヨーロッパと同じように、さまざまな華やかな巡礼団が見られたであろうことは疑いない。

典礼の改革

大きな聖所では、多数の祭司たちによって数々の礼拝行為が執行されたことだろう。そして、おそらくこの頃、ヤスナ祭式は、より深い感銘を与えるために長くされた。この作業は（後期アヴェスタ語のテキストを加えて、すでにかなりひき伸ばされていた）ガーサー語の「スタオタ・イエスンヤ」を、それぞれの儀礼をもつ他の典礼に加えたものであろう。この典礼とはつまりハオマ奉献式のことで（明らかに古いもので、おそらくゾロアスター教以前の時代に起源をもっているが）、後期アヴェスタ語に発達した典礼［特にヤスナ・九―一一］を伴なっていた。現在のヤスナ祭式にはこのように二種のハオマ調製法があり、両者はその儀礼がわずかに違うだけである。

しかしさらに発展すると、「すべての主」であるウィスペラド（Visperad）つまり、アヴェスタ語のウィースペ・ラタウォ（Vispe Ratavo）の祭式と呼ばれる特に長いものが、本来は七つの義務的聖日を祝うためのこの拡大されたヤスナから発達した。ウィスペラドは、あらゆるものの主としてのオフルマズドに捧げられている。それは実質的には変わっていないが、二十三の短いセクションを付加して拡大されたヤスナ祭式から成る典礼で、主として形式的でくり返しの多い祈願から成っている。拡大されたヤスナとウィスペラドは、今日でもなお祭司により敬虔に唱えられており、これらの祭式をつくりあげた信心の純粋さを疑う理由はない。しかしこのような発展はすべて、祭司にとってはより多くの仕事を、平信徒にとってはより多くの出費を意味した。このことは、帝国時代の裕福な貴族や商人たちには大して負担でなかっただろうが、信心深くとも貧しい者には次第に重い負担となっていった。彼らは、この時以来、特に大きな功徳があり、魂にさらに多くの恵みをもたらすと教えられたひき伸ばされた儀式の費用を払うために苦労することになったに違いない。

宗教書と王による宣伝

この時代を通して継続した信仰に関する行為のなかに、中世ペルシア語のザンド〔中世ペルシア語で、注釈の意〕を書写したことがあり、多数の二次的なゾロアスター教文献も作られた。現存のパフラヴィー語テキストのなかには、サーサーン朝やサーサーン朝以後に原著が作られたものの他に、明らかに遠い昔にできたものもあり、それらについてはかつては同じテキストのイラン諸語版が同時に存在したに違いない。その種の作品の二つ、『アッシリアの木（ダフト・アスリグ）』と『ザレールの偉業（アーヤドガル・イー・ザレーラン）』とには、事実、パルティア語の原作から翻訳された痕跡が見られる。このように中世ペルシア語訳本は、たいへん長い口誦の歴史をもつ作品が、最終的にこの文字で書き留められたにすぎないことがしばしばある。

ペルシア人の祭司も、信仰についての歴史的記録の乏しさを埋めるのに努力した。これと関連してサーサーン王家にも、アルサケス朝に対抗し得る偽の系図がつくられた。ペルシアの系図は、ダリウス大王の父がウィーシュタースパと呼ばれたという事実に基づいている。彼は、（まったく善意からだろうが）カイ王朝の同名の人物と同一視された。その後、当代の王朝の先祖を信仰の最初の後援者となった王にまで遡ることができるように、サーサーン朝自身とアケメネス朝の祖先との間には、全く創作による血縁関係がつくられた。このことには政治的な利点があった。

というのは、カイ王朝の血を主張することで、この南西地方の王は、北東部も支配できる古い称号を得たからである。この点は、北東のアルサケス朝が、偽系図によってペルシアのアルタクセルクセスの子孫だと称したことに対応している。しかも、新しいサーサーン朝の系図はこれらのペルシア人の王をカウィ・ウィーシュタースパと結びつけたので、彼らはウィーシュタースパに伴なった神の恩寵つまりフワルナの正統な相続人となり、どこにあってもゾロアスター教徒の正統な支配者であるように見えるという効果もあった。

この結果、アルサケス朝時代とは、嘆かわしい幕間以上の何ものでもなく、イランの合法的な君主の系統が中断したものとされた。これらのイラン人でゾロアスター教徒の王たちは、今ではアレクサンドロスほどではないにしろ、異邦人の侵略者とされるようになった。ペルシアによるこの宣伝は非常に効果的であって、この後もゾロアスター教徒集団や近代の研究者の間でのパルティア時代についての評価を決定したほどだった。その結果、一般的には、アルサケス朝は半ば異教徒であって、その時代、真の信仰はサーサーン家とともにペルシア人の砦のなかに隠されていたとされる。こうして、五百年も続いた栄光に満ちたアルサケス朝時代は、ゾロアスター教の歴史から効果的にすっかり拭い去られてしまった。

サーサーン朝の偽の系図は、四世紀には存在していたことが明らかである。それは『王書

（フワダーイ・ナーマグ）』と呼ばれる長い散文年代記の成立と結びついている。この書は範囲をイランだけに限って、関連のある一連の王朝の歴史としてみられた世界史を本来記述したものである。

最初の王朝は、祭司がペーシュダード（Pešdād）朝（つまりアヴェスタ語の「パラダータ〔paradāta〕＝最初に作られた」の訳）と名づけた。この王朝は、ガヨーマルドをその始祖とする神話的な「最初の人々」と文化をもたらした英雄とから成っていた。カウィ王朝がそれに続く（この二つは、「王族の捨て子が人知れず成長して……」という古色蒼然たる工夫によって結びつけられた）。アケメネス朝は、（わずか二人の王で代表されていて）事実上カウィ王朝の一部として扱われ、したがってカウィ王朝はアレクサンドロスの征服によって終わったとされた。

その後イランには二十ぐらいの地方の小君主がいるだけで、王の王はいなかった（といわれる）。これらのなかには、アルサケス朝の王名をもつ者も少数いて、アルシャク自身や、シーラーズとイスファハンの王で、パーパクをイスタフルの総督に任じた（と年代記ではされている）「アルダバーン大王」が含まれている。パーパクは夢で教示されて、アケメネス朝最後の王ダーラーの子孫で、その死後ずっと隠れていたサーサーン家の長い血筋の最後の者だという山の羊飼と自分の娘を結婚させた。アルダシールはこの結婚から生まれ、信仰を復興し、宗主権を再確立し、イランに力と栄光をもたらした。

この歪められた歴史がどの程度までサーサーン朝時代当時に信じられていたかは疑わし

い。しかし、何らかの効果をあげるためには、広く知られていなくてはならないことは明らかである。この歴史が公言され広められたのは、ヤズデギルド二世の子ペーローズ（四五九—四八四年）の時からだという。王子時代にペーローズはシースタンの総督であった。彼の父の治世に、混合した遊牧民のエフタル族が、北東辺境からイランを脅かしはじめた。

そこでサーサーン朝は、その地方の臣民たちに忠誠を強いる必要を真剣に考えた。ヤズデギルド自身は、七年の間宮廷をパルティア地域に移して、エフタル族に対抗しやすくした。ペーローズは引続きエフタル族と戦わねばならなかったが、数種の貨幣に「カウィ」という古い称号の中世ペルシア語形で、もともとは北東イランの王族の支配者だけが用いていた「カイ」を復活させて、東イランの人々の機嫌をとろうとした。

彼はまた自分の息子の一人をカワードと名づけた。この名は（最初のカウィ王）カウィ・カワータからとったものである。もう一人は（ウィーシュタースパ王の賢明な相談役であった）ジャーマースパの名をとってザーマースプと呼ばれた。これは『アヴェスタ』に出てくる名がサーサーン家にあらわれた最初の例である。ペーローズの息子カワードも、貨幣に「カイ」の称号を用いた。彼もまた、息子の一人をカウィ・ハオスラワにちなんでホスロウと名づけ、もう一人をカウィ・ウサンからカウスと名づけた。その後も最初のホスロウの孫はまたホスロウと呼ばれ、その息子は二代目のカワードになった。サーサーン朝後期を通じて、王朝はこのような命名によって、自分たちがカウィ王家の子孫であるという主張の正当性を強く主張し続けた。

ペーローズ自身は敬虔なゾロアスター教徒で、父と同様に不信心者を迫害したことからも、彼の宗教的熱狂が見てとれる。彼が行なったキリスト教徒への嫌がらせは、報復の面をもっていた。なぜなら彼は、ビザンツ帝国がその支配下にあるゾロアスター教徒を苦しめて信仰や法を守る自由を奪い、聖なる火を維持することも許そうとしないと不平を述べているからである。しかしながら彼の治世の末期になると、ビザンツ帝国で排斥されたネストリウス派キリスト教に対しては、ペルシアにおいて、厳格さはゆるめられた。

暦の改革

ペーローズの治世で、指導的なゾロアスター教徒がひときわ急務と感じたのは、宗教年暦の問題であった。アルダシールの時代に三百六十日から三百六十五日の暦に変って以来、一度も閏年がなかったので、毎年聖年は四分の一日ずつ確実に遅れてゆき、今やノールーズは春分と秋分のどちらからも遠い七月に祝われていた。

それに対して何らかの行動を起こすことが必要となり、そこで（日付は不明だが）王国の知識人から成る公会議が開催された。そして、ノールーズをアケメネス朝時代のように春に祝うことを復活しようという新たな一歩が踏み出されることになった。どのようにして改めるかは、非常にむずかしいことであった。そこで提案された解決法とは、暦の月を動かす代わりに、ノールーズそのものをフラワルディン月の一日からその時適当な月の一日に動かすことであった。実際の変更はペーローズの息子カワード一世のもとで、五〇七年と五一一年の間になされたようで、その年の春分の日は、九番目の月アードゥルの第一日とぶつかっていた。それ以後宗教的ノールーズは、アードゥル月一日に祝われるようになった。

六つのガーハーンバール日もそれぞれ場所を変えて、ノールーズに対しては前と全く同じ間隔をもつ祝祭日のセットを形成した。六番目のガーハーンバール日と一部重なるフラワシ日は八番目のアーバーン月の末に移された。サダもまたノールーズと一緒に動かさねばならず、第一のガーハーンバール日と関連して数えられていた預言者の命日も動かされた。こうしてこれらの祝祭日は「動く」年といわれる一年を形成した。「動く」年と呼ばれたのは六世紀のこの劇的な移動のためか、または百二十年ごとにまる一ヵ月の閏日を入れて、アードゥル月一日が春分より三十日以上遅れることが二度とないように動かし続けられたためである。残りの祭は、ゾロアスターにより定められたこの七つの祭より宗教的重要性がはるかに低いので、暦のもとの場所におかれたままで、四季を通じてほとんど意識されないままに遅れていった。

サーサーン朝で二度目の暦の改革はこのように信心から意図されたものだが、そのもともともっていた複雑さが増したので、はじめの純粋に実用的なものと同じように長い間にはその効果が損なわれてしまった。したがって人々は、「祭司のノールーズ」と呼ぶ宗教的な「新年」をアードゥル月一日に忠実に祝うことを学んだものの、フラワルディン月一日をノールーズとして祝う伝統を捨てることができず、実際の一年はこの日に始まり、王の戴冠式もこの日に行なわれた。こうしてノールーズは四度祝われることになり、その祝祭は簡単なものも大々的なものもアードゥル月の一日と六日、フラワルディン月の一日と六日に祝われるようになった。このことは、祭とガーハーンバールとの関係や、七つの大祭の教義上の意義についての一般的な認識を一層曖昧にしてしまった。この七大祭をすべて祝うことは、後世のゾロアスター教文献でも、すべての信者の不可欠の義務であるとされたが、祭日はそれぞれ「ラピスウィン」と「ガーハーンバール」と呼ばれて、それを守ることは二種の別々の義務であった。

パフラヴィー語のテキストは二番目の暦の改革ののち書かれたか訂正されたかしたので、復活とフラシェギルドの観念との関わりで、春の意味を大いに強調している。九世紀の著作のなかで、ある祭司はこう述べている。

フラシェギルドを行なうことは、一年のうちで春に木々が花をつけるようなものである。……死者の復活と同じように、新しい葉は枯れた草や木から萌え出し、春は花開く。
[『ザードスプラムの選書』三四・二七]

更新という感覚は、ノールーズの祝いに特徴的なもので、その時は新しい衣服、新しい季節の食物が用意された。

この日を吉兆で始めるための種々のもののなかには、清浄で新鮮なミルクを一口と新鮮なチーズとがあった。ペルシアの王は皆、それを祝福として食べた。王はまたその朝「新鮮な、皮をむいたインドの木の実をまぜた白砂糖」を食べた。この七番目の祭のために、この聖日当日に新鮮な緑の葉をつけるように七種類の種を植える習慣があった。

大麦の育つ光景は、王には特に祝福すべきものとみなされた……そして（これら緑の新芽の）収穫時には必ず歌や音楽や陽気な騒ぎが行なわれた。［エーリッヒ・九九―一〇一］

音楽についてはノールーズとの関連で語られることが多く、「いかに王の宴会が豪奢といえども、他にもそれに劣らないものがある。……誰もが家から野に出てゆく……すべての庭や畑や川から流れてくる各種の音楽が耳を慰める」［『ヴィースとラーミーン』二〇］。

マズダク教徒の運動

サーサーン朝の祭を詳述したものをみると、当時のゾロアスター教徒が中世のキリスト教徒と同様に、快活で信心深かったことがわかる。しかし彼らにとっても、宗教上の守るべき勤めが増大し続けることは、聖職者数の増加や莫大な寄進や経費の要求とならんで、大きな負担となったことだろう。さらに、この時期になると教会は大土地所有者となり、その広大な土地では農奴と奴隷が働いていた。そのため身分の低い者の目から見ると、強欲な聖職者と貪欲な豪族との間に差違はほとんどなかったであろう。

五世紀末頃のマズダク教運動の成功は、こういった状況に照らして考えなければならない。指導者マズダク・イー・バームダードは、主としてマニ教に基づく信仰を説いた初期の信仰上の尊師の教義を採り入れたものと思われる。確かにマズダクの広めた教義は、マーニのペシミズムや禁欲的性格をもっていたし、穏やかで道徳的なところも似ていた。

人は殺したり、肉を食したりしてはいけないとし、親切や忍耐や同胞愛によって、この世の暗黒に光明を増やすべきであるとされた。友愛を増し、欲望や嫉妬の原因を減少させるために、マズダクは所有物の共有を求めたが、このなかに女も含んだことで非難された。ゾロアスターは精神的平等を教えたにもかかわらず、サーサーン朝の法では、女性は実際はその最も近い男性親族——父・夫・兄弟または息子——に属するものとされていた。

そしてマズダク教徒の、彼女らを教団の共有財産としようという要求は、本来は、（しばしば強制的にであったろうが）王や貴族の大きな後宮に連れ去られた娘や姉妹を解放したいという貧者の望みから発したのであろう。（祭司や貴族が免税されていたので主たる納税者となっていた）農民や職人が一般的にもっていた財政的負担の軽減や公正さを求める気持が、マズダク人気の大半を構成していたとみなされるだろう。裕福な者たちにも、この頃、ゾロアスター教の健全な倫理に代わって、禁欲主義へと流れる一つの潮流があったと思われる。さらにマズダク自身も、明らかに説得力のある説教師であって、ちょうどマーニがシャーブフル一世の傾聴を得たと同じように、ペーローズの子カワード一世の関心をとらえた。

ペーローズ自身は、四八四年エフタル族との戦いで命を落とし、四八八年カワードが王位についた。彼はかつて二年間、エフタル族に人質にされて、その成員間に比較的独立、平等が認められている半遊牧社会を知り、その経験を通して彼は、マズダクの提言するイランの社会改革を好意的に見るようになった。

そうすることで帝国は、おそらくこの手ごわい敵に対抗する力を得ることができると考えたのだ。大部分の貴族と指導的聖職者たちは当然新しい動きに強く反対し、マズダクはパフラヴィー語文献では異端の最たるものとして描かれている。

それにもかかわらず、彼の教えは、財産の没収と女性の誘拐（もしくは解放）によって全土を揺るがすのに充分な支持を得た。しかし既存の権力が力を合わせたためにこの動きはおおむね押えつけられ、カワード自身は四九四年廃位されて、弟のザーマースプが即位した。カワードはエフタル族のもとへ逃げ、彼らに助けられて復位できたが、その後彼はマズダク支持をやめ、この新しい信仰に執着していた長男のカウスではなく、第三子ホスロウを後継者として指名した。

ホスロウは国教を熱心に護持したことにより「アノーシラワーン（Anōšīravān）＝不滅の魂をもつ」という称号を得た。カワードの治世の終り頃の五二八年、ホスロウは王の命でマズダクのために宴会を催し、その席でこの預言者と多くの信奉者を殺戮した。マズダクの運動はこうして実質的に消滅したが、その影響は生き続けて、イスラム教が到来すると、種々の奇妙な宗派を育てることとなった。

第九章　サーサーン朝後期

「義者」ホスロウ

ホスロウ・アノーシラワーンは、五三一年に即位してから、ほぼ半世紀にわたって在位したが、サーサーン朝で最も有名な王である。その理由はいくつかある。彼は強力な支配者であったうえ、その治世が王朝の後期だったため、比較的多くの記録が残されていることである。またマズダク教運動とその騒乱のせいで、彼には並はずれた数の法律を制定する必要があった。さらに、彼の治世にムハンマドが生まれたこともある。これは、ゾロアスター教には憂うべき出来事だったが、このためムスリムの歴史家はホスロウに特別の興味をもったのである。

アラビア語文献のなかに、ホスロウに関しては、『アノーシラワーン伝』と呼ばれる短い書物の翻訳が残っている。これは彼の思想や行為を記録しようとしたものである。それを見ると、いかにして彼が「義者」という二番目の通称を得たかを知ることができ、彼の行動を支えた原則がどのようなものであったかが述べられている。

神が私に与えてくれたすべての恩寵のゆえに……私は神に感謝する……得るものが多け

れば、その代償である義務感も深い……そして私はその感謝を言葉でも行ないでも表明すべきだと考えているので、神を最も歓ばせる行ないの道をさがし求めた。それは、天空や大地を存在させつづけ、山々を不動にとどめ、川を流れさせ、大地を清らかにしているもの、つまり公平と公正さのなかに在ることを知った。［『アノーシラワーン伝』リナスキ訳・二六］

もしこの公平と公正というアラビア語二語の代わりに、アヴェスタ語の「アシャ」を置いたならば、人間の義務とは、大宇宙の法則及び道徳律を守ってアフラ・マズダーのすべての良き創造を維持するのを助けることだと確言しているこの発言が、いかに真にゾロアスター教的であるかが明らかであろう。この言葉は、その精神においてまさにガーサー的であり、威信や見識の点では、千年も前に刻まれたダリウス大王の碑文に匹敵する。

しかしながらサーサーン朝の王にとって、公正さとは、社会的平等とは全く関係がなかった。ホスロウは、昔の固定した社会構造を修復し、謀反人や不満の徒を神によって定められたと彼が信じている場所に断固として追放した。しかしその後は彼は農民や職人を不法な取りたてから守ろうと努め、（『アノーシラワーン伝』によれば）このことを、ゾロアスター教徒集団の長であるモーバダーン・モーバドの監督に委せた。彼の治世を通じて、ホスロウは聖職者と密接に協力した。彼は堅い信仰をもち、体制を熱心に保持したので、『ディーンカルド』の信仰の歴史において名誉ある地位を獲得した。そのなかには同時代の資料に基づき、彼に捧げられた長い文章があり、その一部は以下のようである。

今上陛下、王の王、カワードの子ホスロウは、この宗教の教えに従って、異端や邪悪な支配を完全に抑えた後で、四階級の内部でのあらゆる異端に関して詳細な知識を得、調査をするよう大いに勧めた……そして諸州会議で次のように宣言した。「マズダー礼拝の宗教が真理であることは確認された。賢明な人は、討論によって確信をもってその事実を確立できよう。しかし、本当は、討論によってではなく、良い考え・言葉・行ないによって、最善の霊の導き・純粋に聖なる言葉に従ってなされるヤザタへの礼拝によって、効果的かつ進歩的な宣伝がなされるべきである。オフルマズドの祭司長たちが宣言したことを、我々も宣言する。なぜなら我々の間で、彼らは霊的な洞察力をもつことを示したからである……イランの王国は、マズダー礼拝教の教義に基づいて発展してきた。それは、我々の先人が全世界のためにと集めた知識を総合したものである。我々は他の信念をもつ人々と争いはしない。我々は、口誦だけによる伝承によっても、記述された記録によっても、書物や覚え書によっても、アヴェスタ語で、解釈を通しては共通語でも、かくも多く(の真実)を所有しているからである——簡単にいえば、それは、マズダー礼拝教の知恵のすべてである」。[『ディーンカルド』四一三・九—四一四・六、『ゼーナー前掲書』八—九」

これらの言葉に見られる寛容の精神から、これがホスロウの治世でも後期に述べられたことがわかる。その頃にはもはや、国教は再びしっかりと確立されていたから、初期にマズダク教徒にみせたような苛酷さの必要はなかったのである。彼の『アノーシラワーン伝』の次の文もまた比較的寛大なところを見せている。

モーバダーン・モーバドは、彼が名をあげた数人の貴族の事件に我々の注意を向けた……これらの貴族たちの宗教は、我々の預言者や信仰の賢者たちから伝えられたものとは違っていた。〔モーバダーン・モーバドの警告によると〕、これらの人々は秘かにある宗教に改宗していて、他の人々にもそれを受け入れるようすすめている……私は、これらの異端者たちを自分の前に連れてくるように命じて、彼らと議論した……その後、私は、彼らを私の首都、私の国、私の帝国から追放すべきであると考え、彼らと信仰をともにする者たちも皆彼らに倣うことと命じた。〔リナスキ訳・一八―一九〕

『アノーシラワーン伝』に描かれたもう一つのエピソードで〔リナスキ訳・一九―二〇〕、ホスロウは、コーカサス地域のハザール族（この頃、北からの脅威となっていた遊牧民でトルコ人であった）への遠征の最中に多数の侵略者たちの自発的な降伏をどのように受け入れたかを述べている。国境内に定着した人々は、その地域の防衛を委ねられた。その時、「私は祭司に、寺院を建てるよう命じた。私は祭司たちに、この世において王への服従がもたらす直接的な利益とあの世で与えられる報いのために、我々の支配下に入ったトルコ人を教化する使命を与えた。私は彼らに命じて、トルコ人に我々を愛し、正直で忠実であり、我々の敵と戦うという義務を教えこませた。そして（彼らに命じて）若者たちに我々の信仰と祭式を教えるようにした」。

この命令は、もともと政治的な動機に発していたけれど、これら非イラン人が教化されてすすんで改宗した場合には、彼らをゾロアスター教の仲間に受け入れることには、明らかに何の抵抗もなかった。

『アヴェスタ』の筆写

『ディーンカルド』の一節は、口誦および記述による『アヴェスタ』の伝達に関して述べられている。というのは、この頃までに、姓名不詳の天才的なゾロアスター教祭司が、「アヴェスタ」文字を発明して、どのようにして聖なるテキストを書き留めるかという問題を解決したからである。この文字はすぐれた特色をもつ優美なもので、サーサーン朝中期に書かれたパフラヴィー文字に基づいたものである。しかしもとの二十文字より少ないどころか、これは四十六文字もあって、新しい文字はパフラヴィー語の字体を修正して創り出されている。アヴェスタ文字は、あらゆる母音と子音を表わすことができ、事実、その正確さのため今日の「国際発音記号」と比較されている。『アヴェスタ』を書き記すことにおいて、聖なる音を正しく表わすことが不可能だという実際的な見地からの大きな反対は、こうして最終的に克服されたのであった。

この新しいすぐれた手段で、ペルシア人の祭司たちは残存するすべてのアヴェスタ語のテキストを記録しはじめたが、その時に他のペルシア人祭司たちにテキストを読みあげさせたとみられている。というのも、タンサールの時以来、聖典の正典を守るよう任じられたのは彼らペルシア人祭司たちであったからである。彼らは当然、その当時パールスで受け入れられていた聖職者のアヴェスタ語の発音を用いた。これは、他の地方のものとはいくらか違っていたに違いない。しかし、中世ペルシア語そのものを、『ガーサー』ばかりではなく、『後期アヴェスタ』からさえも隔てていた時間と空間の広大さを考えるなら、全体としてこの聖なる言語がいかに忠実に守られたかは、讃嘆するしかない。

サーサーン朝の正典に入れられなかったアヴェスタ語のテキストが、六世紀にどこかに存在していたかどうかを知ることはもちろん不可能である。しかし、ゾロアスター教徒の研究者は一般に、何かを選びだすというよりはむしろ集めてまとめる傾向が強いので、そのようなことはなかったように思える。全部を書き記すのにどれほど長くかかったかはわからないが、九世紀の書によると、「ホスロウ・アノーシラワーン、王の王、カワードの子の評議会で」、モーバダーン・モーバドでウェー・シャーブフルという人が、「二十一部から成るものを刊行して、そのことはすでに定められていたので同意された」［ベイリー訳・一七三］といわれる。

サーサーン朝期の『大アヴェスタ』は、アフンワルの祈りの二十一語に対応して二十一

「ナスク（巻）」で編集された。各ナスクはその後、七巻からなる三群に分けられた。第一群は『ガーサー』とそれに関係のあるすべてのテキストを含み、第二部は学問的研究の所論、第三部は（『ヴェンディダード』のような）祭司の教育のための論文、法律書、その他諸々のものがあり、そのなかに、ヤスナを長くするための材料として苦心して集められたけれども、祭司による日常の祭式では唱えられないヤシュトも含まれていた。

そのなかで最も長く、最もよく保存されているのは、人が死んだ時や葬式の時に必ず唱えられた『ファルワルディン・ヤシュト』と、ミフルやアナーヒードのものである。サーサーン朝で最も愛されたヤザドである「アルドウィズール・アナーヒード」への讃歌を、一つ以上のヤシュトに見られる「浮動」詩句の使用や、特にアシのような他のヤザドへの讃歌からの借用によって、できる限り長くしようとした形跡がみられるのも驚くべきことではない。

二十一ナスクから成る『大アヴェスタ』の公会議で、刊行に言及している一節は、この大部の書物の写しが、諸地方の指導的な祭司たちに送られたこと、おそらく一時は、パールスとメディアとパルティアとシースタンに、少なくとも計四部が存在したことを暗示していると思われる。各々は、多分、火の大寺院付属の図書室に保管されて、祭司の学者たちによって研究されたであろう。しかし明らかに、『アヴェスタ』の筆写は、普通の家庭付祭司には直接的な影響をほとんど与えなかったし、平信徒に対してはなおさらであった。教徒集団としてゾロアスター教徒は、書かれたテキストの必要も知識もなくて、父から子に暗誦して伝えられた言葉で礼拝し祈り続けた。

パフラヴィー語文献

しかしながら、祭司の学者たちは、書かれたテキストを保有することから生じた新しい豊かな可能性を熱心に利用したとみられる。『大アヴェスタ』は、この頃には同様に（表意文字をもつために まだ欠陥のあるパフラヴィー文字であったが）全部書き残されていた中世ペルシア語のザンドを伴なっていた。諸活動のなかでも、自分たちの同僚やおそらく貴族の平信徒を教化するため、彼らは、このザンドから特定の問題をとりあげて、抜粋し編集した。そのような作品のうち最も重要なものは、『ブンダヒシュン（創造）』で、『ザンド・アーガーヒー（ザンドからの知識）』とも呼ばれた。これは何世代にもわたって付け加えられたり再編集されたりして、最後には三つの主テーマをもつ長い作品となったものである。その三つとは、創造、地上の創造物の性質、サーサーン朝の祖先と仮定されたカウィ王朝のことである。

読み書き能力が普及して、その他にも多くの短い宗教的（及び世俗的）教育のための著作（そのほとんどが、今日では題名しか知られていない）が、サーサーン朝後期にはつくられるようになった。遠い過去や、サーサーン朝当時の有名な聖人たちの金言集は人気があった。ある金言には現世の知恵が、他の金言には道徳的教えが含まれていて、中世ペルシア語では「アンダルズ＝教訓」といわれた。この古い形式の文学から発展したとされ、おそらく六世紀につくられた重要な作品は、『ダーデスタン・イー・メーノーグ・イー・フラド（知恵の霊の判断)』である。ここで質問者は、ゾロアスター教の真理を確立しようとして、知恵の霊自身からの教示をうける。知恵の霊は以下のように述べる［五七・四―五］。

本有的な知恵である私ははじめから、オフルマズドとともにあった。そして創造主オフルマズドは、本有的な知恵……の力をとおして、天や地の創造のヤザドやその他すべての創造物を創造したし、維持し導いている。

それからこの霊は、信仰の基本的な教義について質問者を教化し、その人生を導く道徳律を示し、種々の領域で『アヴェスタ』から得られる伝統的知識について簡単に要約する。全体を通して、確固として二元論が強調されている。「ヤザドは人類に良いものだけを与え、アフリマンとデーウは悪以外何も与えない」［五二・一五］。信者にとって必須の義務のなかに、「連れだって進んでいる太陽とミフルに向って」日に三度祈り、ガーハーンバールを祝い、「フウェードーダ」を行ない、ヤザドを礼拝するが聖像崇拝は行なわないように命じられている［五三・三、四・五、二・九三］。これらのことは、自らの勤勉な労働によって創り出された資力でされねばならず、また旅人に宿を貸し、貧者を助け、すべての善い人々に善意を示すのもその資力によるべきであるとされた［四・六―八、二・四二―四四］。

明瞭で簡単な言葉で書かれたこの書は、特に平信徒向けに述べられたものである。また他の資料によると、サーサーン朝後期になると平信徒でも教育のある者が現われ、宗教的事柄について充分な基礎知識と関心をもっていたことが知られる。『ホスロウと小姓』と呼ばれる小さなテキストには、ホスロウが、（父が貴族で母は大祭司の娘という）ある良家の若者が小姓としてふさわしいかどうか調べるために、その学識を問うところが描かれている。少年の答えは、彼が食物やワイン、音楽や詩、香料、花、女や馬についての判定を下せることを示していて、豪奢で洗練された歓楽に満ちた世界を彷彿させる。しかし王は健全な宗教教育の成果も求めた。

年頃になると、私は学校（フラハンゲスターン）に送られ、とても勤勉に学問に励みました。私は『ヤスナ』や『ハードーフト』、『ヤシュト』や『ヴェンディダード』を祭司のように暗記し、一節ずつ『ザンド』を聞きました。筆記の能力についてはその技術を熟知している良い書き手であると同時に、速い書き手です。［ベイリー訳・一六〇］

「フラハンゲスターン」とはおそらく一般教育の学校のことで（フラハング〔frahang〕は単に「教育」を意味する）、祭司のための特別な「ヘールバデスターン」や書記のための「ディビーレスターン」とは別のものである。

この創作的な一節に見られる主張と似たものは、ミフラーム・グシュナスプという、ペルシア人貴族でありながら、キリスト教に改宗し、聖ギワルギスとなって、六一四年、ホスロウ二世のもとで殉教した人物の実人生にも見られる。ミフラーム・グシュナスプは、サーサーン朝の王族と父方でつながり、母も大祭司の娘であった。若い時孤児となり、彼は父方の祖父に育てられた。この祖父は平信徒ではあったが、(キリスト教の伝記作者の述べるところでは)早くから彼に「ペルシア文学やマギの宗教の素養を身につけさせたので、彼は七歳にして早くもヤスナを唱え、バルソムをもつことができた……こうして彼の能力についての風評は、〔ホスロウ一世の子〕王の王ホルミズドの耳にまで届き、彼は宮廷に呼びだされて、マギの宗教のものを何か唱えるよう命じられたほどだった。彼はただちにそれに応えた」。王は喜んで彼を小姓にした。のちに彼は敬虔に「フウェードーダ」婚を結び、姉妹を妻とした〔ホフマン・九三―九五〕。

宗教上の守るべき勤め

ミフラーム・グシュナスプの姉妹が彼と同じほど立派な教育をうけたとは思えないし、女性が書くという貴重な技術を獲得できたとは考えられない。しかし裕福な婦人は、吟遊詩や娯楽物語ばかりではなく、家庭付祭司が教化用の書物を声に出して読むのを聞いたであろう。

資料によると一般的に、貴族と指導的な聖職者は、宗教に関しては共通な点が多かった。前者は聖典を学んだり、いろいろな義務を守ったりする余裕があり、後者はそれらを、職業的知識や義務の一部としていた。商人や小売商人や小地主のような中産階級については、何も知られていない。しかし文学に時々登場してくる貧しい者は細かい規制を受けていたけれど、敬虔でもっと素朴な宗教生活を送ったことは明らかである。たとえば、王や貴族の場合、私的な礼拝行為においても、バルソムが必要不可欠であったが、貧者は、表立っては決してバルソムを使うことはなかった。それにもかかわらず彼らの敬虔な行為の価値は、王や貴族より大きいとはいえないにせよ同じであると強調された。

たとえばある物語において、ホスロウ・アノーシラワーンは、ある年、身分を問わず彼の家臣をすべて招いて、大々的に六番目のガーハーンバールを祝った様子が語られている〔『リヴァーヤット』ダバール訳・三二五〕。しかし、彼の夢で、より多くの徳があるとされたのは、貧しくてこの宴に出られなかった男が、自分の家の戸を一枚売ってお金をつくり、神をほめたたえるために自らを無一文にして（王にはその必要がなかった）、できる限り最上のガーハーンバールを祝ったことであった。

その規模こそ違ってはいたが、誰もが実践した宗教上の特別の義務の一つに、「ワージュを行なう」ということがある。「ワージュ（vāj）」（ペルシア語で「バージュ〔baj〕」）とは単に「言葉」とか「言葉にすること」を意味している。この習慣はいろいろな宗教儀式の前だけでなく、食べたり寝たり入浴したりの種々の日常の営みの前に、アヴェスタ語のモンスラを唱えることを含んでいた。

ワージュは、行為の間中沈黙していることによって「保たれ」、その後また別のモンスラを唱えると「解き放たれる」。それは、各行為を、聖なる言葉を楯として安全に囲むことを目的としており、普通の会話がはいりこむと、その効力は破壊されるといわれた。それに関連する行為とは、（食べることや飲むことのような）ほとんど秘跡的なものか、行為者を悪の力による危険にさらすようなものであった。「ワージュを保つ」のに必要な自己修練は厳しかったが、平民も祭司たちもこれを熱心に守り、追われて命からがら逃げている時とか、暗殺者がひそんでいるというような極限的状況にある時でさえ行なわれたという伝えがたくさんある。

あるゾロアスター教徒は、同信徒の一人たりとも、「ワージュを行なわなければ、たとえ渇きに苦しめられても、一滴の水も飲もうとは思わないだろう」と、ビザンツ皇帝に説明した〔『シャーナーメ』ワーナー訳・九・三四〕。ビザンツの王子がホスロウ二世に自分の宗教を受け入れさせようと謀った時、王は次のように叫んだという。

神は、私がこの地上の選ばれた純粋な主であった父祖の信仰を捨て、キリストの信仰に入ること、つまり食べる時にワージュを行なわなかったり、キリスト教徒になったりすることを禁じている。〔同上・八・三二〇〕

（パフラヴィー語文献以外には）ほんの断片的にしか伝えられてはいないが、浄めの法もまた身分を問わず一般的に守られていたことは確かである。前述のように、ワフラーム五世は、インド人の花嫁を家に入れる前に、（バラシュノムを含む）浄めの法を行なうようアードゥル・グシュナスプの大祭司に託した。サーサーン朝には、妃や妾としてユダヤ人やキリスト教徒や異教徒トルコ人を含む外国人の女が多くいた。これらの女性が自身の信仰を守ることには何ら障害はなかったようだが、彼女らはすべて、ヒンドゥーの王女のように、王自身の清浄さを損なわないよう、ゾロアスター教の浄めの法を受け入れ、守らねばならなかったに違いない。

「マギの宗教」では、このことに最大の重要性がおかれていて、月経期には婦人は隔離され、火やろうそくを見ることすらなかったとキリスト教徒は伝えている。そして、ミフラーム・グシュナスプの姉妹である妻がキリスト教を受け入れた時、その祖先の信仰を否定する象徴として、月経期間に火の容器を取り上げて地上に投げつけ、その火種を足で踏みにじったという。これは、ゾロアスター教徒にとっては二重に致命的な罪であった［ブラウン訳・九九］。

この女性の改宗の理由は、何ら知的なものでも精神的なものでもなかった。彼女はたまたま病気になり、ヤザドに神水や祈りを捧げたが効果なく、キリスト教徒のように断食することに決めたら癒ったので、改宗したのであった。しかしながら、ミフラーム・グシュナスプは確信をもったキリスト教徒で、かつての信仰に対する精力的かつ過激な反対者となった。彼とマグの間には、次のような趣旨の議論があったと記録されている［ブラウン訳・一〇九］。

マグは次のように言った。「我々は、いかなる意味でも火を神としているのではなく、あなたたちが十字架に対するように、ただ火を通して神に祈っているだけである」

ミフラーム・グシュナスプ「しかし、我々はあなたたちが火に向かって言うように、『我々は、十字架・神であるあなたに祈る』とは言わない」
マグ「そんなことはない」
その時十分な教育をうけたミフラーム・グシュナスプは、聖典を引用して、「『アヴェスタ』では、それ〔火〕が神であるとされている」と言った。
追いつめられたマグは、そのはじめの立場を放棄して言った。「我々は、火がオフルマズドと同じ性質のものであるから尊ぶのだ」
ミフラーム・グシュナスプ「オフルマズドは、火がもつ性質のすべてをもっているのか」
マグ「然り」
ミフラーム・グシュナスプ「火は、糞や馬糞、簡単にいえば与えられるものは何でも燃やす。オフルマズドが火と同じ性質なら、彼もまたそのようなものすべてを燃やすのか」。彼はさらにたずねた。「なぜ、あなたたちは石や木やその他のもののなかに隠されている火は礼拝しないのか。あなたたちは、まず火を取りだして、それから祈る。その間に、あなたたちはまずその火を礼拝に値するようにするのであって、あなたたちなしには火はそれに値しない。しかしいずれにしても何の違いもない。というのは、火は供物をくれるマグと、崇拝してくれぬ人との間に区別ができず、どちらにも関係なく燃えるからである」
マグはこの攻撃には沈黙してしまったという。しかしマグは世俗権力を背景にしていたので、最後にミフラーム・グシュナスプは王の命により死刑に処された。

王に支持されたゾロアスター教会は、信者の生活のほとんどすべての面を支配した。聖職者が法の解釈や行使もしたという事実は、信者に大きな影響を与えた。法律書の『マーディガーン・イー・ハザール・ダーデスターン』には、聖職者が平信徒の犠牲の上に権力をいかに濫用したかが示されている。その一つ［モディ編・三二］に次のものがある。はじめは全財産を妻や子に遺そうとしていたある男が、おそらく死の床で熱心な祭司に説得されて新しい遺言をつくり、結果的にすべてを聖なる火に寄進しようとしたので、その家族は管財人として、残余の収入だけしか得られなくなってしまうところだった。しかしながら、彼は二番目の遺書に署名する前に死んだので、妻や子が財産を相続することができた。ある個人かディーワーン・イー・キルダガーン（サーサーン朝の宗教上の寄進に関する官庁）のようなところが、この事件を法廷にもちこみ、「聖なる火の維持は不可欠であるので、妻や子から財産をとり返して、聖なる火に与えられねばならない……（遺言が）封印されていなくとも、実際はその内容に従うべきである」という判定が下された。サーサーン朝ペルシアの祭司である法律家が、公正で公平であろうとしなかったと想定する理由はない。しかしこのような事件は、時には平信徒も、本能的に俗よりは聖を優先する聖職者たちの法廷で客観的な審理を受ける時に、困難を感じることがあったに違いないことを明らかにしている。

この訴訟における聖なる火とは「小さな火」のアードゥローグで、これは比較的わずかな費用で維持できた。しかし大きな火のアータフシュ・イー・ワフラームには、多くの奉仕者が必要であるばかりでなく、きわめてたくさんの燃料を消費した。それらは、二十四時間赤々と燃やし続けられたからである。当時のユダヤ教の文献に、あるラビが自分の所有していた森を火の寺院に売ったことを、同信徒に非難されている。いずれにせよサーサーン朝末までに、ゾロアスター教は多くの大神殿やこみいった儀式や慣習、聖職者への寄進や犠牲や供物のために、国富の大消費者となっていたことに疑いはない。

イランでのゾロアスター教の最後の日々

しかしながら、サーサーン朝ペルシアは、戦争で疲弊したとはいっても、きわめて裕福であった。ホスロウ・アノーシラワーン自身は何年も戦場で過ごし、ついにエフタル族との係争に終止符を打って一方の国境線に平和を達成したけれど、ビザンツとの戦いで死んだ。彼の子ホルミズド四世〔五七九―五九〇年〕は、その父以上に公正な支配者であったといわれ、異教徒の臣下にもきわめて寛容であった。以下は、キリスト教徒を迫害するよう求められた時、彼が、ゾロアスター教祭司に書いたといわれる手紙の抜粋である。

我が王座が後脚なくして前脚だけで立つことができないのとちょうど同じように、我々の政府もまた、信仰を同じくしないキリスト教徒や他の宗教の信者たちを怒らせるなら、立つこともできず安全でもあり得ない。したがって、キリスト教徒を迫害するのはやめて、熱心に良い行ないをするようにしなさい。そうすればそれを見て、キリスト教徒や他の宗教の信者たちは、あなたたちを讃え、我々の宗教にひかれるようになるだろう。［ネ

ールデケ訳・二六八〕

しかしながら、その平等主義のせいで、ホルミズドは、ミフラーン家というパルティアの名家の出身で最も強力な将軍の一人、ワフラーム・チョーベーンの怒りをかった。ワフラームの反乱は成功し、ホルミズドは殺された。ワフラームの反対派はホルミズドの子ホスロウ二世を王位につけたが、ミフラーン家はアルサケスの子孫であると主張し、それを理由にワフラームは世襲の支配権をもっていると言い張った（このような展開は、サーサーン朝の最後の五十年間になっても、イランがいかに頑強にアルサケス朝の「違法性」についてのペルシアの宣伝に抵抗していたかを示している）。

ワフラームを支持する者はかなりいたので抗争は一年間続いたが、ビザンツ皇帝マウリスに支持されてホスロウは彼を破り、王位を確立することができた。五九一年から六二八年までの彼の治世は、この王朝では最後の長く安定したもので、宗教のために惜しみなく施物をし、豪奢とぜいたくが目立った時であった。そのための費用の一部は、ホスロウが、その友マウリスが六〇二年に暗殺されたあと開始したビザンツとの戦争に勝ち続けたおかげで確保された。このことから、王には「パルウェーズ（Parvēz）＝勝利の」という呼称がつけ加えられた。

ハメダーン近郊のターケ・ブスターンにある洞穴に、ホスロウ二世は、サーサーン朝最後の王位叙任の場面の浮彫を彫らせた。彼もまた、オフルマズドから王権の象徴を受けとっているところを描かれ、その背後には、最後まで王朝を後援するヤザドであったアナーヒードが象徴的に世界の水を小さな水さしから注ぎつつ立っている。ホスロウは、敬虔なことと聖なる火を建てることに熱心だったことで有名で、彼の領土中の火の寺院で祈るよう一万二千人の祭司を任命したと、後世で言われる。

彼の行なったその他の信心行為は、『シャーナーメ』に多数記録されている。彼はアードゥル・グシュナスプを信心していたことで知られ、彼の勝ち誇った軍隊の先頭の守護像《パラディウム》としてその聖なる火の火種を運んだといわれる。六二三年には彼はこの社に何日も籠って祈ったが、そうしている間にも、運命は彼に味方しなかった。ヘラクリウス帝はイランを侵略し、戦争による破壊の過程で、アードゥル・グシュナスプの寺院そのものを包囲して略奪した。祭司たちが聖なる火を安全なところに運び去ることができたのは明らかだが、侵略者たちはその聖所を焼き尽し、そこの湖は男・女・子供・動物といった、この丘の上で動き息をしていたものの死体で埋められた。

イランは立ち直り、丘のぎりぎりのふちを囲んで建てられていた頑丈な石の外壁は修理されて、高さ五十フィート、厚さ十フィートになり、社は再建された。この最も聖なる火を、さらにしっかりと守るために、互いに矢の届く距離に三十八の塔が建てられた。その費用は莫大なものであったに違いない。今日でもその崩れかけた遺跡は、七世紀のゾロアスター教会の富と力と、最後の偉大なサーサーン王の信心を物語っている。

ホスロウは、六二八年、部下の将軍たちによる反乱の犠牲となって死んだ。『シャーナーメ』［ワーナー訳・九・三四］は、王が暗殺の時が迫っているのを予感した時、どのように入浴し、新しい衣服をつけ、「ワージュを行なって」正式の告白を述べたか、そして死んだ時に清潔な身体で、霊的な恩寵の状態にいることになったかを語っている。彼の最愛の妻シーリーンはキリスト教徒であったが、彼の魂のため、財産をすべて投げ出して火の寺院にたくさんの寄進をしたといわれる［同上・四〇］。ホスロウを継いだのはその子カワード二世で、やっと六ヵ月支配しただけだった。その後は、ある王位請求者から他の請求者へと、殺人、暗殺、内部抗争を伴なったどれも短期間の治世が続いた。その間、短い間ではあったが、二人の王女が即位した。六三二年に、王冠は若い王子ヤズデギルド三世の頭上に置かれた。彼の治世は前途洋々と始まったけれど、ゾロアスター教のすべての悲劇中最大のもの、つまりアラブのイラン征服をみることとなった。

結　論

西欧の学者たちはこの時期のゾロアスター教が無味乾燥なものであったと推定して、多くのことを書いてきた。ゾロアスター教は七世紀までに儀礼や形式的なことで窒息させられていたので、征服者の剣の一ふりで砕けさったのだという印象がしばしば与えられている。しかしながらそのような解釈は、イスラム教が究極的には勝利したことから生まれた先入観によるところが多い。もしサラセンやトルコがヨーロッパを従えることに成功したならば、疑いもなくこれと同じような分析が、中世キリスト教についても提出されたであろう。

現地および外国の資料が証明するのは、全体としてこの時期のゾロアスター教が、強大な国の強力な宗教であったこと、貧富を問わずに忠誠を求め、信者たちには生き生きした言葉で直接人生の目的とそれを達成するための明瞭な処方を与えたことである。この教えは希望と力を与えた。それは行為の規範を与えたばかりでなく、充分に信心深い生き方を提示した。そのなかには、修養に必要な厳しさをやわらげるための多くの楽しい慣習が含まれていた。それは生を評価する信仰であって、現世を否定するものではない。たしかにこの宗教は、その長い年月のもたらす重荷に苦しんではいた。つまり、その古びた教義と慣習の伝承が研究者や神学者たちに知的な課題を与えたことを意味する。しかしこれらは、信者である大衆に影響を及ぼすものではなかった。これらの人々は、もしあったとすれば、祭司たちによる取りたての方に苦しめられていたとみられる。

サーサーン期の終りには、イランは、疑いもなく、宗教改革前のヨーロッパのように祭司に牛耳られていた。すべての人は、貧富にかかわらず、魂を救うための宗教祭儀や浄めの儀式や、罪を償う勤めに対してお金を出すよう圧力をかけられていた。続く信仰の歴史は、多くの平信徒がそのような義務や義理を、正義の戦いをするうえでの自分の役割の一部として受け入れたことを示している。しかし貪欲だったり非良心的だったりする祭司に出会った者のなかには、中世のキリスト教徒がそうであったように、自らの背中に乗っかった聖職者を追い払いたいと望んだものもあったに違いない。この時期には、教会や儀礼上、多くの発展が見られ、ゾロアスター教にとっては、改革とか救済の希望がある程度まで各人の手の届くところにあった初期のより単純な慣習に復帰するための機が熟していた。しかし実際には、信仰に、新しい生命と力を与える改革という再生の風が吹くことはなく、軍事的なイスラム教という脅威の嵐が吹いてきたのであった。

第十章　カリフの時代

アラブのイラン征服

ヤズデギルド三世の即位前からも、アラブのムスリムは、貧困と宗教的熱狂に駆り立てられて、砂漠に隣接する豊かな土地を攻撃し始めていた。六三六年、彼らはビザンツ領シリアを侵略し、続いてメソポタミアを横断してカディスィーヤでイラン帝国軍と会戦した。激戦の数日間、勝運は揺れ動いたが、最後にアラブが勝利者となって、噂に高いサーサーン朝の都クテシフォンを手に入れた。さらに二度の激戦によってイラン高原への道が開かれ、帝国の抵抗は駆逐された。ヤズデギルドは諸方を逃げ歩き、アラブ軍はその後を数年にわたってゆっくりと前進した。その間、各地方や都市はそれぞれ戦っては征服され、再興し、また残虐に抑えつけられ、最終的に降伏した。六五二年、遠い北東のメルヴでヤズデギルドが死んだ時には、アラブはイランの大部分を支配していた。しかし辺境地域では、八世紀初めまで戦いが続いた。

この征服は、アレクサンドロスのものとは全く違って、次のコーランのスーラ（章）九の二九の精神によって実行された。

アッラーも最後の日も信じようとせず、アッラーと使徒の禁じたものを禁断とせず、また聖典を頂戴した身でありながら真理の宗教を信奉もせぬ、そういう人々にたいしては、先方が進んで貢税を差し出し、平身低頭して来るまで、あくまで戦い続けるがよい。

つまりそれは、アッラーに従うよう非ムスリムを改宗させて、イスラム教の勢力範囲を拡大しようとして実施されたのではない。「啓典の民」は「契約の民」とか「ジンミー(dhimmi)」とも呼ばれたが、この語でムハンマドは、アラブの間にも信者のあったユダヤ教徒、キリスト教徒、サービア教徒〔マンダ人とも呼ばれる少数民族で、もとは北シリアに住み、天体信仰および洗礼を特徴とした東方伝来と思われる宗教を奉じていた〕を意味していた。彼らに対しては、ムスリムの軍隊は、死かイスラム教への改宗か年貢かという三つの選択肢を提示した。しかし他の異教徒には、理論上、死かイスラム教かの二つしか提示しなかった。

しかし数の問題から、征服されたゾロアスター教徒は、(何世紀たっても疑問は残ったものの)ジンミーとして取り扱われた。そこでいったん征服が終わって殺戮と奴隷化と略奪と破壊がなされたあとでは、各地でおよそ次のような条約が結ばれた。

何人たりとも殺害したり奴隷にしたりすることなく、火の寺院も破壊しないこと、及び税に関してネハーワンドの住民と同じに扱うことを条件に、レイとクーミスの住民のため

に〔アラブの指揮官に〕五十万ディルハムが支払われた。［バラドゥリ・二・四］

アラブは、土地税と、（彼らが「ジズヤ〔jizya〕」と呼ぶ）人頭税とからなるサーサーン朝の税制度をとり入れた。非ムスリムに対する特別の税となって、彼らを劣位におくのを正当化する手段とされたのは後者であった。

人頭税を集める時の役人の職務の手引きとして、次のように指示されている……ジンミーは税を支払う時には立ち上がらなければならず、それを受けとる官吏は座していなければならない。それは支払いの時に、ジンミーには自分を劣った人間だと感じさせねばならないからである……ジンミーは、定められた日に、人頭税を受けとる任務のエミール〔司令官〕のもとに本人が出頭する。エミールは高い玉座に座る。ジンミーはその前に行って、掌を開いて人頭税を差し出す。エミールは、自分の手が上に、ジンミーのが下にくるようにして、受けとる。それからエミールが彼の首をひと打ちし、エミールの侍者が、ジンミーを荒々しく追い払う……公衆はこの様子を見ることが許されている。［トリトン・二二七］

ジンミーの生活を支配する法や規制の数は次第にふえ、彼らの地位がひじょうに劣っていることを強調するようになった。しかし初期の正統カリフ時代には、もし彼らが税を払い、これらの法を守ったならば、全く干渉されない場合もあった。アブー・バクル（五七三―六三四年。初代正統カリフ）は次のように命じている。

もしある地方や人民があなたを受けいれるなら、彼らと協定を結んでその約束を守りなさい。彼らには彼らの法や既存の慣習で規制させ、協定したとおりに彼らから貢物をとりなさい。彼らをその宗教と土地にとどめなさい。［同上・一三七］

さらに法律家は、ムスリムだけが完全に道徳的であり得るのだから、非ムスリムは、支配者をわずらわさない限り、勝手に邪悪なままでいるがよかろうと言った。各々の臣従民の集団は自分たちの代表を選ぶよう求められ、ムスリムの官吏はその人たちと談合できた。イランのように広大な国では、そのような地方的指導者は何人もいたに違いない。しかしながらゾロアスター教徒全体に関する限り、サーサーン朝は充分良い仕事をしたとみられ、パールスに最高位の長が一人いるという制度が征服の後も残ったとみられる。そしてカリフ朝後期には、フディーナーン・ペーショーバーイ（Hudīnān pēšōbāy）▽つまり「良い宗教に従う人々の指導者」という称号があったことが確認される。アラブにとってはこれはおそらく「マジュースの指導者」または（より軽蔑的に）「ガブラガン」のことであった（「ガブル〔Gabr〕▽」とは「異教徒」を意味し、イランでは特にゾロアスター教徒に適用された言葉であった）。

改宗の誘いと障害

このように、多くのゾロアスター教徒は征服され苦しめられたけれど、いったん征服の恐怖がおさまってからは、それまでの生活様式を続けることができた。しかし、この古い宗教とイスラム教の遭遇では、すでに勝敗は決まっていた。権力と現世の利は、今や勝利を得たアッラーの礼拝者たちにあり、すすんでにしろ、また無理矢理にしろ新しい信仰へ改宗することが、着実な時代の流れとなった。公《おおやけ》には、軽蔑的な無関心といえる政策がとられはしたが、個々のムスリムのなかには熱心に改宗を勧める者があり、そのためには手段を選ばなかった。

たとえば、ブハラ征服後、アラブの将軍クタイバ（六六九（七〇）―七一五年。ウマイヤ朝のホラサーン総督）は、そこの市民を三度イスラム教に改宗させたが、「彼らは（何度でも）背教して異教徒となった。四度目の戦いでその都市を手に入れた彼は、非常な困難の末にイスラム教をそこに確立した。彼は住民の心にイスラム教をしみ込ませ、あらゆる方法で彼らが旧来の宗教を守り続けることを困難にした……クタイバは、ブハラの住民にその家の半分をアラブに与えるように命じて、アラブが彼らとともに住み、その住民の感情について知ることを当然と考えた。そうすれば住民はムスリムにならざるを得ないであろう……彼はモスクを建て、不信仰の痕跡や拝火教徒の教えを根絶した。彼は大きなモスクを建て、住民にそこで金曜日の礼拝をするよう命じた……その場所はもともと火の寺院であった……彼は

『金曜日の礼拝に出席する人みなに二ディルハムを与えよう』と布告した」［ナルシャキ・一〇一一二］。

アラブの総督が駐在していた都市は、特にそのような圧力を受けやすかった。都市の火の大寺院は次々とモスクに変えられ、市民は強制的に従わせられるか、さもなければ逃亡した。

改宗の一般的な動機の一つは、奴隷がムスリムになると、自由を与えられるということであった（多くのペルシア人は、アラブの奴隷になっていたのである）。また、時には徴税官に侮辱されたことから人頭税を屈辱とし、古い信仰を否定する者がいた。（あるアラブの総督が地方官の一人にあてて書いたところでは）「ソグディアーの人民は……本気でムスリムになったのではないことを私は知っている。彼らは、単に人頭税を免れるためにイスラム教を受け入れたのだ。このことを調査して、誰が割礼を受け、信仰に必要な行為を果たしているか、真剣にイスラム教に改宗しているか、コーランの句を読むことができるかを調べなさい。そしてそのような者は税を免除しなさい」。この調査の結果、七千人のソグド人が、その表面だけのイスラム信仰を放棄したといわれる［デネット・一二〇一一二一］。

しかしながら、いったん正式にムスリムになってから、それを取り消すことは危険であった。というのは、法学者たちは、イスラム教からの背教に対する罰は死であるとしていたからである。九世紀にフディーナーン・ペーショーバーイに差し出された訴状は、次のように始まっている。「クスティーをほどいた人は、一年以内に悔いるだろう。しかしクスティーを再び結ぶことには、死の危険がある……」［『アードゥル・ファルンバーグのリヴァーヤット』五二］。クスティーは、古い信仰の信者であることの外見からも明らかなしるしであった。タバリーの記すところでは、八世紀にアラブの徴税官たちはゾロアスター教徒を虐待し、聖なる紐をひきちぎって、首のまわりにぶら下げて笑い草にしたという。

改宗の多くはいやいやながらであったり、私利に根ざしたものであったが、そのような改宗者でも、子供たちはイスラム教のなかに育ち、幼時からアヴェスタ語の代わりにアラビア語の祈りを唱えるようしつけられたから、世代が交替するにつれて他の信仰を知らないイラン人の数がふえていった。それればかりか、改宗者のなかには、より多くの人々から心地よく支持を受けるためか、はたまた真の伝道の熱情に駆られてか、自ら熱心に改宗をすすめる者もいた。それというのも、イスラム教を受け入れた人すべてが、現世的な動機からや強制されて改宗したわけではないからである。

ムスリム軍の成功は、ムスリムの奉ずる教義が真実であることを証明するものだと納得した者は多かった。しかしその他にも宗教的な関心の強いアラブ人の説教によって説得された者もいたに違いない。初期のイスラム教の教義は単純で人を惹きつけた。天国や地獄の存在、世界の終末、審判の日の信仰といった最も重要な教義には、もともとゾロアスター教から採ったものがあるので、イスラム教に対する敵意を喪失させるほど、なじみ深いものでもあった。（やはりゾロアスター教から採り入れられた）日に五度の祈りや、偶像の否定、施物の勧めといったいくつかのムスリムの慣行も同様であった。

そしてこれらすべての行き着く先は、祭司を必要としない著しく簡素な信仰生活であった。イスラム教を受け入れることで、ゾロアスター教徒は、ゆりかごから墓場まで、祭司に対する義務であった多くの祭儀や勤めを守ることから一挙に解放された。考えの深い人にとってさらに魅力だったのは、イスラム教は、新しい宗教なのでまだスコラ的な教条主義の堅い殻におおわれておらず、個々人の思考がほとんど束縛されなかったことである。女性にとっても、長い目で見ればイスラム教のもとで失ったものは多かったが、その日常生活に重くのしかかっていた浄めの法から解き放たれた点では、改宗から直接に得るものがあった。

しかし、イラン人をこのセム族の宗教から遠ざける要素も多かった。最も単純なレベルでいえば、最も基本的な教義や道徳の重要性において、新しい信仰に比べても何らその高尚さが劣るものではない祖先の宗教に対する慣れや親しみや忠誠があった。イスラム教は異邦人のもので、苛酷な征服者たちによって課せられたものであり、聖典は外国語であり、割礼とか不浄な肉についての恣意的な規則や、酒類を飲まないことや、遠くのカーバ神殿の聖なる石を尊ぶことのような、イラン人には奇妙としか思えない習慣をもちこんだ。

より深いレベルでは、改宗とは、全く公正で理性で受け入れられる行動をとる賢明な存在を崇拝する二元論的信仰から、人の理解を超越しているとみなされる命令や目的をもつ不可解な全能の神への服従を要求する信仰への転換であった。この神学上の根本的な相違は祈りの姿勢の違いに表われている。ゾロアスター教徒は自分たちの慈愛深い主の前で立つが、ムスリムは全能者の前で跪いて額を地につけた。教義上では、ゾロアスター教は、この世の不幸についての説明や、個別の審判と最後の審判を信じることを確固たる基盤として大きな力をもっていたから、知識階級の祭司たちは、かつてキリスト教徒に対抗した時と同じ信念をもってムスリムと対決することができた。が、今や世俗の権力に支持されて、非業の死をもって議論を終わらせることができるのはイスラム教の方であった。

最もつつましいゾロアスター教徒でさえ、なじみのある祭式に神学以上の意義を見出していたので、古い信仰を放棄することで失うものは多かった。改宗者は、これまではすぐに助けを求めていた多くの親切なヤザドを批判して、その社を無視せねばならなかった。多くの楽しい慣行を伴なう聖日の祝いの代わりに金曜日の祈りとモスクでの説教があり、輝き躍動する炎に代わって、石壁の「キブラ（qibla）」〔ムスリムが礼拝の際に向かう、メッカのカーバ神殿の方向〕に向かわねばならなかった。

したがって四代の正統カリフ時代〔六三二―六六一年〕には、イランではゾロアスター教が優勢であったのは驚くべきことではない。その後イスラム教世界の支配権はウマイヤ朝〔六六一―七五〇年〕に握られ、彼らは首都をシリアにおいた。この時期は、アラブ帝国の時代と呼ばれ、信心深いウマル二世の短い治世〔七一七―七二〇年〕以外は、その臣民にイスラム教を採用させるための深刻な圧力はほとんどなかった。

しかしこの時期に、イラクのアラブ人総督による迫害例で目についたものが記録されている。彼は条約を無視して、イラン全土の火の寺院を破壊するのを監督するための係官を任命した。この係官は、指令通り行動したが、教徒たちが彼を買収することができた場合には、聖なる火はすべて無傷のまま残された。このようにして彼は、四千万ディルハムを払わせたといわれる。このことは、まだかなりの数の火の寺院が残っていたことと、そこで礼拝をした人々の信仰深さを証明するものである。

イスラム教のイランへの定着

ウマイヤ朝下の政府諸機関では、アラビア文字を使ったアラビア語が、パフラヴィー文字で書かれた中世ペルシア語に代わって使用されるようになった。このことは古い信仰に対する意図せざる一撃であった。七〇〇年頃にもたらされたこの変化によって、この国でのアラブ人の駐留が永続的なものであることが強調され、イスラム教の聖なる言語であるアラビア語の普及が励行された。アラビア語の使用が広まるに従って、この聖なる言語をすすんで学んだイラン人ムスリムと、イスラム教的なものはすべて嫌悪したゾロアスター教徒の間の溝はますます深まった。

間もなくアラビア語が正式な文章語として使われるようになり、中世ペルシア語文献の多数はこの言語に翻訳された。この分野で活躍した最も有名な人は、ダドイの子ローズベーで、「たくさんの」つまり「アル・ムカッファ」とあだ名をつけられていた。彼はイスラム教への狂信的ではない改宗者で、バスラの政府徴税局で働いていた。彼が美しいアラビア語に翻訳した本のなかに、サーサーン朝の大年代記『フワダーイ・ナーマグ』があり、その後、ムスリムの歴史家は、世界の歴史について叙述をするにあたってこれを典拠として用いた。ゾロアスター教の祭司が守ってきた古い神話と英雄の伝承は、これによって宗教的な関連性を失い、ムスリムになったイランの貴族の家も、自分たちの新しい信仰への愛着を疑うことなく、自国の年代記に登場する者たちの子孫であると主張できた。このようにゾロアスター教の防御線の一つ――イランの栄光ある過去とつながる唯一のものであるという――が突破された。

さらに、イラン人ムスリムが、イスラム教は部分的には(実際、その遠い起源をたどってみればそうであるが)イランの宗教であるという伝承を形成するのに成功した時、もう一撃が下された。その結果、民族的誇りも武装解除された。その要素の一つは、ペルシア人ではあったがゾロアスター教を捨ててキリスト教徒になり、最後にはムハンマドに従ってその家族の一員となったサルマーン・アル・ファーシーという歴史上の人物がいたことである。イラン人のムスリムは、彼の影響力を大いに利用し得た。

もう一つの主要な要素は、四代目正統カリフのアリーとムハンマドの娘ファーティマとの結婚による子で、ムハンマドの孫であるフサインが、「シャハルバーヌー」つまり「国の女主人」という名の捕虜となったサーサーン朝の王女と結婚したという伝説であった。この全く創作上の人物は、その名をアルドウィズール・アナーヒードの祭儀用の称号からとったと思われ、フサインとの間に、歴史上四代目のシーア・イマームになる息子をもうけたとされる。

というのは、シーアつまりアリーの「党派」は、カリフの地位が正しくはアリーとその子孫に属するもので、ウマイヤ朝が不法にもそれを強奪したのだと主張したからである。イラン人改宗者の多くは、シーア派の大義を支持した。そのことは、ウマイヤ朝の厳しい課税と偏狭なアラブ・ナショナリズムに反対したり、王女シャハルバーヌーを通してサーサーン王家の後継者を擁護することを可能にした。こうして愛国心と過去への忠誠を代表するのは、もはやゾロアスター教徒ばかりではなくなったのである。

シーア派の運動は八世紀に着実に成長し、ウマイヤ朝のライヴァルであったアッバース家を宣伝する人たちによって助成された。最後には、公然たる反乱が起こり、七五〇年、アッバース家が勝利を得た。新しいカリフはイラン人の後援者たちに大いに頼っていたので、その統治体制においてイラン人に著しい好意を示した。首都バグダードでは、サーサーン朝宮廷の伝統を復活し、堂々たる威風をもって統治した。

この王朝は少なくとも名目上は一二五八年まで続き、ペルシア人たちは、この新しい政府で多くの地位を占めた。そして出世の門が今や広くイラン人ムスリムに開かれたので、ゾロアスター教徒であり続けることの不利は、一層明らかになった。さらに、アラブと非アラブとの対立が消滅したために、ムスリムと非ムスリムとの対立がより尖鋭になった。にもかかわらず、ゾロアスター教の書物には、何世紀もの間、イスラム教を受け入れることは侮蔑語である「非イラン人（アネール）になることだ」という初期の慣用句が残っている。

アッバース朝は、サーサーン朝宮廷の豪奢さを復活させたばかりでなく、宗教的事柄におけるサーサーン朝の権威主義をもまねた（このことに関連する発展については、ムスリムになったゾロアスター教祭司の演じた役割から推測できるだけである)。彼らは異端者を迫害することから統治をはじめた。当然、蔑視されていたジンミーよりは、むしろムスリムの分派の迫害に熱中したが、非ムスリムにとっても、状況は次第に苛酷になっていった。しかしゾロアスター教徒の数はまだ多く、フディーナーン・ペーショーバーイは、かなりの権威と重要性をもつ人物とみなされていた。

この時代の後期に、この職にあった者が、カリフの宮廷で宗教論争に参加したことがある。それは寛容主義者のカリフ、アル・マームーンの治世〔八一三―八三三年〕のことで、このカリフは「不信心者の司令官」という皮肉な称号を得ている。しかし彼でさえも、実際には、イスラム教が広まることを奨励した。ホラサーンの将軍たちに、まだ信仰を受け入れていない人々を国境を越えて襲撃するよう命じたこともあった。非ムスリムに示した苛酷さと、ペルシア人ムスリムへの惜しみない後援のおかげで、アッバース朝はゾロアスター教にとっては不倶戴天の敵となった。イスラム教がイランの土に根をおろし、全土で繁栄するようになったのはこの時代のことである。その過程でイスラム教は、葬儀礼と浄めの法をとり入れ、かつてのヤザドの崇拝に代わって聖者崇拝が起こるというように、さらに着々とゾロアスター教化していった。

シーア派はまた、その希望とあこがれにおいてサオシュヤントに代わる人物を探し出した。彼らはアッバース朝がカリフの系統をアリーの子孫に戻さなかったことに非常に幻滅して、アリーの子孫を真のイマームつまり指導者とみなし続け、その血統に王のフワルナのような特別の神の恩寵を付与した。（シャハルバーヌーが生んだと思われる）フサインの子孫の九人のイマームのうち、八人は非業の死を遂げたが、最後のイマームは、八七四年奇跡的に姿を隠したといわれた。彼は「お隠れ」もしくは「待望される」イマームで、サオシュヤントのように時の終りに現われ、信仰を回復し、地上を正義で満たすとされている。このような展開と適応は、背教のための橋となり、イラン人がセム族の信仰を受け入れることを容易にした。

九世紀イランのゾロアスター教徒

征服後七世代ほど経過した九世紀になっても、ゾロアスター教徒は、イラン人口のうちで、まだ重要な少数派を形成していたので、その頃でも彼らに関してある程度のことを、主としてアッバース朝の官僚であったムスリムが書いている。アブー・ザイード・アルバルキは、ファールス（昔のパールス）地方について次のように記録している。

ゾロアスター教徒は、聖典や火の寺院や、ゾロアスター教徒の諸王の時代の慣習を、中断されることなく受け継いできたので、彼らは信仰において古い慣習を守り、それに従っている。ファールス地方以上にゾロアスター教徒が多いところはない。なぜならここは、彼らの力、儀礼、宗教書の中心地であるからだ。［ニーベルグ・九］

その東隣のケルマンでは、サッファール朝（八六九―九〇三年）になってやっと、ムスリムが優勢になった。十世紀後半になってもジバル地方にはまだ多くのゾロアスター教徒がいた。さらに北のタバリスターンの山地には（かつてグシュナスプ王がアルダシールに屈せず、もちこたえたところであるが）、九世紀半ばまで地方政府が古い信仰を信奉しており、その王マズヤールは、信仰や旧習を復興させようとして、最後の絶望的な企てをして反乱を起こした。これは鎮圧されて、八五四年にはタバリスターンのもう一人の王が、カリフの召喚に応じて、ついに「ゾロアスター教の聖紐を解いて、イスラムを受け入れた」［イブン・イスファンディヤール・一五七］。

その時にもまだ、堂々たる火の寺院が存在し、聖なる火はそのなかで燃え続けていた。北西部では、アードゥル・グシュナスプの火が少なくとも十世紀半ばまではその丘の上の聖所で燃え続けた。南東部では、カルコーイの聖なる火が、十三世紀まで維持された。その頃の地理学者カズヴィニーは、大きな牛の角のような飾りをつけた二つのドームのあるこの寺院のことを描写している。そして彼は、この燃え続ける火には多くの奉仕者がいることや、祭司たちがその火に恭《うやうや》しく乾いたタマリスクの薪木をつぎ、その時には口を覆って銀の火ばさみを用いたことを書いている。

またゾロアスター教徒の間でも、九世紀の教徒集団の歴史についての資料が残っている。というのは、現存するパフラヴィー語文献の多くは、その頃作られたり再編集されたりした作品から成っているからである。それはイスラム教の支配のもとで、ゾロアスター教徒が、どんな規模にしろ創造的な作業に費やす資力と精力をもっていた最後の世紀であった。

フディーナーン・ペーショーバーイたち自身が、このような作業の指導者であった。彼らの著作から、百五十年以上にもわたってこの職についた一族の各員を同定することが可能である。最初に知られる人はアードゥル・ファルンバーグ・ファロフザーダーンで、マームーンの時代（八一三―八三三年）に生きた、敬虔ですぐれた人であった。彼は宮廷での討論でゾロアスター教の信仰をたくみに防御した。彼を継いだのは次男のザルドゥシュトで、ムタワッキルの治世（八四七―八六一年）に背教して、このカリフの親友の一人となって教徒集団を悲しませたと考えられている。たとえそうであったとしても、その子ワフラームシャードは動揺することがなかった。彼はゾロアスター教の法に関する権威として、二度も引用されている。それからフディーナーン・ペーショーバーイの地位は、その子ゴーシュンジャムに移った。ゴーシュンジャム自身には四人のすぐれた子があり、その一人マヌシュチフル（八八一年頃）が彼の地位を継いだ。

マヌシュチフルによって書かれたものでは、（残念なことに、こみいったわかりにくい文体であるが）三通の手紙と、『宗教的判断』という本とが残っている。後者は、信仰やその実践の問題について、平信徒の質問に答えたものである。これは、彼の時代の教徒集団のかかえていた難問と苦闘について、いくらかの光をあてている。マヌシュチフルに質問されたのは、何故かくも大きな悪が信者の上にかぶさって、善人が苦しまなければならないのか。「よそ者と悪の宗教」のためにマズダー礼拝の宗教を捨てた者の罪はどれほど深いものか。

「非イラン人」の異教徒と商売をすることは許されるかどうかというようなことである。教徒集団がいっそう貧しくなっていたことは明らかで、完全な訓練を受けた祭司を充分な数だけ見出すことも、彼らに適切に支払うことも困難になった。

マヌシュチフルは信者たちに教示し、判定し、訓告して、昔の権威によって説明された宗教の諸法をしっかりと守らせた。伝統を固く守り、いかなる変更も調整も避ける場合にのみ、ゾロアスター教は生きのびて、神の啓示の担い手としての使命を果たすことができると彼は心底感じていた。このことは、彼の弟ザードスプラムが、バラシュノムの浄めの儀式を短縮することを希望してきた時に出した返事に、非常にはっきり表わされている。このことに対するマヌシュチフルの根本的なそして非妥協的な反対は、この変更が権威を欠いていること、そのためそのように執行された浄めの儀式は無効であるということであった。

彼にしても、そのような変更を自分の指導下にあるザードスプラムが導入しようとすることの僭越さに衝撃を受けた。彼ばかりでなく、当時の他の指導的ゾロアスター教徒の承認を得ることなくしては、信仰の儀礼については何も変更することはできない。変更は「教徒集団の指導者であり長であり……それぞれの諸地方の評議会のメンバーである祭司たち」(『マヌシュチフルの手紙』一・四・一二、一四」の間で討議され賛同されなければならないと彼は主張した。

これはゾロアスター教徒が、その時もなおどれほど団結していたかをはっきりと示している。しかしながらそれぞれの地方の教徒集団は、明らかに、ペルシアの大祭司に指導力を求めていた。マヌシュチフルは勇敢にも、彼らのために全力を尽して「罰金や災害」を避けようとし、火の寺院が不法に没収されてモスクに代えられるのを防ごうとした。しかしこういったことが容赦なく続いたのは明らかである。

ザードスプラムが伝統から逸脱したのは、この行動一つだけであったらしい。彼は熱心な学者で、残っている唯一の著作は、彼が完全に保守主流派だったことを示している。その著作とは、彼の『選書』のことで、大部分ザンドから選び出され、四つの主題を扱っている。つまり宇宙創成論と宇宙論、ゾロアスターの生涯、人間の生理学と心理学、終末論である。自分の選書を作るにあたって、彼は、ギリシアの科学を引用した資料に惹かれる傾向があり、これをゾロアスター教の学問的伝統に結びつけようと試みた。

このことは、宇宙創成論の部分を『ブンダヒシュン』の対応部分から区別するものである。『ブンダヒシュン』は、長々とザンドを編集したもので、ザードスプラムの甥ファルンバーグ・アシャワヒシュトにより再編され、拡大された。これら二つの作品とムスリムの地理学者によって書かれた九世紀のものを比較すると、古い神話や教えという遺産が、ゾロアスター教の学者にとって、どれほど足かせとなったかがわかる。

他に九世紀の本のなかで残っているものの大部分は、儀礼や浄めのきまり、法や毎日の宗教的な勤めに関わる実用的なものが主だが、当時の問題や疑問に何らかの回答を与えようと試みるものだった。したがって数多くの一般的な短い著作があって、平信徒のために簡単な信仰表明を具体的に述べたり、クスティーの象徴するものや種々の宗教儀礼の効用と重要性といった事柄をとり扱ったりしている。そしてこれらのなかで、祭司は改宗を勧める者たちに対して、信者の守りを堅くしようとして「……に関しては私は疑いをもつべきではない」というように何度も忠告をしている。これらの著作はすべて、(アラビア語の単語とは関連のない)むずかしいパフラヴィー文字の中世ペルシア語で書かれている。しかし声を出して読むならば、平信徒にも容易に理解されたことであろう。

平信徒もいくらかはまだパフラヴィー語を書いたり読んだりしていた。その一人マルダーンファァロフは、信仰を守るため慎重に考察した本を九世紀に出している。この『疑惑追放論』において、彼はゾロアスター教の教えを他の信仰と比較しようとして、ゾロアスターの啓示の基本的な真実性を確信するようになったと説明している。この信仰は、人に、創造主であり創造した七つの創造物のすべてを育んでいる神を礼拝するように要求している。人を弱くしたり苦しめたりするのはこの創造主ではないのだが、マルダーンファァロフにとっては、ユダヤ教徒やキリスト教徒やムスリムの場合は、この役も全能の神に帰さねばならないように見える。彼はまたマニ教の厭世的な二元論を拒否し、ゾロアスター教の教義こそ、公正で理性的な人間にとって受け入れ得る唯一のものであると結論した。

残存する最も長いパフラヴィー語文献である『ディーンカルド=宗教の事典』には、教義上の論争も述べられている。(残念なことにその大部分は、マヌシュチフルの著作のようなむずかしい文体で書かれているが)この大作は、フディーナーン・ペーショーバーイとして最初に知られるアードゥル・ファルンバーグ・ファロフザーダーンによって始められ、その子孫でおそらく九世紀末には同じ職についたと思われるアードゥルバード・エメーダーンによって再編、拡大された。これはさまざまな事柄を含んでおり、最後の部分は、『大アヴェスタ』二十九巻の内容の要約と、三つの巻についての詳しい分析とを含んでいる。『サーサーン時代のアヴェスタ』は、二十一巻から成っていた。しかしアードゥルバードによれば、彼の時代までにそのうち一巻の『アヴェスタ』とそのザンドは全く失われ、他のものについても『アヴェスタ』だけが残っているというが、それについて彼は何の要約も残していない。どうしてそれらが失われたかについては推測する他ない。

だが、『大アヴェスタ』のペルシア版は、おそらくパールスの大きな宗教建築物——多分、王都イスタフルのアードゥル・アナーヒードの寺院であろうが——内の図書室に保存されたものであろう。イスタフルは征服の時深い痛手をうけ、「攻城機で落とされ、四万のペルシア人が殺され、大部分の貴族の家の者も、そこに避難していた騎兵隊長らとともに殺されたほどの激しい戦闘」［バラドゥリ・二一・三八九］の後、ようやくアラブに屈した。その後この市は、荒れたまま放置されて廃墟となり、九世紀にマスウーディーが訪れて、大柱や壁や彫刻のある大規模な火の寺院の遺跡を描写している［『黄金の牧場』一四〇三］。（彼によると）聖なる火は、ゾロアスター教徒によって持ち去られた。もし彼らが聖典も救ったはずだとすれば、その時被害を受けたとするのは少々不思議である。

『アヴェスタ』の残る二十巻のなかに『ヴェンディダード』があった。この頃、この作品に関しては、異色の発展があった。この本を全部読むことが、夜のヤスナ祭式の一部を成すとされたことである。この祭式は（特に人の死んだ後）闇の力を追い払うため、とり行なわれた。それにアヴェスタ語の『除魔法』を加えることは、効果を高めると考えられただろう。これは祭司が書かれたテキストを用いることを許されている唯一の場合で、その他のすべての祭式は暗記されねばならなかった。この慣習は、ゾロアスター教徒が「啓典の民」であるという主張を裏づけるもので、それほど無慈悲に略奪されないように導入されたものとみられる。この長い夜の勤めは、単に「ヴェンディダードの祭式」、またはもっと短く「ヴェンディダード」とのみ知られるようになった。

十世紀イランのゾロアスター教徒

こういった発達が後世のもので、パールスで始まったことを示しているものは、（昔のパルティアであるホラサーン地方からやって来た）パールシー共同体の創始者たちが、十世紀初頭イランを離れた時、『ヴェンディダード』の写本を持って行かなかったと思われることである。後になってから、彼らはイランからその写本を取り寄せたのである。

このゾロアスター教徒の小集団が生地を離れ、どこか他に礼拝の自由を求めた事件について、我々はわずかしか知らない。しかしその決断は、ゾロアスター教徒にとって、とくに状況が厳しい時代になされたと思われる。この時、イラン人の地方諸王朝は皆熱烈なムスリムであって、ほとんど独立したカリフの副王であった。そのなかにホラサーンのサーマーン朝（八七四—九九九年）があり、彼らはワフラーム・チョーベーンの子孫だと主張した（サーマーン自身は、八世紀末、ホラサーンのアッバース朝の行政官の説得によって、ゾロアスター教を捨ててイスラム教に改宗したといわれる)。

もともとはホラサーンの南西部の小さな町サンジャーン出身であるゾロアスター教徒の一団は、サーマーン朝の支配下に平和とか正義とかを求めることに絶望して、ペルシア湾のホルムズド港まで南下し、そこで彼らを海の向うへ連れ出してくれる船を見つけた。パールシーの伝承によると、男や女や子供からなる移住者は、ディヴ島で十九年間を過し、九三六年ついにグジャラート海岸に上陸したという。

これらの移住した「パールシー」つまりペルシア人(グジャラート人は彼らの長い伝統でイランから来た者を誰でもこう呼んだ)と、母国に残ったゾロアスター教徒の間には、数世紀たっても折々に接触があった。にもかかわらずこの二つの教徒集団が共通にもっているものは、パールシーが去った時点で、イランの全ゾロアスター教徒に一般的であった慣習に発していることは明らかである。

たとえば(儀礼用の器や聖なる場所等についての)両地方の宗教用語のなかには、アラビア語が混入しており、二世紀半の支配の後、口語ペルシア語にアラビア語の影響がゆきわたっていたことを示している。両共同体とも、「フェレシュト(ferešt)＝天使」という言葉が「ヤザド」の代わりに使われているが、これは彼らを多神教だとするムスリムの批判に対抗しようとした結果であることは疑いない。両共同体とも祭司に対して「モグ」という簡単な言葉を使うのをやめた。そして基本的な宗教儀式を行なう資格をもつ下位の祭司は誰も

「ヘールバド」、パールシーでは「エールヴァド」と呼んだ。「モーバド」の称号はより高い資格をもつ者に用いられ、大祭司は「ダストゥール（dastūr）▽＝権威をもつ者」と呼ばれた。

両共同体とも、死者をさらすために、表面が石の塔を建て、古い言葉で「ダフマ（dakhma）」と呼んだ。この種の建築物について言及した最初のものは、フディーナーン・ペーショーバーイのアードゥル・ファルンバーグ・ファロフザーダーンが八三〇年頃書いた手紙である。サマルカンドのゾロアスター教徒は、彼に、古いダフマがこわれて新しいダフマを建てている間、どのようにすべきかを尋ねてきた。「新しいダフマが完成するまでは、人が死んだ時には古いダフマの底の隅に小石を敷き、正しく儀式にのっとって死体をそこに置くように」［ダバール訳・一〇四―一〇五］と彼は答えた。このように葬儀用の塔を建てる慣習がその頃までに広まっていたのは確かだが、イスラム期以前にあったとは考えられない。

というのも、その使い方を規定する伝統はまだ確立していなかったとみられるからである。塔を建てることで、死体が人目に触れることはなくなり、ムスリムを刺激することも少なくなった（ムスリムを刺激しないようにということは、常にジンミーの目的であった）。と同時に、高い建物は、死者が冒瀆される危険を防いだ。イランやインドで建てられた初期の塔は、簡素で頑丈な円形の建築物であり、石の壇部が外から見えないよう高い胸壁で囲まれていた。そこには入りにくくするために階段はつけず、葬儀のたびに梯子が使われた。イランの山岳地帯に住んでいた教徒集団では、泥れんがの壁で丘の周りをとり囲んだだけの高くて入口のないものもあった。

十世紀に、レイの町の裕福なゾロアスター教徒が、丘の上にたいへんな手間と費用をかけて、ダフマを建てた。しかしそれが完成した日に、ムスリムの官僚が怒ってそのなかに入り、その壁の上からムスリムの祈りを唱えて、建物を手に入れる口実を作った［『スィヤサット・ナーメ』一七二］。ムスリムはこの建物には何の用もなかったのだが、このような「ガブルいじめ」は人気のある遊びで、何世紀も続き、教養のない者だけでなくカリフや高級官僚たちもそれを楽しんだ。

たとえば、パルティアの伝承によれば、ホラサーンにゾロアスター自身が植えたといわれる巨大な糸杉がはえている有名なゾロアスター教の聖地があった。この深く崇拝されていた木を、八六一年、カリフのムタワッキルは建設中の自分の新しい宮殿に使う木材として、ゾロアスター教徒の必死の請願にもかかわらず切り倒したという。しかしラクダの運送隊がゆっくりとこの木をイラクに運んで行く間に、ムタワッキルは自分の息子に殺された。それは、ゾロアスター教徒からみれば彼にふさわしい報いであった。

ゾロアスター教徒を苦しめるもう一つの方法は犬をいじめることであった。現在ではどこでもムスリムは不潔な動物として犬に敵意を示すが、初期のイスラム教には、そういうことはなかった。これは、ゾロアスター教徒が並々ならず犬を敬ったために、イランで意図的に形成されたものと思われる。おそらく犬を大事にしないことは、（クスティーを解いて捨てることや、火に唾を吐くのと同様）外見上明らかな真の改宗のしるしであった。この後何世紀もの間、ムスリムによりこの動物がこうむった大きな苦難は、宗教的な抗争のもたらした残酷さの哀れな例である。

パフラヴィー文字で中世ペルシア語の本を書くことは、十世紀までに事実上終わったも同然であった。それ以降、ゾロアスター教徒は、同時代の自国語つまりアラビア語と混合した近世ペルシア語で書き、アラビア文字を使用するようになった。これら後期の作品は、主として、(教訓的または信仰の事柄についての再述から成るような)派生的なものであった。教徒数は容赦なく減少し、教徒集団は富や知性の源泉を失いつつあったからである(その頃までに、ゾロアスター教徒の家の一員がムスリムになった場合、その者は、兄弟を排除してすべての財産を相続できるというゾロアスター教徒にとって苛酷な法が立法化されていた)。

しかし、ブワイフ朝がイランの大部分に支配を確立した時、ゾロアスター教徒は、短期間ではあったが、最後の比較的穏やかな日々を享受した。このイラン王朝は、サーサーン朝のワフラーム五世の子孫であると主張し、古い宗教に対していくらか好意的であった。ブワイフ朝のアドゥド・アッダウラは、ある時は秘書にマグを雇ったといわれるし、ペルセポリスの石に刻まれたアラビア語碑文によれば、九五五年にこの支配者がそこの遺跡を訪れて、ファールスのカゼルンのモーバド、マーラスファンドに、パフラヴィー語碑文を読ませたという。カゼルンでは、その当時まだゾロアスター教が強く、十一世紀初頭には、ホルシェードという名のゾロアスター教徒の支配者さえいた。しかしながらイスラム教のもとでは、ゾロアスター教徒にとって永続的な安全は決して存在しなかった。九三九年、シーラーズでは、ムスリムとマギたちの間に争いが起こり、「マギの多くは殺され家は焼かれた」［トリトン・一三一］。

ホラサーンの一イラン人貴族（その系図上の名からおそらくその曾祖父はゾロアスター教徒であったと考えられる）が、『フワダーイ・ナーマグ』のある写本を、パフラヴィー文字からアラビア文字に転記するために、四人の学識あるゾロアスター教祭司を集めたのは十世紀のことで、この仕事は九五七年に完成した。この時書き写されたテキストは、フィルドウスィーの『シャーナーメ』の基となったものである。『シャーナーメ』はたいへん有名になって、ゾロアスター教徒にとってもムスリムにとっても同じように過去の英雄伝説をよみがえらせた。

その結果、サーサーン朝の宣伝が、最終的にゾロアスター教徒集団中にいきわたった。そして（昔のパルティア出身の祖先をもつ）パールシーも、（主としてペルシア人の家系であった）イラン人と同様、アルサケス朝が王権を簒奪して信仰をないがしろにしたのだと考えるようになった。その信仰は「正当」で「正統的」なサーサーン朝のおかげで生き永らえたとした。

ブワイフ朝のもとでのこの一時的な休息の間に、教徒集団は、再び暦の問題に取り組む余力を養った。信仰上のノールーズは、まだアードゥル月第一日に祝われていた。しかし、この日を春分の日に合わせるためホスロウ・パルウェーズのもとで挿入されるはずであった閏月は、彼の治世の戦争と反乱のうちに無視された。したがってアードゥル月は着実に遅れてゆき、十世紀には、冬の月となっていた。この遅れのおかげで、一〇〇六年には、フラワルディン月第一日が実際に再び春分の日と重なった。そして、信仰上のノールーズは、その年のこの日に祝われ、五ガーサー日は、スペンダールマド月の終りにあたるよう移され、それに従って全ガーハーンバールも動いた。パールシーも、シースタンのゾロアスター教徒と陸路によって接触があったとみえ、その時同じような変更を行なった。イラン人共同体にとって、これは二十一世紀までになされた最後の暦の変革であった。

この直前、十世紀のすぐれたムスリム学者で、ブワイフ朝の首都レイの首席判事であったペルシア人アブド・アルジャッバルという人は、自らのエネルギーを古い信仰を攻撃することに向けようと考えた。彼はその過程で、正統的なゾロアスター教の思想には簡単にしか言及せず、主たる論争をズルワーン教徒に仕向けた。ズルワーン教徒は、その神学上の弱点のゆえに、恰好の目標となったのである。

というのも、彼がいうように、もし、神（つまりズルワーン）がすべての悪の原因（つまりアフリマン）となる者を創ったとすれば、あらゆるものの全能の創り主たる神が直接、悪を創ったとなぜ言えないか［モノット・二六七］。このことは、ムスリムとしての彼の立場であった。征服の年以降のズルワーン教徒の地位は、全体として錯綜している。マヌシュチフルやその弟ザードスプラムの著作には、この異端の痕跡は全くなく、彼ら一族の誰の著作をも、ズルワーン教とするには特別の説明が必要である。

このことは、サーサーン朝の王や大祭司によって支持された異端を拒否したペルシア人の高位聖職者が、教徒集団の指導力を奪ったことを示している。平信徒のマルダーンファロフもまた、ズルワーン教を完全に無視した。しかしズルワーン教神学は、『ムスリム学者の書』のなかで、力強く展開されている。

この書は、近代ペルシア語で書かれており、十二世紀初頭に作られたと見られる。そのなかでは、当時のモーバダーン・モーバドが、かなり難解で思弁的な言葉でムスリムの知識階級のためにゾロアスター教の教義を註解している。この作品には二つの版があり、どちらも、時をザマーン（zamān）と呼んで、「オフルマズドとアフリマンを、両方を産み出した」［ダバール訳・四五二］原初の原因としている。

しかしモーバダーン・モーバドは、ゾロアスター教徒自身の間でも、この事については多くの異なる意見があることを認めている。そしておそらく、続く苛酷な数世紀の間、そのような思弁的な神学は放棄され、教徒集団は再び一致して善悪の完全な分離という基本的で正統的な教義に執着したのだろう。（パルティアの北東の出身ということから予測できるような）パールシーの間では、ズルワーン教は全く知られていなかったとみえる。後のイラン人の著作でも、これについてはほとんど言及されることはなく、あるペルシア人祭司は、以下のように定義することでこの問題に永久に終止符を打とうとした。

ゾロアスターはオフルマズドに、「世界が創造された時、（すでに）存在していたものは何か」と尋ねた。オフルマズドは「その時、私とアフンワルが存在していた」と言った。アフンワルはズルワーンと呼ばれた。〔ダバール訳・四三八〕

トルコ人とモンゴル人のイランへの侵入

『ムスリム学者の書』は、さらにいっそう激しい嵐の来る以前、新たな悲惨な困難の時に作られた。九世紀と十世紀は、「アラブ支配とトルコ支配の間の」ペルシア人の間奏曲と呼ばれてきた。十一世紀初頭に、中央アジアからセルジューク・トルコがホラサーンを襲い、全イランを席捲し、全地方王朝を滅ぼした。そこにいったん定着すると、彼らは熱烈にイスラム教を奉じた。彼らの支配下〔一〇三七—一一五七年〕のゾロアスター教徒について直接知られることはほとんどないが、征服戦争で死んだり、この「ムハンマドの道の他すべての道が閉ざされた」苛酷な時代に、無理に改宗させられたりした人は多かったに違いない。

その後、さらに恐ろしいモンゴル人の侵略があった。この侵略によって、セルジューク朝およびバグダードで彼らの支持したアッバース朝カリフ双方とも終局を迎えた。モンゴルの遊牧民集団は、彼らの遠征の途中にあるものをすべて情容赦なくまきこみ、ムスリム、ゾロアスター教徒、ユダヤ教徒、キリスト教徒を斟酌なく、所によってはほとんど完全に殺戮し、「破滅の火花は遠く広く飛び、損傷はあらゆるものに及んだ」。

モンゴルのもたらした荒廃について、近代の学者はこう書いている。

ムスリムの学問のこうむった損失は再びもとのレベルに達することができないほど大きいものであり、筆舌に尽しがたく想像を絶するほどだった。非常に貴重な何千冊もの書物が完全に消滅したばかりではなく、多くの知識階級の人々が殺されたり命からがら逃げ出したりしたために、正しい学識の伝統そのものが……ほとんど破壊された。［ブラウン・二］

ゾロアスター教徒の苦難も深刻でなかったわけではなく、サーサーン朝の『アヴェスタ』の全写本を含む聖なる書物の収集の最後のものが破壊されたに違いない。まだ残っていたシースタンのカルコーイのような大きなすべての火の寺院もまた、この時、破壊された。征服後の半世紀に、ガーザーン汗〔一二九五―一三〇四年〕はムスリムになり、モンゴル人改宗者たちは、自分たちの祖先があのように残酷におとしめたイスラム教の地位を再び高めた。ゾロアスター教徒はこの嵐が襲ってきた時にはすでに減少しつつある少数派であって、そのようなモンゴル人改宗者が増大しても、受けた損失を償うどころか、狂信によって新たに苦しめられただけであった。最も幸運だったことには、ファールスは、モンゴルにすみやかに降伏したので、実際の殺戮という最悪の事態を免れることができたことである。今やゾロアスター教徒が集まって、貧困とあてにならない保護の下でも最後の稜堡として守ることができたのは、この地方北部のオアシスの町々、すなわちヤズドとケルマン周辺だけであった。

第十一章　イル汗国――ラージャとスルタンの時代

生き残ったゾロアスター教徒

モンゴル族のイル汗国のもとで、非ムスリムが生き残るための最もよい方策は、目立たないでいることであった。おそらく十三世紀末か十四世紀初頭に、モーバダーン・モーバドは、配下の祭司たちとともに、可能な限り辺鄙な所、つまりヤズド平原の北西の隅のトゥルカーバードという名の小さな村に避難した。

ここは、この山に囲まれた荒涼たる地域のなかでも、ムスリムの総督のいるヤズドの町から最も離れた地点であった。その近くの丘陵には、「パールスの貴婦人」すなわちアルドゥイズール・アナーヒードの社があった。そのために彼らは特にこの地を選ぶ決意をしたのだろう。さらに、近隣のシャリーファバード村には、二つのアータシュ・バフラームが運ばれ、そこの普通の村人の家と変わらぬ小さな泥れんがの家に設置された（その時以来、すべての聖なる火は、いかに位が高くとも、このようにつつましく維持すべきものとされるようになった。この後、高いドームはイスラム教のモスクにのみ属するものとなったのである）。

この二つの火のうちの一つは、今日まで、アードゥル・ファルンバーグの近代ペルシア語形であるアードゥル・ハラーとして知られている。実際にこの火が、昔のイランの三つの偉大な聖なる火の一つであることを疑う理由はない。もう一方は単にアータシュ・バフラームとだけ呼ばれ、さらに一層敬愛されていたから、おそらくこれはアードゥル・アナーヒードで、（マスウーディーが述べたように）イスタフルの寺院から救い出され、最後にこの人目につかぬ地に運ばれ難を逃れたのであろう。三世紀にはこの火はキルデールの監督下に置かれていたし、その後も世襲的にサーサーン朝の大祭司の保護のもとにあったと思われるので、モーバダーン・モーバド（その世俗的な威厳が衰えてしまったこの時には、より一層尊敬すべき称号であるダストゥーラーン・ダストゥールとして信者たちには知られた）の避難地として選ばれた地の近くにこの火を運ぶのは当然のことであったろう。（今は統合されたが）この二つの火は、ゾロアスター教で現存する最古の聖なる火で、おそらく優に二千年を越える期間、たえず燃え続けてきたものである。

それ以来、トゥルカーバードとシャリーファバードの村は、両方ともイランのゾロアスター教徒の信仰の中心地となった。十七世紀にフランス商人シャルダンは、この村々について書いている［二・一八三］。

彼らの主要な寺院はヤズドの近くにある……これは彼らの火の大寺院で……神託を授ける場所であると同時に学校でもある。ここで彼らは、宗教や格言や彼らの希望を教える。彼らの教皇は常にここに住み、離れることがない。彼はダストゥール・ダストゥーラーンと呼ばれる。この教皇は数人の祭司と数人の学生に囲まれていて、一種の神学校をつくっている。ムスリムにはたくさんの贈り物がなされており、彼らは目に余ることがない限りこれを黙認している。

この「贈り物」は、ゾロアスター教徒集団が全体として、信心深かったために可能であったことは明らかである。「ヤズドへ巡礼することは、厳格な義務であって、誰でも、生涯に少なくとも一度は実行しなくてはならない。その時彼らは、大祭司への贈り物をもっていく」[ドゥルヴィユ・二・二二〇]と後には記録されている。

ある意味では、巡礼の必要に応ずるために、シャリーファバードにはヤザドに献ぜられた二つの大神殿（ここで「大きい」というのは、神聖さが大きいということである）が建立された。一つは聖なる火の付近にあって、火の主、祭儀の守護者であるミフルに捧げられた。他の一つは野原にあって、ほとんど毎年、大いに必要とされた雨のヤザドであるテシュタル（ティシュトリヤ）に捧げられた。アラブの来る前にサーサーン朝の偶像破壊運動は勝利していたから、これらの社は空《から》の社であった。

また、毎年決まった時に、「パールスの貴婦人（バーヌー・パールス）」の社にも巡礼が行った。この社は山の渓流の岸辺にある聖なる岩で、その近くに涸れることのない泉があった。ここでは、紀元前五世紀にヘロドトスが述べたように、高所で礼拝するという古い伝統にのっとって供犠や祈りが捧げられた。ヤズドの周囲の山々には、他に四つの聖地があり、それぞれ毎年、巡礼の目ざす地となっていた。

この地域の村々は、ダストゥーラーン・ダストゥールが居を構えた頃にはまだ、ゾロアスター教が圧倒的勢力であったに違いない。またヤズドの東百五十マイルほどの所にあってヤズドほどには山や砂漠で遮られていないケルマンというオアシスの近辺にも、ゾロアスター教徒が集中していた。

ケルマンの共同体には、彼ら自身のダストゥーラーン・ダストゥールがいたが、彼はヤズドの大祭司の優位を認めていた。ケルマンの彼方シースタンにも、ゾロアスター教徒がいたが、そこの教徒集団がたてつづけに消滅したために、記録はまったく残っていない。さらに驚くべきことは、侵略と殺戮の要路となったホラサーンにも、まだゾロアスター教徒がいたことであった。しかし十世紀以後、北西部のアゼルバイジャン地方では、かつての信仰についても、タブリーズを首都としたガーザーン汗のもとで消滅したに違いない教徒集団についても、何も聞くことがない。

写本の作製と保存

この時代では、このような歴史的な事実の詳細はすべて、必然的に演繹の問題になってしまう。というのは、これ以降ムスリムの歴史家は、もはや政治的にも社会的にも何の重要性ももたないほどにその成員数が減少したゾロアスター教徒を無視したからである。教徒たち自身の記録もモンゴル時代についてはほとんど空白であるから、主たる資料としては写本の奥書しかない。トゥルカーバードとシャリーファバードに避難した祭司たちは、救い出せる限りの本をすべて持ち出した。彼らはそこでそれらの本を熱心に写し続け、また一方、ケルマンの同胞たちも同様にした。『アヴェスタ』そのものについては、彼らは常に宗教儀礼で用いられる典礼書以外にも少しは残すことができ、（ほとんどあらゆる場合）それにはパフラヴィー語訳と注釈がついていた。この頃には、典礼書は、全『ヴェンディダード』を含むようになっていた。

アヴェスタ語写本で実際に残っている最古のものは、一三二四年にパールシーの勢力圏にあるグジャラートのキャンベイという所で書かれた写本である。これは、一二〇五年つまりモンゴルの攻撃以前、訪問中のパールシー祭司のためにシースタンで特に書かれた写本から写されたものである。パフラヴィー語訳付きのヤスナの写本中最も古く重要なものの一つは、一四九五年シャリーファバードのホーシャング・スィヤーワフシュの作った写本にまでさかのぼることができる。この人は、（奥書が正しく解釈されているとすれば）一二八〇年に書かれた写本から写し、この写本のアヴェスタ語テキストは、（曖昧なパフラヴィー語の奥書から知られるだけだが）、おそらく九世紀のフディーナーン・ペーショーバーイの甥と考えられるダーダグ・マフヤール・ファロフザーダーンの書いた写本にまでたどることができる。

このような写本は一族に相伝されたので、寺院の図書室を襲ったはずの大規模な破壊から免れた。同様にしてパフラヴィー語のテキストも残された。たとえば、ルスタム・ミフラバーンという者は、一二六九年『アルダー・ウィーラーズの書』を写した。彼のこの写本やその他のものを再び写したのは、十四世紀の彼の曾々甥ミフラバーン・カイ・ホスロウであった。どちらの祭司も、インドのパールシーを訪ねている。ここで彼らの名前が出てきたのは、この厳しい時を何とか生きのびようとしているイラン人のことからそれよりも幸運であった移住した同胞たちのことに目を向ける良い機会といえよう。

パールシーの先祖

パールシーの伝承によれば、彼らの共同体の先祖は、ヴィクラム・サムヴァット暦の九九二年、すなわち紀元九三六年のティール月のバフラーム日に、インド西部のグジャラートの海岸に上陸した［ホーディワーラ訳・七〇―八四］。

十―十一世紀にこの土地で使われていた文字では、「九」という数字は今の「七」と非常によく似た形で書かれたから、この年代はインド暦七七二年つまり紀元七一六年と読むこともでき、パールシーの年代記を混乱させるもととなった（この七一六年という間違った年代は、今でも非常に一般的に使われている）。

パールシーは、それまで約二十年間、グジャラート語が使われていたディヴ島で暮していたので、自分たちのことについてシルハーラ朝に属するその土地の支配者に裁定を求めることができた。シルハーラ朝は寛容であり、交易や定住を外国人にすすめることで有名であった。王は、この人々が、上陸した海辺に家を建てるのを許可した。彼らはそこに定住して、ホラサーンの自分たちの故郷の町の名をとってサンジャーンと呼んだ。

この小共同体の歴史に関する主要な史料は『キサイ・サンジャーン』というパールシーの祭司バフマンが一六〇〇年、大部分口誦の伝承に基づいて作った叙事詩である［ホーディワーラ訳・九四―一一七］。この詩では、上陸後しばらくして彼らがどのようにアータシュ・バフラームを建立したかが述べられている。彼らは陸路、ホラサーンまで使者を送って、聖別の儀式に必要な祭具――特に聖別された「ニーラング（nīrang）」と現存するアータシュ・バフラームの灰――を手に入れ、それらを通して、新しい火は母国の聖なる火とつながりをもった。『キサ』の述べるところでは、後に「正しい生活を送る祭司と平信徒のグループがいくつか、この地に到達した」［ホーディワーラ訳・一〇六］ので、最初の定住者のなかにいた祭司たちは、より良く職務を果たすことができるようになったという。サンジャーンの定住地は、イランにいるゾロアスター教徒ばかりか、すでに別個にインドに避難していたゾロアスター教徒をも惹きつけたに違いない。サンジャーンのアータシュ・バフラームは、この後八百年ほどパールシーの間で唯一の聖なる火であった。寺院の火の祭儀が導入される前に祖先がしていたように、祭司や平信徒は主として各自のかまどの火の前で祈り、儀式を執り行なった。これはある点では貧乏のせいであったが、西イランの慣習と違って、ホラサーンの伝統では聖なる火があまり重要視されなかったためであっただろう。

『キサ』の簡潔な表現に従えば、それから「三百年ほど」たち、この間にパールシーは、母国語としてグジャラート語を話すことを学び、多少の違いはあるが、インドの衣服を採用した（祭司たちはいまだ白ずくめの服を着、白いターバンを着けていた。平信徒もまた、宗教に関わる時には白を着た。女は色物のサリーを着たが、髪は屋内でも戸外でもネッカチーフでおおっていた）。

サンジャーンの定住地が次第に栄えるようになると、平信徒の一団は港や海岸沿いの小さな町などに、自分たちの新しい住み家を作るために去っていった。伝承によればその中心地としては、ヴァーンカネール、バルーチ、ヴァリアヴ、アンクレーシュワル、キャンベイ及びナウサーリーが主なところだった。彼らは繁栄してくると、サンジャーンに使者を送って、自分たちのため儀式を司祭する祭司を派遣するよう求めた。

こうしてやって来た祭司たちの方も繁栄し、その数が増えると、彼らは自分たちの間で仕事を分け合うようになり、各祭司の下に平信徒の家族の一団が属するようになった。この一団は彼の「パンタク（panthak）」と呼ばれ、祭司は彼らの「パンタキ」と呼ばれた。そしてそのつながりは世襲的になる傾向があった。グジャラート語でのこの用語は新しかったが、祭司と平信徒の間に個人的な絆をもつこの制度はきわめて伝統的なものであった。祭司は土地とのつながりを強めていった。

十三世紀頃にはグジャラートの教会は五つの群つまり「パント」に分けられた。もとの定住地域には南から北まで「サンジャーナ」がいた。「バガリア（Bhagaria）＝分けあう人たち」は、（パールシーが一一四二年初めて定住した）ナウサーリーの小港に基盤をおいた。ゴダヴラは、アンクレーシュワルという小さな町を含む広大な地方区を守備した。最も有名なバルーチの港にはバルーチャが、そしてカンバットつまりキャンベイには、カンバタがいた。この町はバルーチと同様、古くからの豊かな港であった。おのおのの祭司の「パント」はそれぞれ評議会をもち、自分たちの問題を裁いた。そのいずれもがアータシュ・バフラームを通じて、はじめの定住地サンジャーンとつながりをもっていた。その灰は浄めの儀式に必要だったし、この火自体も、そもそもの初めから、巡礼がめざすところであった。

この記録のはっきりしない数世紀の間もパールシーが団結していたことは、一一二九―一一三一年の間のいつか、(日の後退によって) 春分の日が第二月第一日にあたったことがあり、その時彼らはフラワルディン月第一日にそれを合わせるために、閏の十三月目を挿入したという事実からわかる。彼らはこの閏月を単に第二のスペンダールマド月と呼んだ。この改革は一〇〇六年ブワイフ朝のもとでイラン人が行なった改革よりちょうど百二十年後に行なわれたものであろう。これはアルダシールのもとでのサーサーン朝の最初の不幸な暦の改革の後、確かに閏の一月を入れた唯一の実際例である (そのような閏が行なわれたとする理論に基づいた計算を行なったゾロアスター教徒およびアラブ系ペルシア人学者の著作が残っている)。

十二世紀のグジャラートで、このような改革を行なうことができたということは、当時のパールシーの祭司階級の知性と権威ばかりか、共同体の団結をも証明している。しかし、この処置はくり返されることはなかったので、その後パールシーとイラン人の暦は、両方とも自然年に対し遅れていく一方であったし、さらに、パールシーの暦はすべてイラン人のものより一月遅れていた。

十二—十四世紀のパールシー

十二世紀に学問のあるパールシー祭司が存在したことは、十一世紀末から十二世紀初めに活躍したと考えられるサンジャーナ祭司ネールヨーサング・ダヴァルの書いたものから確かめられる。グジャラート語を話す共同体のなかでは、サンスクリット語は知識階級にかなり容易に受け入れられた。そしてヒンドゥー教徒が寛容だったおかげで、パールシーはこの言語に対しては、イラン人がアラビア語に対してもったような嫌悪感を感じないですんだ。そこでネールヨーサングは、ゾロアスター教の宗教書を、中世ペルシア語からサンスクリット語に翻訳する仕事に取り組んだ。

ヤスナに関しては、彼は十五世紀にホーシャング・スィヤーワフシュが用いたと同じ原本に基づく写本を用いた〔ゲルドナー・三三—三四〕が、彼がどのようにしてこの貴重な書物の写本を手に入れたかは不明である（パールシーは移住にあたって、ヤスナの『サデ〔Sade〕』、つまりザンドなしの簡単なアヴェスタ語のテキストと、ウィスペラドとホルダー・アヴェスタだけを所持していたとされる。これらの書は礼拝と私的な祈りに必要欠くべからざるものだったからで、その他のすべての書物は、イラン人が保持して、徐々にインドの同胞に伝えられた）。ネールヨーサングのサンスクリット語訳ヤスナは未完成であるが、彼は、他にパフラヴィー語の『知恵の霊の判断』やマルダーンファロフの『疑惑追放論』やホルダー・アヴェスタの一部も訳した。

彼はさらに、もとの中世ペルシア語を明瞭なアヴェスタ文字に転写した。というのは、近代ペルシア語を話す者ならば、曖昧なパフラヴィー文字によって表わされた中世ペルシア語であってもまだ理解できたけれど、パールシーにとっては、この頃すでに中世ペルシア語は死んだ教会用語となっていたので、読むのがことにむずかしくなっていたからである。このアヴェスタ文字への書き換えは、一種の解釈でもあったので、「パ・ザンド (pa zand)」つまり、「解釈によって」といわれるようになり、その後は単にパザンドと呼ばれた。

ネールヨーサングの用いたサンスクリット語は、当然ながら方言であった。彼は文章家としてよりはむしろ祭司として活躍していたので、その翻訳は直訳的であった(ゾロアスター教の特殊用語もかなり残していた)。にもかかわらず彼の著作は、彼がサンスクリット語と中世ペルシア語の両方について、驚くほど広い知識をもっていたことを示していて、パールシーの学問の頂点の一つを示すものといえる。その後、サンスクリット語による研究は衰退したが、これはムスリム軍の到来と時期を同じくしているようである。一二〇六年、ムスリムのサルタナート朝がデリーに樹立され、一二九七年、そこからグジャラート遠征軍が派遣された。この時この地域に加えられた略奪は、最も裕福な港であったキャンベイでは特にひどかった。

市民たちは不意を打たれ、恐ろしいパニックにおちいった。ムスリムは、いたる所で無

慈悲に殺戮を始め、血が奔流となって流れた。［コミッサリアート・一・三］

そこの小さなパールシー共同体は、あまりに小さかったので、この資料には言及もされていないが、他の住民と同じく被害をこうむったに違いない。

その後グジャラートは、デリーから任じられた総督によって支配され、宗教的不寛容の時代が始まった。特に狂信的なスルタンたちは、改宗の手段として人頭税《ジズヤ》を課した。パールシー自身は、数だけで支配者にある程度抵抗することができるほど膨大な人口をもつ「異教徒《ヒンドゥー》」のなかの、ほんの小さな集団を形成していただけなので、イランにいた同宗徒たちよりは恵まれた暮しをしていた。

征服者たちがアラブ・ペルシアの文化をもってきたことは、ことをいっそう複雑にした。パールシーはこの頃には自分たちの選んだ土地にすっかり馴化していたけれど、ペルシアの血統と伝統を、なお強く誇りにしており、ペルシア語を自分たちの世襲文化の一部とみなしていたからである。したがってペルシア語がこの頃学者の言葉としてグジャラートに広まったことが、おそらく、パールシー祭司間でのサンスクリット語学習の衰退をもたらしたであろう。さらに、この時期になると、彼らはすでに存在するサンスクリット語訳に基づいて、アヴェスタ語やパフラヴィー語テキストをグジャラート語に訳し始めていた。かつてイランで、むずかしいアヴェスタ語原本の代わりに中世ペルシア語訳が用いられたと同じように、普段の学習では、自分たちが理解できる言語によるテキストが、徐々にすべての他の言語に取って代わるようになった。

この時代の数々の困難を通して、パールシーは信仰の書物に関心を向け続けた。一二六九年、自分の生国で『アルダー・ウィーラーズの書』の写本を作ったイラン人祭司ルスタム・ミフラバーンは、ムスリムがグジャラートを征服する直前にインドを訪ねた。そして、一二七八年に「インド人の国にあるアンクレーシュワルの町で」彼が書いたとされる『ウィスペラド』の写本が今も存在している。ルスタムがイランに戻ったことは確実で、彼が自分用に写した他の写本はその一族に継承され、最終的には彼の曾々甥で、祭司階級のあらゆる写本家のうちで最も有名なミフラバーン・カイ・ホスロウの手に渡った。

ミフラバーンもまた、キャンベイの敬虔な平信徒の商人のカヒルに招かれて、(貴重な写本を携えて)インドに赴いた。そこでミフラバーンが写した最初の写本は特異なもので、普通は『パフラヴィー・シャーナーメ』として知られ、種々のパフラヴィー語文献を集成したものである。それは英雄叙事詩『ザレールの偉業』や散文物語の『アルダシール伝』を含んでいる。奥書によると、ミフラバーンはこの写本を、一三二二年、タナの港で書き、「パールシー商人のカヒルは、大いに敬意を表して、写本の謝礼と紙を提供した」という。その後彼は、北のナウサーリーやキャンベイにも行ったが、そこでの写本作者としての彼の活動の跡は三十年以上にわたってたどることができる。

ミフラバーンがまだ活躍していた一三五〇年頃、キリスト教徒の旅行者、ドミニコ会修道僧ヨルダヌスは、マラバル海岸への旅の途中グジャラートに滞在し、パールシーに注目して次のように書いた。

このインドには、他にも火を礼拝する異教徒がいる。彼らは死者を埋めも焼きもせず、屋根のない塔のようなもののなかに投げ入れ、全く覆いをせずに空を飛ぶ鳥にさらす。これらの人々は、二つの第一原因を信じている。それはすなわち悪と善つまり闇と光で、その事について今のところ私は論じるつもりはない。［二一］

この後間もなく、デリー・サルタナート朝は崩壊しはじめ、タタール人のティムールによって致命的な一撃をこうむった。ティムールは、自身ムスリムだと公言していたが、一三八一年イランに侵入し、まずホラサーンを征服してから全土を攻略した。一三八三年に彼が侵略したシースタンについては、「陶片から王家の真珠まで、最上の布地からドアや壁の釘まで、その国にあったものはすべて、略奪の嵐にさらされた」［ブラウン・Ⅲ・一八七］と言われる。被害をこうむった人々のなかには、その地でなお屈せずにいたゾロアスター教徒がいたに違いないし、伝承によれば、ティムールの遠征のおかげでさらに多くの者が海を渡ってグジャラートに避難したと言う。ティムールが、一三九八年インドに目を向けた時には、この地域は南にありすぎたために幸いにも直接には被害を受けなかった。彼はデリーを占領し、国土を荒廃させ、分捕品を奪って退いた。

その後一四〇一年、ムスリムのグジャラート総督ムザッファー・シャーは独立を宣した。

彼とその後継者が権威確立のために戦っていたのは、地域的な騒擾の絶えない時期であって、多分この時（年月は不明だが）、ゴダヴラ地方のヴァリアヴ村のパールシーは、一説には法外な税の支払いを拒否したためにその地のヒンドゥー王《ラージャ》に殺された。このとき殺された者たちの魂のための儀式は、今でも毎年執行されている。

初期の混乱したムザッファール朝時代には、パールシーの二人の有名な書記ラーム・カムディーンとその子ペーショータンは、平穏にその仕事を遂行することができた。後者は、一三九七年バルーチで有名な写本を作った。一四一〇年に彼の父は、パザンド語訳やサンスクリット語訳つきで、『アルダー・ウィーラーズの書』の写本を写した。五年後、ラームは、種々のパザンド語テキストの写本の写しを作った。そのなかには、サンスクリット語やグジャラート語訳つきのものもあった。彼は、中世ペルシア語についてはあまり理解がなかったようだが、このような作品から、地方語を使用することで、この時すでに外国語になっていたものについては知識が着実に減少したことがわかる。

十五世紀のパールシー

ムザッファール朝に対するヒンドゥーの抵抗は、スルタン・マフムード・ベガダ〔一四五八―一五一一年〕が即位した十五世紀半ばまであちこちで続いた。一四六五年、彼は、頑強に抵抗する地域を従えるために軍隊を派遣した。サンジャーンが略奪され破壊されたのは、この遠征の時であると考えられる。戦闘でヒンドゥーの恩人とともに闘った勇敢なパールシーの役割についての話は、『キサイ・サンジャーン』で叙事詩風に語られている［ホーディワーラ訳・一〇八―一一三］。

多くの命が失われたが、祭司たちはなんとかアータシュ・バフラームを救うことができ、それを約十四マイル離れた孤立した山「バフロートという名の丘」の洞穴に無事運んだ。ジャングルと海に守られたこの地で、彼らは、その後十二年にわたってこの火を維持したと言われる。そして情勢が平穏をとり戻した時、彼らは、サンジャーナ・パントのなかの十五マイル程内陸の小さな町バンスダにそれをもっていき、そこの小さなパールシー共同体に、敬意と喜びをもって迎えられた。ここに二年間とどまっていた間、ゾロアスター教徒の巡礼が、「この清浄な信仰をもつ人々が住むあらゆる地域からやって来た。かつてはるかに有名なサンジャーンに人々が来たとちょうど同じように、今やパールシーは、多くの献げ物をもって……バンスダにやって来た」［同上・一一三］。

巡礼のうちには、パールシーの歴史上偉大な人物の一人である、ナウサーリーの町の裕福な平信徒チャンガ・アサがいた。キサの作者は、彼を、古いイランの称号で「国の主」を意味する「ダフユヴァド（dahyuvad）」と呼んだ。これは明らかにグジャラート語の「デーサーイ（desai）」（「郷士」のようなもの）の訳語である。彼はまた「ダヴァル（davar）＝首長もしくは判事」とも呼ばれる。「彼は信仰がないがしろにされることに耐えられなかった……彼は自分の財産と富を分けて、スードラやクスティーをもたない人々に金を与えた」と言われる。チャンガ・アサは、ジャングルを通りぬけるのが困難な雨期に、バンスダに巡礼をした。

その後間もなく彼はナウサーリーのアンジョマン▽すなわちゾロアスター教徒の成人男性全員から成る地域集会を呼びかけ、サンジャーナ祭司たちを招いて、海岸のナウサーリーに聖なる火を運ぶべきだと提案した（当時の海上交通は陸上よりも容易だった）。サンジャーナたちはこれを受け入れ、ナウサーリーのバガリア祭司たちが整えた「立派な家」のなかに火を無事に安置した。この出来事をもってバフマンは（彼自身、聖なる火を守るサンジャーナ祭司の四代目の子孫であったが）、『キサイ・サンジャーン』を終えている。

アータシュ・バフラームは、このように十四年以上も定まった住家をもたなかった。この期間それは、金属の器のなかに保たれていたと考えられる。その器は、アーフリナガン(āfrinagan)の一つで、普通は礼拝行為の間、輝く火種を保持したものであった。石でできた柱のような祭壇の上に聖なる火を安置するという伝統は、こうして打破され、代わりに、小さなアーフリナガンの形をまねた巨大な金属の容器が、ナウサーリーの新しい寺院でアータシュ・バフラームを保持するために作られた。これが前例となって、その後パールシーが建立した聖なる火は全部がそうするようになった。

ナウサーリーは今やパールシーの宗教生活の中心地となった。そこでは、共同体の聖なる火も一つ建立され、二つの最古のパントの指導的祭司たちがその町に一緒に住み、チャンガ・アサの指導のもとで共同体は繁栄した。

アサが伝統を正しく維持することを大いに心がけた人であったことは明白である。彼は同宗者を説得し、イランに使者を送って、祭儀や慣習の不確かな点について、そこの祭司に相談させようとした。この時の勇敢な使者ナリマン・ホシャングは、バルーチからペルシア湾まで航海し、そこから陸路でヤズドに達し、トゥルカーバードのダストゥーラーン・ダストゥールのもとに連れていかれた。彼は暖かく迎えられたが、（ペルシア語はほんの少ししか話せなかったので）教えを受けるのに充分なだけ言葉を学ぶまで小商人として身を立てつつ、一年をヤズドで過さねばならなかった［ダバール訳・五九三］。

一四七八年、彼は、シャリーファバードの二人の祭司が、特別に「ヒンドゥースタンの祭司や指導者や主だった人々」のために写したパザンド語の写本を二つと、パールシーに宛てた長い手紙を携えて戻った。彼は、その後も続いたそのような使節の最初の人で、ナウサーリーのパールシーは、この時以降も、受け取った写本を保存したばかりでなく、ペルシア人の祭司たちが彼らのために書いた教えの手紙やすべての取りきめつまり『リヴァーヤット(Rivāyat)』も収集し、この手紙はその内容ともども署名も、十五世紀から十七世紀にかけての両共同体の状態に光をあてている。『リヴァーヤット』によると、パールシーもイラン人もともに完全な正統派であって、両者ともこのように苦しみつつ守り続けた宗教を、忠誠を尽して維持することに深い関心をもっていたことがわかる。

この二共同体の間に教義上の違いは全く存在しなかった。助言を求められ与えられたりしたのは、ニーラングディーンの煩瑣な儀式の執行、ダフマの聖別、バラシュノムの執行のための実際の祭式といったような遵守すべき事柄についてのものである。浄めの法の細かい点についても、細心の注意が払われた。おそらくパールシーの祭司たちは、ある点では自らの慣習を確認するためにもこれらの書簡を研究し、平信徒への忠告に権威を付したのだろう。しかし彼らが、先祖が厳しい状況におかれていたために、これまでないがしろにされてきた守るべき勤めの詳細を記したものから恩恵をこうむっていたことは明らかである。彼らは危険な状況にもかかわらず、質問状をもたせて使者を送り続けた――使者はすべて平信徒であった。というのは、祭司は異教徒の船で航海すると清浄さを損なうと恐れていたからである（イラン人は、使者が到着するとバラシュノムを行なった）。

一、二の点で、インドのパールシー居住地は、守るべき勤めの変更を余儀なくされた。彼らは「ホーム」草――ペルシアの山々に密生して茂るエフェドラ――を入手できなかった。しかし代替物として何を使ったかは知られていない（イラン人はこの頃になると、可能な時はいつでも、彼らに必要なホームを送るようになった）。イランのゾロアスター教徒は当然古い供犠の祭式すべてを維持していたが（血の犠牲はムスリムの慣習でもあったので、この点では征服者と何の衝突もなかった）、パールシーの方は、山羊の犠牲は続けていたけれど、ヒンドゥーのなかで定住するようになったために牝牛や牡牛はあきらめねばならなかった。

数世紀後に、イラン人の同胞から、時にはこの牛の供犠を捧げるように勧められた時、彼らは衝撃を受けたに違いない。「ホーム」ジュースを漉すための「ヴァラス（varas）」つまり聖別して篩《ふるい》として用いる尾の毛を取るため聖なる牡牛を飼うという習慣を発達させたのは、おそらくヒンドゥーの牝牛崇拝の影響であったろう。「ヴァラスヤ（varasya）」と呼ばれる牡牛は純白で傷がなく、桃色の鼻、口、舌をもっていなければならなかった。この牛はまた「ニーラング（nīrang）」を確保するためにも用いられた。この慣習はイランでは知られていなかった。イランでは昔から、尾の毛は犠牲の牡牛から取られたようで、ニーラングは、健康であればどの動物からでもよく、その採取に先だって純粋な食物を与えられて、とり終わってからは野に帰された。

「ヴァラスヤ」という名称を新しく作ったことは、パールシーとイラン人の間に、用語上相違があったことを示す一例である。パールシーは、ペルシア語とアラブ・ペルシア語の用語を多く残し、文献資料を通してさらに多くを理解した。しかし普段の生活では当然彼らは、グジャラート語を次第に多く採り入れ、二、三の古い言葉はイラン人とは違ったふうに使った。たとえば、イラン人は祭司の入門式を「ノーズード（nōzūd）」と呼んだが、パールシーの言葉では「ナーヴァル（nāvar）」で、「ノーズード」（彼らの発音では「ナオジョート（naojōt）」）は子供の入信に使われた。一方イラン人は、これを「セドラ・プシュン（sedra-pušun）＝聖なるシャツを着ること」と呼んでいる。そうはいっても、両共同体は、信仰と慣習を共有することでたいへんよく互いを理解しあいつづけた。

しかし牝牛の犠牲だけが、外見上違いのあった唯一のものではない。改宗者のことがもう一つの問題であった。パールシーは、ヒンドゥー社会で一つのカーストのようなものとみなされてきたので、イランとのつながりに誇りを抱くと同時に宗教を世襲的なものとみなすようになった。ゾロアスター教徒であるためには、イラン人の血をもって生まれねばならない――この考え方は、これまで見てきたように、初期の時代から全ゾロアスター教徒集団に見られた傾向であったが、厳格な原則とされたことはなかった。パールシーが、イラン人に、たとえばヒンドゥーの召使いが入信したいという時、それを許すべきかどうか尋ねた時、その回答は「もし召使いの少年少女が〝善い宗教〟の信仰をもっている場合は、彼らがクスティーを結ぶのは当然である。彼らが教えを受け宗教に注意深く堅実である時には、バラシュノムが執行されるべきである」〔ダバール訳・二七六〕というものであった。

パールシーを困惑させたもう一つの事柄は「フウェードーダ」結婚のことであった。というのは、ヒンドゥーは、従兄妹どうしの結婚でさえ認めなかったからである。そこでナリマンは、パールシーが「親戚の間では婚姻を結ばないが、それに関して多くの疑問をもっている」〔同上・二九四〕とイラン人に告げた。イラン人は「マズダ礼拝者の親戚間の結婚は立派な行ないで、オフルマズドにより認められていると言いなさい」と答えた。兄妹の婚約は(結婚前に破棄されたが)、十一世紀のパフラヴィー語テキストに記録されている〔アードゥル・ファルンバーグのリヴァーヤット・一四三〕。しかし十四世紀の祭司たちが勧めたことは、「兄弟の息子と娘を結婚させるよう努力すべきである」ということだった。これは、パールシーがムスリムの支配下にある時代には容易なことだと彼らは指摘した(なぜなら、これはアラブ人の間でも好まれた結婚方式であったから)。そして、パールシーの結婚に関する記録が存在するようになって以来(つまり十八世紀から)、この従兄妹婚は彼らにとっても最も人気のある結婚の形態であった。

十六世紀イランのゾロアスター教徒

ヤズドの祭司たちはその最初の手紙でパールシーに、ガヨーマルドの時以来――すなわち人間の歴史の始まり以来――どんな時も、アレクサンドロス大王の時でさえも、この「憤怒の悪魔の千年紀」〔ダバール訳・五九八〕ほど、信者にとって嘆かわしく、また苦しみの多い時はなかったと嘆いた。

彼らはその頃、ティムールの子から権力を強奪したトルコ人の支配下に生活していた。しかし一四九九年、初代のサファビー朝シャー・イスマーイールが、彼らを破ってイランの王として戴冠した。彼とその子孫は一七二二年まで支配したが、シーア派を奉じ、イランのムスリムのほとんどすべてに無慈悲な圧力をかけて、自らの宗派につかせた。シーア派は、浄めの法やその他の点において、スンニ派よりはゾロアスター教的であった。しかしこのことは、シーア派の人々に異教徒の不潔さを一層意識させただけで、サファビー朝の下での生活は、古い宗教をもつ人々にとって困難なものであった。

十六世紀のパールシー

一方、グジャラートの人々の上には、喜望峰を回って東に通商基地を求めて来たポルトガル人という姿をとった新しい困難がふりかかった。マフムード・ベガダは一五一一年に死んだが、彼のあとこの脅威に対抗できるような能力のあるムザッファール朝の支配者は誰もいなかった。にもかかわらず四半世紀の間、スルタンたちは、恐怖をまきおこし、略奪のためにあちこちの海岸を襲撃して徘徊するポルトガル人を寄せつけなかった。

一五三四年当時、デリーを治めていたムガル帝フマユーンはグジャラートに侵入した。スルタンは絶望してポルトガル人と条約を結び、援助の見返りとして、ワサイーの港とその島々（小さくてあまり重要でないムンバイ〔ボンベイ〕も含んでいる）を譲渡して、グジャラートを出港する船は皆、彼らに税を払うことに同意した。ポルトガル人はこの気前のよい譲渡の見返りとして、実際にはスルタンを援助したわけではなかったので、グジャラートの騒擾は続いた。フマユーンはその地の北を蹂躙し、パールシーが定住していたバルーチとスーラトは、彼の略奪圏内に入っていた。

一五四七年にポルトガル人は、再びバルーチを攻撃して住人を殺した。その上彼らはスルタンに、さらに領土を譲渡させたが、それは「サンジャーン地方」も含んでいた。彼らポルトガル人は落ち着く先すべてで、住民をカトリックに改宗させるために大いに努力した。ガルシア・ドルタという名のポルトガル人の医者は、キャンベイやワサイーのパールシーに注目して、彼らはもともとはペルシアから来た商人や小商人であると記録した。

一五七二年、フマユーンの子アクバル帝がグジャラートに侵入して、一年以内に自らその地の支配を確立して、そこの独立に終止符を打った。（その時には主要な港になっていた）スーラト包囲の間に、彼は数人のパールシーに会い、彼らを丁重に扱った。したがって、ムガル朝の支配は、この共同体にとっては幸先よく始まり、その繁栄の道の始まりを画することとなった。一方、彼らのイラン人の同胞はサファビー朝で、かつてないほどの貧困と抑圧のなかに放りこまれていた。

第十二章　サファビー朝とムガル朝時代

シャー・アッバース治下のイランのゾロアスター教徒――彼らの信仰と実践

十六世紀から十八世紀にかけて、ゾロアスター教徒自身による記録も、外国人観察者による紹介も次第に多く残されるようになった。イランでは、一五八七年にサファビー朝の最も有名なシャー・アッバース大帝が即位して、一六二八年まで統治した。イスファハンにあった彼の宮廷の華麗さは、ヨーロッパの使節や商人やキリスト教宣教師さえも魅了し、彼らのなかには周辺のゾロアスター教徒集団に興味をもったものもいた。

それは、一六〇八年、シャー・アッバースが「大勢のガウル（Gaur）」（「ガブル」という蔑称のこの当時の語形）をヤズドやケルマンからこの地に連れて来させて、首都の内外で労働者として働かせたからであった。彼らは郊外に居を定めた。そこにあったおよそ三千軒の家はすべて「低い平家建で飾りもなく、貧しい人が住むのにふさわしかった」［ピエトロ・デラ・ヴァレ・二・一〇四］。そこでは彼らは、懸命に縮絨工、織工、カーペット製作者として働き、町では（ムスリムと争わないよう気をつけながら）馬丁や庭師となり、また近くの農家やぶどう園に雇われた。「彼らは、農業を、善であって無垢な職業であるとみなすだけでなく、徳の高い高貴な職業だとしており、あらゆる職業中の第一のものであると信じている。至高の神と下位の神々は、これを最も高く評価し、最も潤沢に報いると彼らは言う」とシャルダン［二・一八〇］は書いている。

彼は続けて、「これら昔からのペルシア人たちは、穏やかで素朴に暮し、たいそう平和に、長老の指導に従って生活している。その首長は長老のなかから選ばれ、ペルシア政府によってその職に認可される。彼らはワインを飲み、肉は種類を問わずに食べる。がそれ以外の点では彼らは非常に特異で、他の人々、特にマホメット教徒とは決して混り合うことはない」。

「その女たちは、他のペルシア婦人のように我々を避けるどころか、たいへん喜んで我々に会い、話をした」［ドリエール・デランデ・二八］ともう一人の旅行者は述べている。彼女らはヴェールで顔を覆っていないので、ムスリムの女とは区別できる。しかし彼女らの衣服はたいへんつつましやかで、かかとまで届く長いズボンをはき、長袖の上着を着、修道女の被り物のようにすっかり髪を覆う頭巾を被っている。彼女らの衣服はきれいな色がついていて、その多くは緑や赤である。男たちは他の労働者のようにズボンと上着を着ていたが、(手織りのウールか木綿の）衣服は染めてはいけないことになっていたので、どこに行っても彼らは目立った。

ゾロアスター教徒は友好的ではあったが、宗教的事柄については無口で、彼らに質問をしたある者は、以下のように述べている。「この世にガウルたちほど、自分たちの宗教の秘密を発言するのに小心翼々たるものはいない」［タヴェルニエ・一六三］。

これは明らかに、ゾロアスター教徒が、嘲笑を鋭い武器としたムスリムと自分たちとの間に壁を築いて、できるだけ離れていようとしたためであり、外国人はムスリムの客となった時には、ゾロアスター教徒の信頼を裏切ったかもしれないからである。したがって、ヨーロッパ人のなかには、ゾロアスター教徒が本当に無知で「素朴な人々で、何世紀もの間隷属して生きてきたので、太陽が昇る時に礼拝をすることと、彼らが永遠と呼ぶ火に奉仕することと、死者の風葬という昔からの風習以外は、どんな儀式も忘れてしまった」[フィゲロア・一七七]と誤解した者もいた。

しかしながら、このように言われていた時に、ヤズドとケルマンの祭司は、パールシーの同胞のためにあらゆる種類の昔からの守るべき勤めや祭式について詳細な指示にあふれている『リヴァーヤット』を書いていたのである。ゾロアスター教徒が自らを守るために築いた特別の障壁は、言語のことで、それについて西欧人の観察が残っている。彼らの辺鄙な隠れ場では、標準ペルシア語の話し手には理解できないような方言が使われた。これは「ダリー」語、ムスリムには「ガブリ」語と呼ばれ、(書かれたことはなかったが)全ゾロアスター教徒の間で話された。

しかしながら、知的好奇心の旺盛な人であったシャルダンは、ゾロアスター教の信仰の秘密を何とか手に入れようと努めて、ある程度の成果を得た。その教義について、彼は書いている[二・一八二]。

彼らは物には二つの原則があり、一つしかないということはあり得ないと考えている。というのは、すべての物は二つの種類から成っているか、または二つの性質つまり善と悪をもっているからである……これら二つの原則とは、彼らがオルモウスと呼ぶ光明……とアリマンと呼ぶ暗黒である……彼らは下位の神々（「属神」）と呼ぶ天使が存在して、それぞれの領分において、無生物の創造物を守るとみなしている。

さらに彼は、彼らが「諸元素」を讃える祭をしたと記録している。これは明らかにガーハーンバールへの言及である。彼はクスティーについては記していないが、それは、ゾロアスター教徒が祈っているのを見たことがなかったからであろう。しかし、どの家族も一日に五回、消されることなく清浄に保たれている自分たちのかまどの火の前で祈ることを知っていた［二・一八三］。

ケルマンのゾロアスター教徒を訪れたタヴェルニエは、火の寺院を見ようとしたができなかった。その拒否の理由として教徒たちは彼に、ムスリムの総督がかつて無理矢理火の寺院を案内させた時の話をした。「彼は、何か尋常でない輝きがあるものと期待したらしい。しかし、台所や室内にある火以上のものを見ることができなかったので、彼は正気をなくしたように呪って火に唾を吐いた」（一六七）。

『リヴァーヤット』には、事件が起った時に必要な聖なる火の浄め方の指示が含まれている。十七世紀までにイラン人は、聖なる火のそれぞれを、泥れんがの寺院のなかで、窓もなく小さな戸棚のようなドアがあって奉仕する祭司だけが入れるこぢんまりした人目につかない部屋に隠す習慣をとり入れた。他の大きい方の部屋には、柱状の何ものっていない祭壇があり、私的な祈りや公式の祭の時には、そこに火が置かれた。このように平信徒は、最愛の聖なる火をより安全に保護するために、それを目にする喜びをあきらめたのである。

屋外では、(かつてヘロドトスが報告したように) ヨーロッパ人も、ゾロアスター教徒が「フラフストラ」と戦い続けていることに注目した。デラ・ヴァレは次のように書いている。「とりわけ彼らは、水を騒がせたり汚したりすると考えている蛙、亀、ざりがに、その他の生き物に恐怖を感じている。そのため彼らは、それらを見つけ次第殺す」。

タヴェルニエは、「一年に一日は、町や村の女性がみな集まって、野原で見つけたすべての蛙を殺す日がある」と述べた(一六六)。さらに、「ガウルたちが非常に尊ぶ獣もいて、彼らはそれらには充分に敬意を払う。また他にはたいへん嫌うものもあり、それらをできるだけ殺そうとする。それらは神によって作られたのではなく、悪魔の体からできたもので、邪悪な性質を留めていると信じている」(一六八)という。

ゾロアスター教徒と接触した他の人々と同様に、ヨーロッパ人もまた、死者を風葬するやり方に興味を示した。イスファハンのガウルたちは、貧しかったけれど、町の外の寂しい場所に、「大きな磨きあげた石でできた……ドアも入口もない高さ三十五フィート、直径九十フィートぐらいの」堂々とした円塔を建て、「マホメット教徒やキリスト教徒が死者の墓に示すよりはるかに大きな敬意を払って、その場所を、誰も穢さないように」している「シャルダン・二・一八六］。

ムスリムに強要されたためであることは疑いないが、彼らは死体を裸のまま置くという伝統的なやり方に代わって、すっかり布でくるんでこの塔のなかに置いた。シャルダンの記事によると、そこからおよそ五十フィート離れた所には小さな泥れんがの建物があって、そこに死者の魂を慰めるための火を燃やし続けたという。この習慣はイラン人にもパールシーにも共通していた。

もう一つタヴェルニエの注意をひいたのは、浄めの法に関する慣習だった。「未婚、既婚を問わず、女たちは生理が始まるのに気づくと、ただちに家を離れ、野原の簀垣か網代組みの小さな小屋に行って、持って行った布をドア代わりにして、一人でそこに留まる。このような状態にある間、食物や飲み物は毎日届けられる。生理が終わるとその身分に応じて、山羊か鶏か鳩を供物として供える。その後彼女らは沐浴し、二、三の親族を招いて小さな会食をする」と彼は書いている。暑い夏や寒い冬には、このような拘束と孤独とは、女性にとってたいへん苦しいものであったに違いない。また時には危険であったことも明らかで、十九世紀までにはこの隠れ場所はもっと安全な家の中庭か馬小屋に作られるようになった。しかしながら、この試練を友人と一緒の小会食で終わらせることからもわかるように、ゾロアスター教徒は、機会があればできるだけ楽しく過ごそうとする本能をもっていた。

タヴェルニエは、概して「ガウルは、祝宴を開いたり食べたり飲んだりすることが好きだ」と記している。「預言者の誕生日は、驚くほど盛大に祝われ、その上、莫大な施しがなされる」とも述べている。この日は大きな方のノールーズのことで、フラワルディン月の六日にあたる（十二月二十五日がキリストの誕生日というのと同程度の真実味を、ゾロアスターの誕生日として、この日はもっている）。

またケルマンでは明らかに、潤沢に施しをすることのできる裕福なゾロアスター教徒たちがいた。そこでは、シャー・アッバースの治世に、ルスタム・ブンダルという者によって「ミフルの家〔ハーネイ・ミフル〕」が建てられたことを記す優美な彫刻のある大理石が残っている（「ミフルの家」は普通、「ダリ・ミフル」または「バリ・ミフル」と呼ばれ、後世に、礼拝の場所つまり火の寺院をさす一般的な用語であった）。

おそらくルスタム・ブンダルのようにある程度の財産をもった人々が、ナウサーリーのチャンガ・アサのような地域の教徒集団の「首長＝ダヴァール（davār）」になったのであろう。普段は彼らが事件を裁くのにさしたる困難はなかったろうが、成員のうち二人が争って、長老がその事件の理非曲直を決することができなかった場合には、被疑者に火の寺院で宣誓をして（昔の火による神裁の一種である）儀式的に硫黄を飲むように求めたことが、『リヴァーヤット』には書かれている［ダバール訳・三・九以下］。ホルシェード・ミフル・ニヤーイシュを唱えて、太陽とミフルを証人として呼んだあとで神裁を受ける人は、七大アマフラスパンドとその創造物に祈り、公式の誓言をし、以下のような言葉で結ぶ。

もし私が偽証すれば、私がこれまで為した善行はすべてあなた（原告）に移るであろう。そしてあなたが犯した罪については、その罰をチンヴァト橋で我が身に引き受けよう。ミフルとスローシュと正義のラシュンは、私が真実を述べていることを知っている……。

ゾロアスター教徒は、偽証する者は誰も神によって直ちに罰せられると確信していた。しかし教徒集団はおおむね正直だったので、事態がここにまで至ることはほとんどなかった。というのは、約束を破る人はすでに「アフリマンと悪魔たちの管轄」に入ったとされたからである［ダバール訳・四一］。

できるだけ正直で、平和に一生懸命働いてはいたけれど、ゾロアスター教徒は暴政から逃れることができなかった。シャルダンの述べるところでは、シャー・アッバースは、ガウルの書物の内容の素晴しさ、ことにアブラハムによって書かれ、その内容が時の終りまでに起るすべての出来事の予言であるといわれるものについての話を聞いた。彼はこれをしつこく探し求め、ゾロアスター教徒にその写本をもってくるよう強制した。シャルダンは、イスファハンの王立書庫にある二十六巻の書物のことを聞いている。しかし当然のことながら、アブラハムが書いたとされた想像上の本を提出することはできず、最後には業を煮やした王は、ダストゥーラーン・ダストゥールを他の者たちとともに死刑にした。一六三五年の日付のあるパールシーへの手紙で、イラン人の祭司たちはこの出来事を語っている。

この時の彼らの悲しみは、さらに失望によって深められた。彼らは「世界年」の十番目の千年紀がヤズデギルド三世の治世とともに始まったと信じ、その千年後つまり一六三〇年には、サオシュヤントが到来して栄光ある終末の日が来ると期待していた。その四年前、彼らはパールシーに手紙を書いている。「アフリマンの千年紀は終わり、オルマズドの千年紀はすぐそこに来ている。我々は栄光ある勝利の王の顔を見るのを待ち望んでいる。疑いもなくフシェダルとペショータンが出現するだろう」[ダバール訳・五九三―五九四]。

その待ち望まれた年が何事もなく過ぎたことは、彼らにとって残酷な一撃であった。彼らはサオシュヤントが来るという希望を失うことはなかったけれど、その期待はその後はもっと曖昧なものになった。しかしながら、シャルダンは、「彼らがいつも信じている伝承の一つに、彼らの宗教が再び世界に広まり、……帝国がもう一度自分たちのものとなることがある。彼ら自身も、子孫も、この希望で支えられている」[同上・二・一八四]。

シャー・アッバースの治世以後、彼らにとって事態は悪くなる一方であった。アッバース二世（一六四二―一六六七年）は、イスファハンでガウルが住んでいる所を王家の保養地にしようとして、郊外の新しい土地に彼らを移転させた。さらに、最後のサファビー王スルタン・フサイン（一六九四―一七二二年）のもとで、彼らはひどく苦しめられた。というのは、即位後間もなく、この王は強制改宗命令に署名したからであった。あるキリスト教大司教の目撃したところでは、この改宗は、暴力的手段によって強制された。ゾロアスター教寺院は破壊され、多くのガウルは剣を突きつけられてイスラム教を受け入れるよう強いられ、それを拒否した人々の死体の血で川は赤く染まるほどだった。逃れられたのは少数で、今もなおヤズド地方にはこの時の難民の子孫という家族が住んでいる。

十六―十七世紀のパールシー

同じ頃のパールシーは幸せな方で、地道に富や社会的地位を上昇させつつあった。アクバル帝は宗教に興味をもっていた。一五七三年、彼がスーラトのパールシーを諮問した時、彼らはナウサーリーから学問のあるバガリア祭司メヘルジ・ラーナを送って、王に自分たちの信仰を説明させた。その五年後、メヘルジはムガル朝の宮廷で諸宗教の信者の討論会に呼び出された。この出来事をムスリムの歴史家は、次のように記録している。

拝火教徒もグジャラートのナウサーリーから来て、陛下にゾロアスターの教義の真実性を証明した。彼らは拝火を偉大な礼拝と呼び、皇帝に非常に好印象を与えたので、皇帝は彼らからパールシーの宗教用語や儀礼を学び……昔のペルシア王の習慣に従って、聖なる火を昼夜宮廷に燃やし続けるよう命じた。［コミッサリアート・一一・一一二］

このように寛容で折衷主義をとったアクバルは、人頭税《ジズヤ》を廃止し、誰にも礼拝の自由を許した。ナウサーリーのパールシーはこぞって喜びを分けあい、メヘルジ・ラーナとその子孫を代々の大祭司つまり大ダストゥールの職に任じた（今日でもバガリア祭司は、ダストゥール・メヘルジ・ラーナの指導下にある）。

のちに――おそらくパールシーの助言によって――、アクバルは、シャー・アッバースに対して、ペルシア語辞書編纂を手伝うためにゾロアスター教徒の学者を送るよう頼んだ。そして一五九七年、ケルマンのダストゥール、アルダシール・ノーシラヴァーンがやって来て、彼の宮廷に滞在した。その他二人のパールシーの祭司がその宗教的知識ゆえに、皇帝から、「ムッラー（mullā）」の称号を授けられた。彼らはダストゥール・メヘルジ・ラーナのように土地を与えられ、その証書は現在も残っている。

この時以降、パールシーの記述された記録は広範囲にわたるものとなり、法的記録や宗教儀礼や費用の記載、祭司階級の位階のリスト、祭司と平信徒間の同意事項、寄進のリストも含むようになった。これらの記録は、ダフマや火の寺院に残された碑文とともに、十九世紀パールシーの学者バーマンジー・ビランジー・パテールによりグジャラート語の『パールシー・プラカーシュ（Parsi Prakāsh）＝パールシーの光輝』と呼ばれる刊本に集成され、これは共同体の歴史にとってはかりしれない価値をもつ資料となっている。

十七世紀には、ポルトガル人とは商業上のライヴァルになるヨーロッパ人が、パールシーについて数多くの記述を残している。そのうちの幾人かは、イスファハンを訪ねて、ガウルのことを知っていた。この頃のパールシーの大部分は、イラン人と同じように、「商人というよりはむしろ農夫で、海外で活躍しようとはしなかった」と彼らは記している［フライヤー・二巻・二九五］。彼らの大部分は海岸地方に住んでいたけれど、創造物に対する昔からの敬意のために、水の上を航海するのを嫌った。

海の水では穢れを祓うことができないので、航海に出る時はいつも、彼らは水さしをもってゆかねばならない。家が火事になっても、水で消そうとはせず、むしろ土や砂をかける方を選ぶ。［ストレインシャム・マスター・二一・三二五］

彼らの家は小さくて暗い粗末な平家で、イスファハンの「ガウル」の家と似ていた。それらは、信仰の砦として維持されたので、信者でない者がなかへ招ばれることはなかった。その住人は「たいへん勤勉で、まじめで、熱心に芸術や労働を子供にしつけた。彼らは国内の機織りの中心となっており、スーラトでできる絹や布地の多くは彼らによって作られている」［オヴィングトン・二一九］。しかし歓楽を求めるゾロアスター教徒的熱心さは失われず、大いに「トディ」を飲んだ。これは彼らの故郷のぶどう酒に代わる発酵したやしのジュースである。

（ムガル朝の許しを得て）ヨーロッパ人がグジャラートに商館を建設した時、ヒンドゥーとパールシーは早速その傭人となった。一六二〇年には、スーラトのイギリス商館でパールシーの事務員が自分の信仰の祭司と質問者たるイギリス人の牧師との通訳をしたといわれ、ヘンリー・ロードという人は、その時学んだことを次のように書き記している。パールシーの祭司は教徒集団について述べて、平信徒は「世俗的な事情のために宗教上の祭式から離れているので、彼に課せられる戒律は、比較的楽である」が、常に天国に行けなくなるという恐れを抱いて、「何かしなければならない時はいつも、そのしようとしていることが良いことか悪いことかを考えなければならない」と語った。

普通の祭司は「ヘルブード（ヘールバド）と呼ばれた」が、「『ズンダヴァスタウ（ゼンダ・アヴェスタ）』で述べられた儀礼を守って、どんなやり方で神に祈るか」を知らねばならない。なぜなら「神は自ら聖典に示した祈り方を最もよしとするからである」。祭司は厳しく自己を修練し、嘘をつかず、「自分の職業においてのみ知られて、現世の事を追求しない。彼だけが神の命ずることを他の人に教えることができる。したがってベフディーン（平信徒）は……彼が必要とするものを知ってそれを与え、彼の方は余計なものは何も求めないだろう」。最後に、祭司は、自らを浄く「穢れないように保つべきである……というのは、彼の仕える神は清らかであり、彼もそうあるべきだと期待されているからである」。

大祭司については、「彼は他の者より位が高いので、聖性についても他の者より上にあるとされている……彼は他のカースト、つまり分派の者に決して触れてはならず……彼自身の宗教を奉ずる平信徒でも触れれば、身体を洗わねばならない……。彼は自分に必要なことはすべて自らの手で行ない、それを自分の浄さを守るためのよりよい方法だとしている……彼は虚飾やぜいたく品を用いてはならないので、毎年莫大な収入が入っても、年末に余分を残すことができない。そのようなものは貧者への慈善的な寄付とか神の寺院を建てることのような、良い用途のために用いられなければならない。……彼の家は寺院に隣接しており、そこに彼は、住み続けなければならない……ダストゥールは『ズンダヴァスタウ』中に含まれる知識をすべて知っていなければならない……彼は神以外誰をも恐れない立場にあり、罪以外何も恐れない……誰かが罪を犯した時には、それほど偉くはなくとも彼はそのことを告げるだろう」。

ロードが学んだ守るべき勤めについては［四六―四七］、子供が生まれてしばらくすると、両親は子供を寺院に連れてゆく。そこで「〝神が父の不浄と母の月経の穢れを祓うように〟と祈りを唱えながら」祭司が「ホーム」ジュースを与えるという。（明らかにバラモンの影響であろうが、ゾロアスター教で伝統的に十五歳とされてきた年齢よりは若い）七歳位で、祭司は、子供に教えて「祈りを唱えさせ、宗教教育をする」。それから彼は儀礼的沐浴を受け、祭司によって聖なる下着と紐を身につけさせられる。「それは彼がいつも身につけていなければならないもので……説教者自身の手で織られる」。

祭については、ロードはガーハーンバールについてのみ述べており、「全部で五日祝われ、その各々が六つの創造行為に対応している」［四一―四二］（全ガーハーンバールはイスラム時代の初期に、五ガーサー日のパターンに従って、各々五日に減らされた）。ロードの後継者であるジョン・オヴィングトンは、一六八九年に、「重要な祭の時には、百―二百人の人が詣で、皆が好みや能力に応じて食料を持ち寄り、そこにいる人すべての間で等しく分け、ともに食べる」［二一八］と述べている。さらに、「彼らの法は肉や飲物に関しては寛大で、鳥や肉を食べる時はいつも、神を宥めるためにその一部を〝アギアーリー（agiary）▽〟つまり寺院に持って行く。それは、生きてゆくために、人間が神の創造物の生命を奪わねば

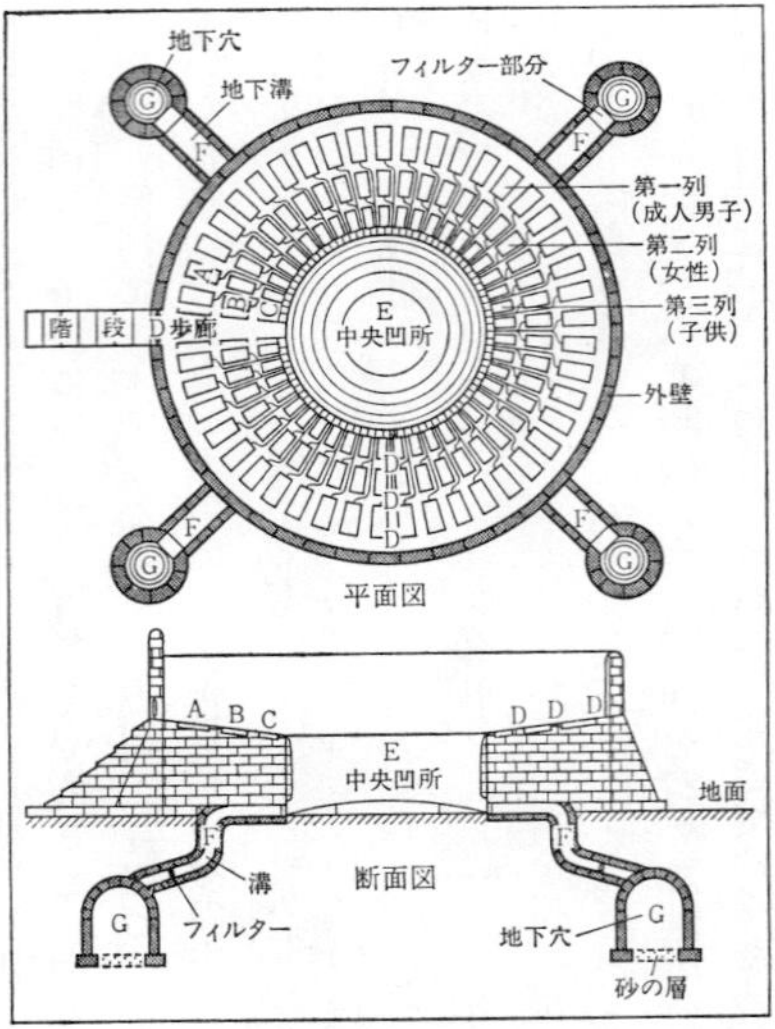

ダフマの平面・断面図

ならなかったことを償うためである」とも述べている。これは明らかにアータシュ・ゾフルへの言及である。

若いドイツ人貴族のデ・マンデルスロは一六三八年スーラトを訪れて、おそらく直接にではないだろうが、パールシーの教義について学ぶことに成功した。彼は、彼らが「唯一の神、宇宙の保護者」を信じているが、「一つずつだけ統制力をもつ下位の」「神の七奉仕者」にも「大いに敬意」をはらっていると記録している［五九―六〇］。これらの「非常に大きな権限をもつ……属神」に加えて、「神には他にも二十六の奉仕者がいて、彼らは皆それぞれ特有の機能をもっている」。そして、彼は暦のヤザドの名を挙げている。パールシーの信じるところでは、これらの存在は「神が各々に管理を託したものに対しては絶対的な権力をもっているので、彼らパールシーは、それを礼拝することに困惑を感じない」と言っている。このように個々の証言によって、当時のパールシーとイラン人の信仰が同一で、正統的なものであったことが明らかである。

　スーラトの近くには、アクバルがパールシーに与えた土地に二つのダフマが建っており、それをロードは、「円筒形でかなりの高さがあり、充分に広く大きく、そのなかは石が敷きつめられている」と述べている。かなりの数の古い塔がパールシーの学者によって調べられていて、外側に石の階段がついたり、石を敷きつめた壇がそれぞれに仕切りをもつ三つの同心円に分けられたりするなど、次第に洗練されていった跡をたどることができる。肥沃なグジャラートで塔を建てるための荒地を見つけるのは困難であったが、パールシーは家々や道から離れた小高い場所に建てることで、彼らなりに最善を尽した。

　キャンベイにあったパールシー居住地は、十七世紀はじめおそらく一六〇六年にムザッファール朝の最後のスルタンがそこに拠って抵抗した時滅んだ。古い港の交易や繁栄はすでにスーラトに奪われていて、続く百五十年間、スーラトは世界で最もゾロアスター教徒人口の多いところとなった。一七七四年、オランダ人の船長スタヴォリヌスは、そこのパールシーの数を約十万（全人口の五分の一）と数え、「毎日数は増えており、その多くが郊外の全地区に、家を建て住んでいる」［二巻・四九四］と言った。彼らは概してヒンドゥーと友好的であった。

　しかしアクバルの寛容政策も彼の治世以後は続かず、後継者はジズヤを復活し、その後ムスリムは「宗教のおかげで、他のすべての人々より優先権を与えられた」［オヴィングトン・一三九］。これは時には暴力沙汰をひきおこした。パールシーの場合の有名な例は、バルーチの機織りでカーマ・ホマという者の事件がある。ムスリムが彼を「カーフィル（kāfir）」つまり無信仰者と呼んだ時、カーマは「カーフィル」はそっちだと勇敢に言い返した。ムスリムはこのように侮辱されたとこの地の長官に訴え、そこで異教徒がアッラーを礼拝する者をそのように侮辱することは許されない、カーマ自身はムスリムになるか死ぬかしなければならないという判決が下された。彼は死を選び、一七〇二年、斬首された。

パールシーの内部では、このような熱血や勇気ある事件の例があったにもかかわらず、旅行者は全体として、パールシーもイラン人と同じようだと描写しており、彼らが穏やかで静かで勤勉な人々であると語っている。「彼らの内部はよく調和がとれていて、貧しい者を助けて、皆が施しをする。その成員は誰も、苦しい時にも他宗教の者に施しを求めることはしない」［ニーブール・二巻・四二九］といわれる。「彼らの分け隔てない親切さは、働けるのに仕事のない人を雇ったり、弱い者や困っている者に惜しげもなく季節毎に慈善を施したりすることに表われ、救いを求める人は誰も、放っておかれることはない」［オヴィングトン・二一八］。

そのような相互扶助には何らかの機関が必要だった。パールシーはイラン人と同様に、長老もしくは首長に統制されており、その地位は一般に世襲された。これらの「偉い人たち＝アカービル（akābir）」は平信徒であったり、祭司階級でも世俗の職業をもつ人であったりした。祭司自身は直接には（ロードがヘルブートで説明したように）現世的なことには関わらず、彼らの間だけのもめ事を処理する特別の集まりをもっていた（これはイランでも同様であった)。しかしながら彼らは、道徳的なことを監督する時は、長老に協力した。

長老が自分たちの権威を強化しようとする時用いた一般的な手段は、「パールシーは悪いことをすると、共同体から追放される」[ニーブール・二巻・四二八]、つまりその者はすべての宗教儀式からも共同体内での特権からも排除されるということであった。祭司はその者のために儀式を執行することなく、彼は火の寺院に入ることもできないし、死んでも死体をダフマに運んでもらえなかった。彼は事実上、「カーストの外に」置かれるわけである。時には直接的な罰が科されることがあった。スタヴォリヌスの記すところでは[二巻・四九六]、「密通や私通に関しては、彼らは自分たちの間で、時には死刑の可能性もある罰を与える。しかしながら死刑の場合は、ムーア人(ムスリム)の政府に裁判権を渡さねばならない。死刑の執行には、石打ちや溺死、撲殺、時には毒殺もあったが、それらは秘密裡に行なわれている」「このような重罪は、彼らの間ではほとんど起こらない」と彼はつけ加えている。このような罰の厳しさは、大部分の記録のなかでパールシーの性質とされている穏やかさと相反するように見えるかもしれない。しかしイランやインドのゾロアスター教徒が、もしその性格に石のように堅固なところをもっていなかったならば、あらゆる差別を受けながら、宗教や生活を守ることはできなかったであろうということは明らかである。

パールシー精神は日常の生活にも見られ、『キサイ・ルスタム・マネーク』では、スーラトの長老の勇敢さと善良さをほめたたえている。このルスタム・マネークという人は裕福な商人で金融業者であったが、十七世紀末、デカン高原にいたヒンドゥーのマラータ族がムガル帝国に対して起こした戦争で、グジャラートが何度も襲撃された時のこぜり合いに際して、勇敢に戦った人である。『キサ』ではまた彼の慈善行為も誉められている。彼は道や橋を作り、共同の井戸を掘り、パールシーばかりでなく貧しいヒンドゥーのためにもジズヤを払ってやり、彼らが徴税人からひどい扱いをされないようにしてやったのである。

このようにすぐれたパールシーがますます栄えたおかげで、彼らは他の共同体の人々と一層混り合うようになり、ヒンドゥーの召使いを多く雇うようになった。そのため彼らの家は、ゾロアスター教的清浄さを守る砦としてはそれほど安全ではなくなった。そしておそらくこのために、またイランの同宗徒の勧告もあって、彼らは各地に下位の聖なる火を建立し始めた。その最初のものはおそらくスーラトに建てられたと思われるが（スーラトは頻繁に火事や洪水の被害を受けたので記録が残らず）、その種の火についての最も完全な記録は、ライヴァル港であったムンバイ（ボンベイ）に建立されたものから得られる。

ムンバイは一六六一年イギリスの所有になり、スーラトの東インド会社が統治を委託された。会社はこの地を「インドで最も繁栄する港」としようとし、そのための一つの手段として、そこでの完全な宗教的自由を宣言した。このため、ムガル帝国やポルトガルの迫害から逃れようと必死なヒンドゥーやパールシーの移民が、間断なくこの島に流れこんだ。一六七一年、ヒルジー・ヴァーチャーはそこにダリ・ミフルを建て、その後すぐダフマを建てた。一七〇九年、アータシュ・アーダラーンが聖別された。これ以後の記録では、パールシーの三種類ある聖なる建物を区別するのが普通である。まず一つは、永遠に燃える火は置いていないダリ・ミフル（火は儀礼の時に、祭司の家からそこへ運ばれた）。次はダードガー火のあるダリ・ミフル、そして最後に、アーダラーンのあるダリ・ミフルがあった。しかしながら普通の言い方では、三つともグジャラート語で「アギヤーリー＝火の場所」といわれている。十八世紀や十九世紀には、こうした聖なる火が、パールシー居住地の新しい所にもグジャラートのような古い中心地にも個人によってどんどん建立された。

村のアーダラーンで最も古いのは、スーラトからそう遠くないスィンガプールのものとされる。ここは「ワーディアー」つまり造船業者で、一七三五年にムンバイに移住し、そこの大造船所の発達に指導的な役割を果たしたロウジー・ナサルワーンジーの誕生の地であった。彼はこのように金持になって聖なる火に寄進したばかりでなく、彼の魂のため、年毎のガーハーンバールの祝いを設けた。パールシーの新しい火の寺院は、イラン人のものと同様、街のなかにあって、普通の家と区別がつかない。なぜならムンバイ以外では、パールシーにとってまだ情勢は危険であったからである。たとえばストゥレインシャム・マスターは、パールシーは、スーラトに火の寺院をもっていたが、一六七二年、「狂信的なムーア人の暴民が騒いで、それを壊し、〔火を〕奪い去った」〔三一五〕と記録している。

十八世紀のパールシーの宗教上の論争

この時期、パールシーのアータシュ・バフラームは、まだナウサーリーにあるサンジャーナの火だけであった。数世代にわたってサンジャーナ祭司は火に献じられる供物で生計を立てつつ、そこのバガリア祭司と円満にやってきた。しかし彼らも人数が多くなると、町の宗教的な職務をすべて執行するバガリア祭司の権利を侵害しはじめた。十七世紀に、その摩擦が大きくなるにつれて、ヒンドゥーの裁判所での訴訟沙汰となり、サンジャーナ祭司は火に仕えるだけという本来の協定を守るべきだと裁決された。彼らはナウサーリーを去るほうが良いと決め、一七四一年、アータシュ・バフラームをもってそこを去った。一年後、彼らはサンジャーンのすぐ北のウドワーダーという海岸の村に新しい寺院を建立した。その火は今日までそこで燃え続けている。

聖なる火がなくなったことはバガリア祭司を落胆させた。それで彼らは自分たちのアータシュ・バフラームを聖別することを決定した。この偉業にふさわしい儀式を探索するために、指導的な立場にあった祭司たちは、「パザンド語やパフラヴィー語やペルシア語の写本」にあたった。他のパールシー共同体、特にスーラトの共同体はこれを援助した。「『アヴエスタ』をよく知っている」百人の祭司が、必要な多くの下位の火を浄め聖別して、一七六五年、新しい「火の王」が設立された。

サンジャーナ祭司たちは当然のことながら、八百年続いた自分たちの火のライヴァルに少し嫉妬した。彼らは、もはや遠いウドワーダーにまで来る巡礼は少なくなるだろうと恐れたに違いなく、その威厳を高めるための伝説を発展させた。以前はその唯一性の故に、記録ではこの火は、単に「その」アータシュ・バフラームもしくは「シュリ・アータシュ・サーヘブ〔美しく強い火〕」と言われていたが、今では「イーラーンシャー〔イランの王〕」という名称が用いられた。そして、この火は最初のパールシーの移民がイランからもってきたもので、どこかで昔のペルシア王のフワルナに結びついているという話が喧伝された。この伝説はパールシーの間で広く信じられ、この社への巡礼が忠実に続けられた。

さまざまな祭司グループ間の軋轢の原因は、古くからのパントという領域区分の外にあるムンバイで起こったものである。スーラトはバガリア祭司の領域だったが、そこのパールシー共同体がたいへん繁栄した時期に祭司の数が増え、ナウサーリーから分かれて独立の自治グループであるスーラトヤを形成した。しかしムンバイは、人工的に発展した町だったので、グジャラート全域からパールシー集団をひきつけることになり、そのため異なるパントの祭司たちが、平信徒の居住者に続いてやって来て、彼らのために儀式を執行し、彼らの建立した火の寺院に奉仕するようになった。したがってこの南の港では、聖職者間に権威のようなものは存在しなかった。

しかしながら、当時繁栄している共同体のうちで、不和の深刻な要因が最初に明らかになったのはスーラトであった。「パダン」つまり口おおいが死者の顔にかぶせられるべきか、また死者の足は伸ばすか曲げておくかというような論争が、そこで始まった。

一七二〇年、スーラトの住人は、ケルマンの学識のある祭司、ダストゥール・ジャーマースプ・ヴィラーヤティー（〝母国の〟の意）を招いて、これらの問題について意見を述べてもらった。彼はイラン人のやり方ではパダンを用い、足は曲げるという意見を述べた。それから彼は他の問題に取りかかった。彼は自分で『ヴェンディダード』を含む写本を何冊か持って来ていたが、（スーラトのダラブ・クマナ、ナウサーリーのジャーマースプ・アサ、それからバルーチの人の）三人の若い祭司を招いて、一緒に（当時のパールシーはグジャラート語訳を好んだために軽視していた）パフラヴィー語訳を通して『アヴェスタ』を研究した。間もなくダストゥール・ジャーマースプは故郷に帰ったが、パールシーはまだ葬儀礼ばかりでなく暦についても激しく争っていた。インドとイラン間の文通によって、両教徒集団の祭司は互いの暦の数え方には一ヵ月の差があることにずっと前から気づいていたが、その説明ができないので、ただ事実としてそれを受け入れてきた。

しかし一七四六年、スーラトの祭司や平信徒たちは、イラン暦を「カディミ（qadimi）＝古いもの」とみなして、それを採用することを決定した。こうしてカドミ運動が生まれた。彼らは一般にはパールシーの慣習よりもイラン人の慣習の方を好んで、それが（わずかに異なるというよりは）特に古い伝統を表わすものと推定した。しかしながら大部分のパールシーは、自分たちの祖先の暦や慣習に固執し、ラシミ（伝統派）またはもっと一般的には「シャルシャイ（Sharshai）またはシェンシャイ（Shenshai）」派と呼ばれた（この名の起源は論争の的となっている。おそらく「シャーハンシャーヒ〔王党派〕」がのちに誤読されたのであろう）。

これら両グループ間の争いは非常に深刻なものとなり、少なくとも一世紀は続いた。裕福な平信徒のなかには、少数派のカドミ派を支持した者がおり、その一人は、自分たちの主張を支えるはっきりした証拠を求めて、バルーチのカドミ派の指導的な祭司「ムッラー」カウスをイランに送った。この祭司は十二年間イランに滞在して、一七八〇年アラブ・ペルシア語の写本や記録を携えて戻ってきた。その間シェンシャイ派の方は、インドで入手できる書物に自らの拠り所を探していたので、この論争は信仰についての記録に対して、祭司ばかりでなく平信徒の関心をも呼びおこした。――なぜなら平信徒は、商業に携わったおかげで、それ以前には聖職者の特権であった読み書き能力を獲得していたからである。

したがって十八世紀には、彼らはアヴェスタ語の日々の祈りや、『知恵の霊の判断』や『アルダー・ウィーラーズの書』のような人気のある作品のグジャラート語訳を要求するようになった。これらの写本を作ったのは、伝統的にアヴェスタ語やパフラヴィー語の写本を写すのを仕事としてきた祭司であって、現存するゾロアスター教関係の写本は大部分この時代のものである。十八世紀には、バガリア祭司一人だけで、『ヴェンディダード』の写本を約三十も作ったことがわかっている。『ヤシュト』もまた、今では紛失してしまったがおそらくイランにあった写本に基づいて、一五九一年ナウサーリーで書かれた唯一の古写本から写されたものである。

シェンシャイ派とカドミ派との論争が最高潮に達した時には、両者の意見の隔たりは非常に大きく、礼拝の場所を別々にしなければならないほどであった。一七八三年には、裕福な博愛主義者ダディ・セトは、ムンバイでカドミ派のアータシュ・バフラームを聖別させ、その最初の大祭司にムッラー・カウスを任じ、またそこにアーダラーンも建立し、インドを訪問中のイラン人祭司に奉仕させた。一八二三年にはスーラトに二つのアータシュ・バフラーム——一つはシェンシャイ派、もう一つはカドミ派のもの——が建立された。この分裂の結果、シェンシャイ派の怒りの感情のいくらかは、カドミ派が尊ぶ慣習を有するイラン人に向けられることになった。この時以降、パールシーの大部分は、信仰に関してイラン人に意見を求めることをやめてしまった。

十八世紀のイラン人ゾロアスター教徒

このような態度の変化は、(イラン人は自身が深刻な困難をかかえていたので、おそらく気づかないでいただろうが)二つの共同体の事情が変化すると、拍車をかけられた。パールシーが繁栄した一方で、イラン人の方は生きのびるために戦っていた。一七一九年、アフガン人がこの国を侵略した時、彼らはシースタンを通って行軍し、思いがけないことにケルマンを攻撃した。ガブル・マハレと呼ばれるゾロアスター教徒の地区は、市の城壁の外にあったので、その住民は——男も女も子供も——ほとんど全員殺された。ダストゥーラーン・ダストゥールなどの指導者たちは、町中のアータシュ・バフラームの近くに、ムスリム当局の監視のもとに暮していたので生きのびることができたが、生存者はあまりに少なかったため、彼らが死者のためにできたのは、死体を平野に集めて土の壁で囲むことだけだった。この間に合わせにつくられたダフマは、再建されなかったガブル・マハレの遺跡から少し離れたところに、今でも残っている。

アフガン人はサファビー朝を滅ぼしたが、その七年後には(北イランのトルコ人でティムール帝の子孫だと主張する）カージャール朝に追い払われた。傭兵隊長ナーディル・コリーは、一七三六年シャーを宣言し、その二年後インドを侵略し、ムガル軍を破ってデリーを略奪した。勝利は彼を一層残酷かつ貪欲にしただけとみえ、彼の治下でイランの地も荒廃した。一七四七年、彼が暗殺されると、権力は将軍の一人カーリム・ハーン・ザンドの手にわたった。彼はシーラーズを首都とし、一七五〇年から一七七九年まで統治した。ムッラー・カウスがイランを訪れたのは、彼の穏健で公正な支配の期間であった。彼はダストゥーラーン・ダストゥールが（二つの古いアータシュ・バフラームはシャリーファバードに残したまま）トゥルカーバードからヤズドに移ったことを発見した――疑いもなくそれは、ムスリムのよりいっそう厳重な監視のもとに置かれるためだった。

ヤズドではカウスを迎えて、ゾロアスター教徒の全体集会が招集され、彼は七十八の質問をした。その答えは『イットテール＝七十八のリヴァーヤット』を形成し、イランからもたらされたリヴァーヤットの最後のものとなった。カドミ派はそれを宝としたが、当然のことながらシェンシャイ派からは疑いの眼で見られた。カウスはその時ケルマンで占星術やその他の事柄を学び始めたが、そこで彼はゾロアスター教徒が破滅的な重税に苦しんでいるのをみた。というのは、アフガン人による虐殺事件以前に課せられたと同じ額のジズヤが、生存者からしぼりとられていたからであった。カウスは彼らの苦境をカーリム・ハーンに知らせ、彼らは直ちに救済されることになった。

ザンド王朝は長くは続かず、一七九六年にはケルマン最後の王が、カージャール朝のアーガー・モハンマドに包囲された。彼は市を奪取して、その住民が彼の敵に宿を貸したことに対して手厳しく報復した。アーガー・モハンマドはその年、王として戴冠し、カージャール朝はそれから一九二五年まで、北方の首都テヘランからイランを支配した。カージャール時代の初期には、イランのゾロアスター教徒の運勢は最低にまで落ちこんだ。

ムンバイのパールシー・パンチャーヤット

その間インドでは、ナーディル・シャーがムガル帝国に致命的な一撃を加え、ムスリム貴族やマラータ諸王やヨーロッパ商人たちが、グジャラートを奪い合った。一七五九年、東インド会社はスーラトの主となっていたが、地方はまだ騒乱状態にあって、東インド会社はムンバイ島をより安全に所有するため、貿易や移民を奨励し続けた。商業事業体として、会社は、支配に時間を費やすことを喜ばず、さまざまな「民族」がそれぞれの内部の事件を裁くために代表者を選ぶことを奨励した。特に大多数を占めたのはヒンドゥーだったので、その用語を用いてイギリス人はこういった代表者たちを「パンチャーヤット」と呼んだ。「パールシー・パンチャーヤット」は、一七二八年に成立したと思われる。これは名前こそ新しかったが、本質的にはゾロアスター教徒の伝統的な長老会議であって、その最初のメンバー九人のうちには実際に働いている祭司はいなかった。しかしムンバイでは、これに対応するような共同体内の聖職者に関する事柄だけを取り扱う聖職者組織がなかったため、たとえばナウサーリーでは（ダフマの維持のように）バガルサト・アンジョマンの司法権のもとにあった事柄は、ムンバイではこの平信徒のパンチャーヤットによって取り扱われた。そこでは、火の寺院でさえも、裕福な平信徒に寄進され、たいていは創立者の家族である平信徒の信託の統制下にあって、彼らが祭司を任命した。その一方、古いサンジャーナやバガリアの火は祭司自身の管理のもとにあった。したがって聖職階級の責任や権威は、ムンバイでは他のどこよりも弱かった。

ムンバイのパンチャーヤットの仕事の多くは、初期の長老会議と同じであった。しかし、スーラトのように、パールシーがもはや特別区域に住んでいるわけでなく、職業や利害がますます多様化して、連帯責任という古い観念が腐食していったような、こみ合い拡張する国際都市では、前時代的な厳しい道徳律を維持しようとするのは、さらに困難であった。パンチャーヤットの最も重い制裁は、違反者をカースト追放にすることであり、それはこの連帯感に基づいていた。それ以外には（イギリス人によって肉体的な刑罰を科すことを禁じられたので）彼らは警告したり罰金を課したりする以上のことはできず、罰金も支払いを期待するだけであった。このような状況にもかかわらず、パンチャーヤットが、十八世紀ばかりでなく十九世紀まで、かなりの権威を行使したことや、今日でもパールシーが大事業を行なうにあたってはその承認を必要とすることは、その成員の能力のおかげだといえよう。

社会的な事柄では、十八世紀のパンチャーヤットは結婚の安定性を守ろうとし、（積極的にではなかったが、かなりゆるやかな条件下で認めていた）離婚を規制しようとした。重婚は、第一の結婚で子がないというような逼迫した事情のもとでは黙認された。

宗教的分野では、彼らはヒンドゥーの社寺を訪れるのをやめさせようとし、特にガーハーンバールの祝いを中心とする自分の信仰で決められたことを守ろうとした。しかし義務を守るにつけても死者へ儀礼を尽すにしても、彼らは奢侈を抑制して、新たに手にした富が人々を浪費競争に導かないように努めた(しかし、これはおよそ無駄な努力であった)。彼らは浄めの法も守った。一八五七年になっても、ある父娘はムスリムの調理した食事を食べたために、バラシュノムを行なわない限りどんな礼拝の場所にも入ってはならぬと禁じられたことがある。

共同体を隔離して穢れなく保とうとしたパンチャーヤットは、改宗や、「ジュッディン(juddin)＝他の宗教徒」を受け入れることにも断固として反対した。その理由として、サンジャーンの最初の移住者のものとされる宣言に、「このカーストには他の宗教の人々を受け入れてはならない」とあるのが挙げられている。彼らはまた、パールシーの父とヒンドゥーの母の間にできた子供にクスティーを授けるのにも反対した。

パンチャーヤットの仕事のもう一つの側面は、これもまたかつてのアカービルの仕事であった管理と慈善に関わることであった。彼らは(結婚式や葬式の費用、罰金や慈善的遺贈から取得された)かなりの資産をもっていて、一八二三年にはそのメンバーのうち四人がこれらを管理する理事に任命された。それらを用いて彼らはダフマを維持し、(今でも富者、貧者を問わずに参加する)ガーハーンバールの祭を組織し、病人や窮乏者や未亡人や孤児を援助した。彼らはまた困窮者のために、葬式や法事の費用を払う特別基金も設定した。

約四十年間、ムンバイには、たった一つのカドミ派のアータシュ・バフラームしかなかった。しかし間もなく、二つのアータシュ・バフラームがスーラトに建立され、ワーディアー家の三人兄弟はムンバイにシェンシャイ派の火を建立した。その聖別は一八三〇年バガリア祭司により執行された。最初の大祭司はダストゥール・エーダルジー・サンジャーナであった（彼はその姓にもかかわらずバガリア祭司だった）。カドミ派のアータシュ・バフラームの大祭司は、その時ムッラー・カウスの息子ムッラー・フィローズだった。この二人ともイギリス治下のインドでこのあと続けられた論争の主役をつとめることとなった。

十八世紀ヨーロッパのゾロアスター教研究

これらの論争に拍車をかけた外的要因は、ゾロアスター教の教義の解釈にヨーロッパが貢献したことであった。旅行者たちの報告から、ヨーロッパでは、ゾロアスター教に対する学問的な興味がひきおこされた。

そして一七〇〇年には、トマス・ハイドの『古代ペルシア・パルティア・メディアの宗教史』にその最初の成果が表われた。オックスフォードの東洋学者ハイドは、イランの宗教について、ギリシアやラテンの著作を徹底的にあさってデータを探しただけでなく、アラビア語の書物や彼の手に入る限りのペルシア語のゾロアスター教関係のテキストをも用いた。

彼はゾロアスター教を大いに尊敬して、十七世紀の神学者らしく、そこに彼自身のキリスト教信仰との類似点を求めた。さらに彼は、自分がもっている資料ではズルワーンに不当に高い地位が与えられていることや、シャルダン（彼の読んだイスファハンからの記録において）が、ガウルの礼拝する神は光の原理「オルモウス」とは違うと誤解したことによって、誤った方向に導かれた。そこで彼は、ゾロアスターは厳密な一神教徒で、アブラハムの仕事を昔のイラン人に対してくり返すために神に遣わされた者だと結論した。多神教徒であったギリシア人は、その教えを誤って解釈したのだし、後代になるとマニ教、マズダク教などという異端の二元論を知ってこれらを昔からあるイラン人の宗教だと誤解した人々が、その教えをまちがって解釈したのだと、ハイドはみなした。

ハイドの先駆的著作は多くの点で尊重すべきであるが、これがこの学問分野を支配した四分の三世紀もの間に、彼のユダヤ・キリスト教的なゾロアスター教解釈が学界でしっかりと確立されてしまったので、この宗教の実際の教義について、次々に発見が行なわれても揺らぐことはなかった。

十八世紀中葉、フランス人の若い研究者アンケティル・デュ・ペロンは、ゾロアスター教の写本を手に入れて、この宗教についてより多くを学ぼうとインドに旅をした。彼は一七五九年から六一年までスーラトに滞在し、（ジャーマースプ・ヴィラーヤティーのもとの弟子で、その時はカドミ派の指導者であった）ダラブ・クマナを説得して『アヴェスタ』を翻訳してもらった。ダラブは主に、『アヴェスタ』のグジャラート語訳やパフラヴィー語訳に拠って注解をしたに違いないが、アンケティルに、（『ガーサー』を欠いていたことは避けられなかったが）全作品の内容についてかなり公正な観念を与えるのに成功した。彼のこの行為は、共同体内の他の者たちからは裏切りであると非難された。

アンケティルはまたダラブを通じて、アヴェスタ語とパフラヴィー語の写本を手に入れた。これらをもってヨーロッパに帰るや、彼は現存する『アヴェスタ』のテキストのフランス語での全訳を、祭儀の説明やパールシーの慣行や慣習についての多くの個人的で貴重な観察をつけて、パフラヴィー語の『ブンダヒシュン』の翻訳とともに出版した。

『アヴェスタ』の翻訳はヨーロッパに衝撃を与えた。なぜなら、それはハイドの再構成したものとは全く異なって、明らかに多神教的で祭儀的な信仰を表わしていたからである。しかしながらアンケティルは、ゾロアスター自身の教えは実際に「純粋な一神論」であったが、「アブラハムの時代にすら早くも異端の意見によっておとしめられていた」という立場を維持することによって、敵意に満ちた批評者を武装解除させようとした。これは当然、根拠のない推測であった。この時点では『ガーサー』が預言者自身の言葉であるとはされていなかったので、ゾロアスター自身が何を教えたかをめぐってこのように大騒ぎをする理由はなかったからである。

しかしながら、この頃比較言語学が発達しはじめており、学者たちにとって新しく手に入れたアヴェスタ語をサンスクリットとの関係において研究することが可能になった。この鍵のおかげで、彼らは間もなくダラブの翻訳は正確でなく、アヴェスタ語の文法を充分に把握していないことを発見した。このことに関心をもった人の多くはプロテスタントのキリスト教徒であったから、バイブルを、長く伝えられた伝承というよりは自分たちの信仰の源とみなすことに慣れていた。そのため、パールシーがその古い聖典を不完全にしか理解していないと発見されると、ガウルは無知であるという旅行者の報告とあわせて、この時代のゾロアスター教徒は自分たちの信仰の内容についてもはや真の知識をもっていないのだという結論が導き出された。この誤解によって、ゾロアスター教徒の状態は遠い昔から同じであったとするアンケティルの理論が受け入れやすくなった。

そこでヨーロッパでは、本来のゾロアスター教とは、ユダヤ教の理想型がイラン化されたものであるとするハイドの解釈が受け入れられたが、付加条項として、それは信者たちによってずっと以前から堕落させられてきたものだとつけ加える必要があった。こうして（続く後百年近くを、実際に表われる事実に反するこの理論を維持しようとし続けなければならなかったので）、ヨーロッパの学者たちにとって、そしてもちろんゾロアスター教徒自身にとってはもっと深刻だったが、困難の種が播かれたのである。

第十三章　カージャール朝とイギリス支配の時代

キリスト教宣教師とパールシーの信仰

十九世紀になると、都市に住むパールシーに大きな変化が見られた。その主な要因は、商工業の発展であり、西欧式教育やプロテスタントのキリスト教の影響であった。東インド会社はキリスト教の伝道を禁止していたが、英国の信仰復興運動諸団体からの圧力は強く、一八一三年にはこの禁止を解くという条件をつけて、東インド会社の特許状が更新された。最初の伝道団が（その時までに、スーラトに代わってパールシーの主要な中心地となっていた）ムンバイ（ボンベイ）に着いたのは、一八二〇年代であった。同じ二〇年代に、グジャラート語だけでなく英語で教育する学校を建設しようという運動が始まった。

一八二七年、「ヨーロッパの言語、文学、科学、倫理学」を教えるために、エルフィンストン・カレッジが創立された。一八四〇年、これは他の学校と統合されてエルフィンストン研究所となり、そこの生徒の大半は十九世紀を通してパールシーだった。こうして西欧式教育を受けたパールシーの中産階級が形成され、そのなかには医者、法律家、教師、ジャーナリストといった職業に就く者もいた。

一八三四年、英国政府は東インド会社の資産を接収し、インドの大部分の支配者となった

（昔のパールシーの中心地のうち、ナウサーリーだけがそのなかに含まれず、バローダのヒンドゥー藩王国の一部として残った）。宗教に関して公《おおやけ》には、公平な政策がとられたので、公立学校ではどんな宗教教育もなされなかった。しかし英文学を教えることは必然的に生徒をキリスト教思想に近づけたし、また、西欧の科学は、多くの伝統的なヒンドゥー教やゾロアスター教の信仰と抵触した。

このような衝撃を受けて、パールシーの少年たちはまず自分たちの聖典について無知であることを恥とした。彼らは自分たちの信仰の基本的な教義を知っており、その守るべき義務を教えられてはいたが、当時のローマ・カトリック教徒にとってのラテン語のバイブルがそうであったように、多くの昔の知識や伝説を含む『アヴェスタ』そのものは平信徒には謎でしかなく、ダストゥールのためのものであった。したがって、スコットランド人の宣教師ジョン・ウィルソンが、突然彼らの注意を聖典のこのような特質に向けた時、共同体は大騒ぎとなった。

ウィルソンは一八二九年にムンバイに着いたが、パールシーの敬虔で間違ったことをきらう性格に強い印象をうけた。彼は、パールシーがこの都市で「たいへん影響力のある地位」にいるのを見出し、慎重に彼らをキリスト教徒に迎え入れる運動をおこした。彼は他のヨーロッパ人の著作だけでなく、アンケティルの『アヴェスタ』や『ブンダヒシュン』の翻訳を読了し、説教やパンフレットや日刊新聞という新しい媒体による論文を通して攻撃をはじめた。

彼はゾロアスター教の二元論を攻撃し、『ブンダヒシュン』の古い宇宙創成論や神話的なところを嘲笑し、『ヴェンディダード』の浄めの法についての規則を、不当にもレヴィ記ではなく福音書と対比させた（彼は、アンケティルの翻訳では『ガーサー』自体は、当然ほとんど理解できなかった）。大部分のパールシーは『ブンダヒシュン』について聞いたこともなく、ウィルソンの示したその内容の概略に、二十世紀のキリスト教徒が初めて旧約聖書の特に原始的な部分を紹介されたら感じるような、衝撃を受けた。

したがって、ある平信徒は性急に、『ブンダヒシュン』は全部「全く偽り」であって、おそらく「我らの宗教の敵」によって作られたのだと否認した〔ウィルソン・三七〕。しかしウィルソンが勝ち誇って、その材料の多くは、パールシー共同体が、全部預言者ゾロアスターに啓示された神の言葉とみなしていた『アヴェスタ』そのものからとったものだと示した時、このような防戦法は立場を失くした。

混乱のうちにパールシーは、この戦いに臨むよう三人の祭司を説得したが、彼らはそれぞれ基本的に異なる防戦法をとって、さらに混乱を深めた。そのうちの二人は、今では一般に偽書とみなされ、おそらくペルシアのスーフィー〔イスラム世界における神秘家のこと〕の一派が作ったものでゾロアスター教とはほとんど関係がない書『デサーティル（神の定め）』に助けを求めて、正統派を裏切った。その写本は、ムッラー・カウスがイランから持ち帰り、一八一八年その息子ムッラー・フィーローズがムンバイで刊行して大きな興味をかきたてたものだった。

この写本は（インドとイランの方言を要素とし、主にペルシア語文法に基づいている）人為的な言語による写本で、このペルシア語〝訳〟は、意識的にアラビア語を排除したものであった。これは（遠い先史時代に栄えた）「マハーバード」から（アラブの征服の直前に生きていたという）「サーサーン五世」に至るまでの十四代の預言者の言葉を含んでおり、これらの預言者たちは死んだのではなく隠れた「主」として現世から隠遁したのだと主張していた。彼らが説いた宗教はイランでは時代が下るにつれ優勢になったと推定され、普通ゾロアスターに帰されるものと異なるのは、ただ『アヴェスタ』では、ゾロアスターは教えを寓意的な言葉で覆っているからだとされた。

この主張がゾロアスター教に取り入れられると、『アヴェスタ』は「マハーバード派」の教義に照らして、自由に再解釈することが認められることになった。それは、『デサーティル』に従って、遠く離れた非人格的で全能で理解を超えた神や一連の仲介者的な「知性」や存在の輪を通して、自己否定、断食、孤独な瞑想によって達成されるべき進歩を伴なう輪廻への信仰を含んでいた。祈りの姿勢についても複雑な規則があって、ヒンドゥーの苦行者の慣習を思わせるものもあり、この書の精神は、正統的なゾロアスター教の理性的で実用的な精神と全くかけ離れていた。

しかしそれは、準備も訓練もなく突然自分たちの昔からの信仰を防御するために駆り出された人々に対し、ウィルソンの述べるところでは「寓話的な聖所」を提供した。そして当の二人の祭司はこの聖所に避難して、「『ヴェンディダード』でホルマズドとアフリマンについて書かれているものは……我らの預言者ザルドゥシュトによる寓話である。彼は事実を秘密の科学によって述べた」［ウィルソン・一五〇］と宣言した。こうしてオカルティズムへの門が開かれ、それは現在まで多くのパールシーに大きな影響を与えている。

三番目の祭司は、その時はワーディアーのアータシュ・バフラームの尊敬されるダストゥールであったエーダルジー・サンジャーナであったが、自らの宗教を二元論とか多神教と嘲笑されても動揺しなかった。アフリマンは独立した邪悪な存在だと彼は言い張った。そしてヤザドは「地上または天の世界のあらゆるもの」を司るよう神によって任じられたのである［同上・一九八―一九九］。

しかしながら彼は、『ガーサー』の七大創造の教義を、四大要素という古いギリシアの理論と結びつけて、昔からあった混淆をさらにすすめた。ウィルソンは直ちに科学的な理由からこれを攻撃し、「ダストゥール・エーダルジーは、あまりに長い間主要な火の寺院にいて人と接触がなかったので、かなりの程度までやっかいな知性の歩みから逃れていたらしい」［同上・九］と嘲笑的に述べた。これは大祭司にはよくあてはまる言葉である。当然ダストゥール・エーダルジーは、当時の他の全てのゾロアスター教祭司と同様、彼の天職について伝統的な訓練を受けただけなので、全くなじみのない知識の世界に彼をひきずりこむこのような攻撃に対抗せよと期待する方が無理であった。

ウィルソンは実際にはパールシーの間に、ほとんど改宗者を得なかったが、彼の活動は西欧の影響による共同体の崩壊効果を促進した。教育を受けた平信徒は、祭司が彼らの道を誤らせたと感じ、十九世紀が下るにつれ、長年知識階級として祭司階級に抱いていた尊敬に代わって、軽蔑の種がまかれた。特にムンバイでは、権威を行使する団体としての祭司集団がなかったことと、家庭付祭司が単に祭式を行なって得られるわずかの収入で満足してきた一方で、個々の平信徒は巨大な富を築いていたという事実によって、平信徒の優越意識は助長された。平信徒が進歩や科学や物質的繁栄を獲得しようと夢中になっている間、実際に働く祭司は、その先祖からのやり方に忠実であろうとしただけだったので、時代遅れで無知で貧しいものと見られるようになってきた。

パールシーの宗教改革

しかしながら、すすんで宗教改革を導入したのは富裕なパールシーではなかった。彼らは金をもうけて、しばしば慈善にそれを使うことに関心を示した。十九世紀初めには彼らは、商人としてひとり立ちするにはまだ若すぎる息子たちを、何の利潤ももたらさない書物を学ばせるよりは、むしろ修業に出すのが普通だった。したがってこの若者たちがもたらした変化は、大部分偶然のものであり、彼らが商売をするために、また単に忍耐や時間が足りないために、次から次へと浄めの法を破っていくにつれて起ったものだった。こうして彼らは、長い航海をし、異教徒の間に住んで食事し、最初の蒸気船を導入し、蒸気機関車の使用を推進した。

このいずれの場においても、火は乱暴に扱われ、信仰の異なる人々が膝を接して旅をした。進取の気性のある富んだ者が率先すると、共同体の残りの者はそれに従ったので、今日ではアータシュ・バフラームに仕えていた少数の祭司と、敬虔で非常に保守的なわずかの平信徒だけが、古い浄めの法を守っているにすぎない。だが、彼らとて、もはや隔離されたり、閉鎖的な共同体に住んでいるわけではないので、かつての厳密さを維持することはできなかった。

西欧式の教育を受ければうまく世間を渡っていけるだろうという両親の希望で、学校に送られた中産階級の人々は、慎重に改革を始めた。西欧式教育を受ける機会は、ムンバイとグジャラートとの共同体に学校を寄付したジャムシェトジー・ジージーバーイー（パールシーで最初に男爵となった人で、巨額で全体にわたる慈善事業のおかげで叙爵された）のようなパールシーの慈善家の事業を通して、着実に増大した。

しかしながら初期の改革者の大部分は、啓蒙的な教師がいたエルフィンストン研究所から輩出した。そのなかで有名なのは、ナオロージー・フェールドゥンジーで、彼は少年の時バルーチからムンバイにやって来た。彼は「ボンベイ（ムンバイ）若者団」を設立し、一八五一年に英語では「ゾロアスター教改革協会」として知られているラハヌーマーイー・マズダヤスナーン・サバを設立した。その目的は、ナオロージーが明らかにしたように、「怨みや悪意をもたずに、伝統主義者と戦い……共同体の進歩と文化を遅らせている一〇〇一もの宗教的偏見を打破すること」であった。

この協会は主に社会的問題に関わった。その創設者については、「主として彼のおかげで、最初の女学校や最初の図書館、最初の文学協会、最初の討論クラブ、最初の政治結社、最初の女性の状況改善のための団体……最初の法律協会、最初の教育雑誌ができた。これらを組織したことの結果は、年月がたつにつれ、パールシーの生活の宗教的・社会的・日常的関連において明らかとなった」と言われている。このリストは百年前のスーラトのパールシー区域のものとは全くかけ離れた近代的な都市での生活状態を示している。しかし、ナオロージーが精力的に同胞を世話したことは、完全に古い伝統に則したものであった。

改革運動は、保守派や正統派の強い反発を買った。ナオロージーの意図が良かったにもかかわらず、両派について手厳しい言葉が多く述べられるようになった。改革派自身も信仰をどの程度まで近代化するかについてはそれぞれ異なっていた。しかしその最も極端な者は、(ウィルソンによって宣伝された)ハイドやアンケティルの著作に立脚して、ゾロアスターは実質上何の祭儀ももたない簡素な一神教を説いたのであって、パールシーはこれに戻らねばならないと公言した。

このグループのスポークスマンは、ジャーナリストで作家のドーサーボーイー・フラムジーで、彼もエルフィンストン研究所で学び、西欧文化に限りない崇敬の念を抱いていた。一八五八年、彼は『パールシー』という本を出版し、ヨーロッパにパールシー共同体の「歴史や信仰や慣習」を知らせようとした。この本のなかで彼は確信をもって、一神教説に基づいて信仰や守るべき勤めを論じた。彼のこのような著作から、西欧の学者は、ハイドのゾロアスターの教えの解釈は正しいものであったと確信した。西欧の影響を受ける以前のパールシーやイラン人の信仰についての旅行者の報告は忘れられ、ヨーロッパの言語学者は、「啓蒙された」パールシーに合うような方向をとり、現実の正統派や、いわゆる誤ったゾロアスター教聖典の内容を全く無視した。しかしながら「啓蒙された」のは比較的少数のパールシーで、共同体の大部分の者は、生活するだけで精一杯で、（ウィルソンが嘆いたように）昔と同じように信仰や礼拝を「非常に熱心に続けた」。その一方、改革派と伝統主義者は彼らの頭越しに激しい論争を続け、ヨーロッパ人の方は、遠く離れた所で、権威ありげに振舞っていた。

正統派も改革派も、もっと知識を得る必要性を深く感じていた。一八五四年、ムンバイのカドミ派は、若い祭司の教育のためにムッラー・フィーローズ・マドレッサを設立した。しかしながらそこでの教育は、初めのうちは機械的にアヴェスタ語の基本的な学習をさせることに加えて、ペルシア語の『リヴァーヤット』のような作品についての知識を与えるといった伝統的なものにすぎなかった。そのような伝統的な学習と西欧式学問は、カドミ派の平信徒のカルシェートジー・カーマーによって結びつけられた。祭司として働く者はまだ誰も、儀礼上の清浄さを穢すことを恐れて海を渡ることを想像だにしなかったが、カルシェートジーは、エルフィンストン研究所のクラスで傑出しており、一族の会社に入って中国やヨーロッパへも旅した。

その後、彼は商売から身をひき、一八五九年にはイラン学の分野の指導的な学者を訪ねて過ごした。鋭い知性とすぐれた記憶力のおかげで、彼は短期間のうちに、ムンバイに戻って

から も一人で西欧流にアヴェスタ語やパフラヴィー語の研究ができるだけのものを得た。彼は自分の周囲に特に才能ある若い祭司を集めて小勉強会をつくり、その後十二年間にわたって定期的に会合を続けた。その一人シェリアルジー・バルーチャは、「毎日無知の秤が心の眼からふりおとされるように感じ……カーマー氏は、アヴェスタ語やパフラヴィー語の文献を教えるだけでは満足せず、比較文法の研究もはじめた……もちろん、古いパールシーの観念や意見や教義や歴史観を調べるのは……たやすい仕事ではなかった。教師も生徒も毎日、先に学んだ多くのことを学び直さねばならなかった」とのちに書いている。

この頃再び、ゾロアスター教神学についての西欧人の意見にもっともらしい権威を与えるような言語学上の発見を伴なって、ヨーロッパの影響が入ってきた。

カルシェートジーの勉強会の名声が広まると、シェンシャイ派の方も「パールシー祭司の息子たちが……ゾロアスター教を完全に理解できるようにするために……アヴェスタ語、パフラヴィー語、サンスクリット語、英語やその他の言語を教える目的の」サー・ジャムシェトジー・ジージーバーイー・ザルトゥシュティ・マドレッサを設立した。カーマーの弟子の大部分は、奨学金を得たり、ここやムッラー・フィーローズ・マドレッサでの教師の職で生活できたので、批判的学問教育をうけた者は誰も、祭司としての職務を勤めようとは望まなくなった。このことは、時代が下るにつれてますます大きな問題となっていった。共同体は教育のある祭司を必要とした。

しかしあらゆるゾロアスター教の礼拝行為が書物によらずに行なわれるという事実は、現場で働く祭司は皆、少年時代に長い祈禱文を暗記することにたいへんな時間を費やさねばならないこと、成人してからも絶えずこの記憶を新たにしていかなければならないことを意味した。次第に祭司の息子たちは、日の出とともに起きて、早朝は伝統的な祭司の学校へ行き、それから一日の残りを平信徒の仲間と一般教育を受けに行くというような妥協策がとられるようになった。しかし、くり返しが多いばかりで、比較的わずかの物資的報酬しかなく、共同体での地位が確実に低下している祭司の職に就こうとする者はますます少なくなった。したがって祭司の息子でも最も知的な者ではなく、遅鈍な者がその職に就くようになったため、祭司階級の威信はますます低下した。

ゾロアスター教信仰についてのハウグとウェストの見解

その間に、ドイツの若くすぐれた言語学者マルティン・ハウグが、『ガーサー』はそれ以外の『アヴェスタ』よりはるかに古い言葉で書かれており、それだけが真正なゾロアスターの言葉とみなされ得るという重大な発見をした。このことに照らして、彼はこのきわめて難解なテキストを新しく訳し直して、預言者の厳密な一神教について、既製の学問的定説に根拠を与えようとした。

彼は『ガーサー』でくり返して「ダエーワ」を痛罵していることがその拠り所であるとし、これをアフラ・マズダー以外のすべての神々の否認であると解釈した（このことは、その同語源の言葉「デーヴァ」が一般に「神」を意味する『ヴェーダ』に親しんでいた学者にとってはあり得る誤りであった)。『ガーサー』において二元論が明白であることに関しては、ハウグは、「唯一の神(つまりアフラ・マズダー)を認めた」ゾロアスターの神学と、二つの第一原因(つまりスプンタとアングラ・マインユ)の存在という「単なる哲学的な信条」との間に、はっきりした区別をすることで処理した。一方アムシャ・スプンタについては、「抽象的な名詞や観念以上の何ものでもない」と述べた[『エッセイ』]。『ガーサー』が祭儀に関して沈黙している(と彼は考えた)のは、ゾロアスターが「その意味を信じてもいなかったし、宗教に不可欠な部分だとも考えなかった」ことを意味した。

一八六〇年代に、ハウグはインドのプネー大学でサンスクリット語を教えていた。その間彼は自分の発見について精力的にパールシーに講演し、彼らを非常に驚かせた。彼らの聖典すべてのなかで『ガーサー』だけが、ゾロアスターの真実の言葉を表わしているということは、パールシーにとって大きな衝撃であり、今日でも正統派にはそれを受け入れることができない者もいる。しかし改革派は、いったんそれを受け入れるや、心から喜びを感じた。なぜならハウグは彼らに、ちょうど彼らが望んでいたもの、つまり、信仰のなかで十九世紀の文明開化に合致しないものすべてを否定することを学問的に正当化したからである。いまや、全テキストのうち『ガーサー』だけをウィルソンの攻撃から守ればよかった。ハウグはこの尊い作品はそれだけで、ヨーロッパ人に主導されて、既にパールシーが預言者が説いたとしたとちょうど同じ型の素朴な一神論を教えていると解釈できることを明らかにした。カルシェートジー・カーマーが観察したように、「その時以来、キリスト教徒はもはやパールシーを論難しなくなり、パールシーは、〝ハウグが我々に貢献してくれた〟と言い、彼を偉大なゾロアスター教の研究者とみなした」。

インド滞在中、ハウグは、インドの鉄道の主任技師であったE・W・ウェストというすぐれた英国人と協働した。その当時までに多くのパールシーが鉄道で働くようになっており、ウェストはパフラヴィー語文献の研究を始めた。彼の注意深い校訂と翻訳によって、この方面のゾロアスター教の著作がヨーロッパに知られるようになった。すべてのパフラヴィー語文献は、ゾロアスター教一神教説や無祭儀説とは矛盾していた。しかし、このことは、『後期アヴェスタ』に叙述されていることとともに、すべて本来の信仰が堕落したのだとして片付けられた。しかしながらウェスト自身はパフラヴィー語文献に没頭して、賢明かつ冷静に、ゾロアスター教を理解するために、それらの文献がいかに重要かを論じた。それらに注釈をつけたり解説したりするなかで、彼が当時流行の論争点を考察するようになるのは当然のことであった。そのうちの一つについて、彼は次のように書いた。

パールシーの宗教は、長いことその敵によって二元論として描かれてきた。このような非難を……たえず受けてきたので、パールシー自身もしばしばそれを、自分たちの信仰の中世的な形だと認めるようになった。しかしどちらの側も、悪霊の人格を認めるような宗教ならばどれも、ある程度までは二元論にならざるを得ないということを充分に考えなかったとみえる。したがって、この言葉を論争に用いる場合には、ほとんどの世界宗教――

とりわけ自分自身の宗教——を含まないように、異論の多い二元論の限界を非常に厳密に規定すべきである。悪霊が遍在し、全知で全能で、永遠であるということが二元論に不可欠の要素ならば、パールシーの宗教は決して二元論ではない。〔東洋の聖典叢書・五巻・六九〕

神智学とパールシー

一八八五年、ヘンリイ・S・オルコットは、ムンバイに到着した。彼は十年前、ニューヨークに神智学会を設立するのに尽力した人である。彼はゾロアスター教に大いに敬服し、(ハウグの著作を読んで)ハウグと同様、「世界で最も高貴で素朴で卓越した宗教の一つ」とみなした。

しかしながら彼は、『デサーティル』も『ガーサー』と同じ権威をもつとし、パールシーに講演する際には、彼らの信仰は「オカルト科学という生きた岩」の上にあると述べた。というのは、彼らの預言者は「何らかの神秘的な研究の過程で、人間の性質や周囲の世界の隠された神秘のすべてを透視した」〔オルコット・三〇三、三〇五〕からであった。これらの神秘を、預言者やその信奉者たちである昔のマギは、「形式的な祭儀という安全な覆いのもとで」受け継いだ。したがってパールシーは、祭儀を捨てるどころか、その真の意味へ達するための失われた鍵を求めて、それらを細かい点まで正確に守らねばならない。オルコットが雄弁に述べたように、「雲が火の祭壇の上にたれこめ、かつては芳香を放った真理の木は、死をもたらす疑惑の露で湿っている」〔同上・三一一〕。彼は教徒集団に対して、「言葉という干からびた骨の間に」真実を求めたり、信仰の中心にある二元論を否定したりするヨーロッパの言語学者の不毛な発見を無視するよう説いた。「宇宙の法は、明瞭な二元論であり……ザラトゥシュトがその対立勢力を人格化したことは、深遠な真理の完全に科学的かつ哲学的な言明にほかならない」〔同上・三一四―三一五〕。したがってゾロアスターの教えは、「近代科学の最も新しい発見と一致しており……エルフィンストン・カレッジからの新卒業生はザラトゥシュトの〝無知〟に赤面する理由はない」とオルコットは言った〔同上・三〇三〕。

オルコットの言葉は、ハウグの解釈が改革派の一神論者に与えたと同種の支持と満足をオカルト主義者に与えた。多くの正統派も、西欧人が祭儀を誉める言葉を喜んで聞いた。神智学の、あらゆる宗教を調和させようという試みは、ヒンドゥー教のヴェーダーンタ派〔ウパニシャッドの梵我一如の哲学に従う人々〕に由来していたので、ヒンドゥーにとってはこの試みは一層魅力をもっていた。

間もなくムンバイに、ヒンドゥーとパールシーをメンバーとする神智学会の支部が栄えるようになった。パールシーはその思想を広めるために多くの書物やパンフレットを作り、神智論はゾロアスター自身が秘教的に教えたものであるとし、彼を神つまりアマシャスパンドの化身だとして、他の隠された「主たち《マスターズ》」より偉大であると主張した。彼らはオルコットに従って、信仰の祭儀を解釈するのに擬似科学用語を用い、たとえば火の祭儀は「焦電気」を作るためのものと説明した。パールシーの神智論者は、古い祭儀の意義を尊んでいたにもかかわらず、象徴主義的色彩の濃い新しい儀式を作り出すことによって、実際にはゾロアスター教徒の守るべき勤めを損ないがちであった。

イルミ・フシュヌム――ゾロアスター教のオカルト

このために彼らは、専らゾロアスター教のオカルト運動であったイルミ・フシュヌムの支持者からは非難された。この名は、『ガーサー』に二度出てくる「フシュヌム（xšnum）」という言葉からとったもので、「（霊的）知識の科学」を意味するものである。その創始者はバフラムシャー・シュロフで、一八五八年ムンバイの祭司の家柄に生まれた。両親がたいへん貧しかったので、彼は祭司にはならなかったし、どんな種類であれ教育というものをほとんど受けなかった。

十七歳になった時、彼は放浪してペシャワルの伯父のところへ行った。伝承によると、そこで、外見上はムスリムだが秘かにクスティーを着けている隊商隊に受け入れられたという。彼らとともにイランへ旅した彼は、デーマヴァント山の奇跡の場所に連れて行かれた。そこで彼は「主たち《マスターズ》」に啓発されて『アヴェスタ』の秘教的な意味を説明された。スーラトに戻ってそこに住んでからも三十年間沈黙を守った彼は、一九〇二年、説教を始め、『アヴエスタ』を「高い」段階で解釈した。彼の教義は、神智学を徹底的に適用したものと性格づけられ、唯一の非人格神、存在の多面性、生れ変りや多くの流離譚を信じ、テキストや歴史上の正確さを全く度外視したものだった。曖昧なオカルト主義と同時に、慣習や浄めの法を厳密に守ることなどが取り入れられた。バフラムシャーは、スーラトとムンバイに次第に信奉者の小さなグループを得るようになった。さらに驚いたことに、ウドワーダーではかなりのサンジャーナ祭司を味方に引き入れた。ムンバイには二つ、ウドワーダーに一つのイルミ・フシュヌムのアギヤーリーが存在し、イルミ・フシュヌム文献は大量に作られ、その多くは菜食主義や苦行的な生き方を勧めている。

イルミ・フシュヌムが主張した勧めの一つに、祭司と同様平信徒もバラシュノムを行なうべきだということがあった。これは、十八世紀まではパールシー共同体の全体にとって普通のことであったが、(何らかの理由で)ムンバイの祭司たちが平信徒に浄めの儀式をするのを控えはじめたのである。十九世紀末には、一般的にパールシーの平信徒は、祭司を代理としてその実施を委任するのが習慣となっていた。しかしイラン人の間では、一九七〇年代になってもなお各地で平信徒の男女が浄めの式を実施していた。

イルミ・フシュヌムは、正統な慣習を遵守することを尊んだので、十九世紀に始まった祈りの形式についての論争では、はっきりした立場をとった。プロテスタントのキリスト教徒の慣習に影響された改革派は、アヴェスタ語での祈りは、礼拝者がその内容を理解できるように自国語に翻訳されるべきだと主張した。正統派は、アヴェスタ語は聖なる言語であって、それを使って祈ることは、教徒集団の昔からの敬虔な伝統の一部であり、捨てるべきではないという立場をとった。オカルト派は、昔からの言語はエーテル面において有益な振動を起すという理由で正統派を支持した。改革派はグジャラート語の祈禱書を作ったが、一般に使われるようにはならなかった。したがって礼拝の形については、教徒集団は統一を保っていた。

パールシーと文字の印刷

十九世紀まで、アヴェスタ語の祈りを学ぶことは、教える方と教えられる方の忍耐強いくり返しの問題であった。しかし一八二〇年代に、「ボンベイ（ムンバイ）のカクストン」（カクストン（一四二二？―一四九一年）は、英国最初の活版印刷者にして著述家、出版者）といわれるモーバド・フルドゥーンジー・マルズバンジーは、『ホルダー・アヴェスタ』をグジャラート文字で印刷し始め、間もなくこの版は、一般にも安く手に入るようになった。一人のモーバドが踏み出したこの一歩は、祭司の地位に再び打撃を与えた。その時まで、神秘的なアヴェスタ語やパフラヴィー語の文字を暗記したり読んだりできたことから、彼らは聖なる言葉の守護者とされてきた。しかし今や適切でなじみのあるグジャラート文字に転写されると、それらは学校の生徒にも読めるものとなったので、職業上の秘密とされていたものも、多数の人々に明らかになった。

その後、カルシェートジー・カーマーの弟子のうち最も才能のある一人でゴダヴラの祭司であったテフムラス・アンクレサリアは、アヴェスタ語とパフラヴィー語の作品を原語で印刷する出版社を始めた。一八八八年、彼は『ヤスナ』と『ウィスペラド』にすべて儀式の指示をつけて印刷し、また膨大な『ヴェンディダード』も、祭司が夜の勤めの時ランプの光で簡単に読むことができるように、特に大きな文字を用いて刊行した。その間に彼の仲間の学生カーワスジー・カンガは、何年もかかって全『アヴェスタ』のグジャラート語訳の改訂版を、アヴェスタ語文法（一八九一年）や詳しいアヴェスタ語の辞書（一九〇〇年）と一緒に出版して、アヴェスタ語本文の真の理解を深めた。彼はこれらの刊行にあたって、ヨーロッパの言語学者の研究成果を充分に利用した。

パールシーの信仰の実践

一八九八年、英国政府の命じた『グジャラートのパールシー』という研究書が、カルシェートジー・スィールヴァーイと（『パールシー・プラカーシュ』の編集者の）バーマンジー・パテールという二人の正統派パールシーの手によって世に出た。このすばらしく簡明な著作は、十九世紀末の地方のパールシーの信仰、慣習、日常生活を描いており、これらがいかに昔と変わっていないかを示している。ムンバイでもパールシー共同体は、単に人種集団としてだけでなく信仰の実践によって結びついていることで、統一を保っていた。

彼らを悩ませた争いは、主として教義上のものであった。改革派といえども、結婚式や子供の入信のときや、両親の魂のための儀式を執り行なう際には、慣習どおりに祭司を必要とした。知的には、二元論を断固として拒否したけれども、彼らの道徳的な態度は長い間培われてきた二元論の伝統に従っていたので、悪とは何か攻撃的なもので、人はそれと戦って負かすべきものだと考えられていた。

これはオカルト派も同じで、遠く離れた非人格的な神を知的には受け入れたけれど、彼らにとって現実は、オフルマズドを礼拝しその敵に対抗することであった。（行為に影響を及ぼすような）効果のある宗教的信念は、おおまかに言うと、パールシーのどの宗派でも同じで、十九世紀末のパールシーの偉人の伝記が、いかにしばしば同じタイプの人を描いているかは驚くほどである。つまり、親切で寛大でいつも辛抱強く、生活は簡素で規律正しく、子供たちをたいへん可愛がっているがしつけはきびしく、疲れを知らず活動的で楽天的で、仲間の人々の役に立ち、善を増大させ、無知、貧困、病、社会的不公平といった悪を減少させるという大きな望みに満たされている人物というものである。

十九世紀初期、女性は、家庭ではまだ伝統的な地位を保っていて、信仰に関する日常的な祭式を守るのに大切な役割を果たしていた。つまりかまどの火の世話をしたり、毎夕日没時には香炉で家中に香をたきこめ、家族で信者の勤めを行なうために厳密に清浄な状態で儀礼にのっとって料理をし、子供たちに宗教的義務を教えた。十九世紀後半に改革派が女子学校を開校すると、女性は次第に共同体の公《おおやけ》の生活にも参加しはじめ、ガーハーンバールの祭のようにかつては全く男の集まりであったものにも出席するようになった。

しかしながら何世紀もの間、貧富を問わず、人々の集う機会であったこの祭は、この時もはや、ムンバイでは全パールシーが一ヵ所に集まる機会ではなくなっていた。ムンバイでは家々は広く散らばっており、富者は外国風をとり入れて、もはや貧しい者と同じ食卓に座ろうとはしなかった。このように古い慣習はまだ遵守されてはいたけれど、宗教的要素をとどめつつもクラブとか社交的会食のようなものに変質していった。

はじめのうちガーハーンバールを維持することは、パールシー・パンチャーヤットの仕事の一つであった。しかし十九世紀末までに、この団体はかつての機能の多くを放棄して、それを英国の裁判所や個々の慈善家に譲りわたしていた。しかしながら、他方ではその権力と権威は増大した。

一八三四年、パンチャーヤットは比較的わずかな資産しかもたず、土地も保有していなかった。一八七五年になると、堂々とした建物に入り、その信託のもとに四千四百万ルピーにのぼる基金を管理し、多くのパールシーの小法人に資金を貸し付けていた。まず大英帝国の船舶ルートに沿って、次にインド横断鉄道を追って共同体が拡大し、新しい居住地を建設するや、多くの新しいパンチャーヤットまたはアンジョマン（ヒンドゥーとパールシーの用語は、今や互換的に使われるようになっていた）が創立された。

それらについて、あるパールシーはこう書いている。「インドや外国で、五〜十人以上のパールシーが住んでいるところではどこでも、すぐにパンチャーヤットかアンジョマンができ、共通の宗教的及び慈善的目的のための基金を集めた。彼らの活動はやがて、貧者を救うという以上のもの、つまり教育の補助、医療や住宅のような社会的な必要を満たすように拡大していった。これら地域的アンジョマンの頂点にあったのは、ムンバイのパールシー・パンチャーヤットであって、インドや外国にあるパンチャーヤットの大部分の基金を管理していた。この協力し合うパールシーの大ピラミッドは、彼らの力の防波堤であって、独特な社会保障制度の構造をつつましく表わしているものである……貧乏な成員の要求がすべて充分に満たされるわけではないけれど、パールシーといえる人は誰であっても飢えることはなく、パールシーの子供であれば最低の教育も受けずに成長することはなく、病気のパールシーが医療を求めて苦しむこともない」［ブルサラ・九］。

十九世紀末にはこのような地域的アンジョマンは約百二十もあり、ほぼ同数のダフマつまり「沈黙の塔」（この意味深長な名は、英国のジャーナリストの造語になるものである）があり、下位の火の寺院は百三十四あった（古くからの中心地は、しばしば一つ以上のアギヤーリーやダフマをもっていたが、新しい中心地のなかには、どちらももたぬものもあり、そこでは必要に応じて、死者を埋葬した）。ムンバイにはさらに二つのアータシュ・バフラームが聖別され、そのうちカドミ派の方はカワスジー兄弟によって一八四四年に設立され、シエンシャイ派のものは一八九八年バガリアのアンジョマンによってつくられた――これがパールシーの八番目にして最後のアータシュ・バフラームである。その大祭司はジャーマースプ・M・ジャーマースプ・アサナで、ダラブ・クマナとともにダストゥール・ジャーマースプ・ヴィラーヤティーのもとで学んだジャーマースプ・アサの子であった。この家族のもう一分家がプネーの火の寺院の一つを管理する祭司を出し、彼は結局、「デカンとカルカッタとマドラスのシエンシャイ派パールシーのダストゥール」という堂々たる称号を得た。

一方一九〇九年には、カラチのパールシーはその大祭司を「北西インドのパールシーのダストゥール」と命名した。これらの称号は、（おそらくキリスト教の〝監督区〟に示唆をうけたもので）ほとんど現実性がなかった。というのは、昔のパントの外では、ダストゥールの権威は（財団によって管理を任じられた）自分の寺院内に限られていて、それ以上の影響力を行使しようとする時には、人間的資質に頼るしかなかったからである。

十九世紀イランのゾロアスター教徒

パールシーがこのように繁栄して拡大していった一方、イランにおけるその同胞は、あわれなほど数が減り、非常な苦難を受けていた。彼らにとって人生はいつも厳しいものだったが、特に危険なのは、ある王が死んで次の王が戴冠するまでの間で、地域の当局者がまだ承認されていない時であった。このような時には、ヤズドやケルマンでは、狂信者も悪漢も「あわれなゾロアスター教徒を襲って虐待し、何人も殺したりさえし、彼らから略奪し、特に彼らの本を奪って燃やした」［ピーターマン・二〇四］。

旅行は今や正式に禁じられていた。しかし一七九六年、一人のケルマンの人が、誘拐すると脅迫された美しい娘ゴレスタンをつれて、ひそかにムンバイに逃げるのに成功した。そこで彼女は、商人のフラムジー・パンデーの妻となった。彼は彼女のために「身体と心とお金」を使って、他のイランからの難民を助けた。一八三四年、彼らの長子は、イランからインドへの難民を助ける基金を創立し、二十年後にはもう一人の息子が「ペルシアのゾロアスター教徒の状況改善のための協会」の設立を援助した。この協会の最初の活動の一つはイランに代理人を送ったことで、幸いにもその時選ばれたのは勇敢なマネークジー・リムジー・ハタリアであった。

マネークジーは小商人としてインド中を広く旅行したことがあり、信仰と共同体に献身的だった。彼は独立独行の人で機略に富み、迫害された自分の同宗者の立場に立って交渉するに必要な機転と忍耐を備えていた。彼はまず、同宗者の数がかくも減少しているのに恐れおののいた。一八五四年、彼が協会に報告した正確な数は、ヤズドとその近くの村々で六千六百五十八人、ケルマン市周辺では四百五十人だけで、首都のテヘランに五十人、シーラーズには二、三人というものだった。この同じ十年間にムンバイのパールシーの数は、(人口の二十パーセントを占める)十一万五百四十四人であり、スーラトには約二万人がおり、グジャラートの他の地方とインド全土に散らばっているので、およそ一万五千人であった。

しかしイラン人は、このような状況にもかかわらず、パールシーと同じ精神と気性をもっていた。マネークジーが彼らに対する圧迫をわずかでも減らすことに成功すると、彼らのアカービル(長老)は彼と一緒になって活動しはじめ、荒れ果てた火の寺院やダフマを建て直した(彼らはそれらを修理することを禁じられていたのである)。そして仲間のなかで最も窮乏した者にできるだけのことをした。

(その地のムスリムからは非常に非難された)勇敢な改革は、ゾロアスター教徒に、西欧式の基礎教育を与えるための学校を建設したことであった。マネークジーは、到着後一年以内にこの改革に着手し、間もなくパールシー財団の援助を待って、ヤズドやケルマンやゾロアスター教徒の村の多くに小学校を建設した。一八六五年には小さな寄宿学校をテヘランに開いた。マネークジーは、首都に小さな居住地を作ることを奨励した。というのは彼らに対する偏見がゆきわたっていた昔からの中心地よりも首都の方が、ゾロアスター教徒の受ける苦難は少なかったからである。

マネークジーはあらゆる種類の圧迫と戦い、たとえばゾロアスター教徒を殺害した者を裁判所にひき渡すといった努力もした（しかし、たとえ彼がひき渡しに成功したとしてもその罰は、普通はわずかの罰金でしかなかった。なぜなら非ムスリムの死はあまり重大とはされなかったからである）。しかし、数年かけて追求した彼の主な目的は、ジズヤを廃止することで、一八八二年についにその努力はイラン人の限りない喜びと感謝のうちに、成功の実を結んだ。多くの不平等や地域的な迫害はまだ残ってはいたが、この後、彼らは商業を通じて、かつてパールシーがしたように、その才能や勤勉さと正直だという評判に助けられて、富への坂道を登りはじめた。

イラン人の祭司は、数十年も前から、一定期間ダディ・セトのアギヤーリーで奉仕するために、何ら妨害されずにムンバイに行っていた。一八六〇年代には、テフムラス・アンクレサリアは、ペルシア語とダリー語を学ぶために、そこの仲間と交際しはじめた。後に、あるパフラヴィー語文献――『信仰の裁定』のことだが――を校訂していた時、彼は、イラン人の友人モーバド・ホダーバクシュ・ファルードに、ペルシアへ戻ったらこの本の写本を探してくれるよう頼んだ。驚いたことには、ホダーバクシュは、二、三年後にその写本ばかりか、『マヌシュチフルの手紙』『ザードスプラムの選書』『パフラヴィー・リヴァーヤット』『マーディガーン・イー・ハザール・ダーデスターン』の一部、長い方の『ブンダヒシュン』の改訂本、『ニーランゲスタン』の写本も持って戻ってきた。

これらの写本のうちには珍しいものもあった。このなかには、このことがなかったならば失われていたかもしれなかったものも含まれている。というのは、ホダーバクシュの説明によれば、所有者がこれらを手離したのは、ひとえにこれらがパールシーのもとにあった方が安全だと知っていたからである。

テフムラスは、いくつかのテキストを自ら校訂し印刷した。他のものは、二十世紀になって彼の息子ベフラムゴーレともう一人の祭司、パールシーの学者のなかで最もすぐれている一人であるボーマンジー・N・ダーバルによって校訂された。テフムラスは、お返しに、イラン人の共同体のためにイラン人の祭司一人と共同して、『ホルダ・アヴェスタ』のペルシア語訳を作った。これとペルシア語とアヴェスタ語の祈禱書はムンバイで印刷され、小さく梱包されてイランにもちこまれた。

イラン人は、ほとんど進歩からとり残されたような社会に閉じこめられていたので、当然のことながらムンバイのパールシーよりはるかに保守的であった。外見や生活様式ではグジャラートの同宗者とそれほど変わらなかったが、スーラトの近くの村出身のマネークジーは、ただ一つ、彼を困惑させるような慣習をイランで見出した。それは牛の供犠で、バーヌー・パールスの社でアナーヒードへ捧げられる古くからの儀礼的な供物であった。イラン人はマネークジーに非常に感謝していたので、彼に説得されてこの供犠をやめた。マネークジーはその代わりに羊や山羊を用いることには反対ではなかった。十九世紀中頃までは、ムンバイにおいてさえパールシーはこれらの動物を犠牲に献げていたのだが、その後、次第に改革派の圧力によって、ムンバイではこの儀式は廃止され、グジャラートも徐々にそれにならった。今日では、昔からこの儀式が彼らの宗教慣習の一部を形成していたことを本気で否定するパールシーが多い。

ムンバイの影響は、十九世紀末以降イランに浸透していった。しかしカージャール朝のもとでは、全般的な効果をもつには至らなかった。ジズヤの廃止以後の半世紀は、多くの点で、イランのゾロアスター教徒にとっての黄金時代であった。教育や新しい思想も、昔からの正統派にまともに挑戦するには至らず、増大する富は主として信仰のために使われた。しかしこの期間にも変革の種はまかれていた。インドでと同様、祭司の息子たちも平信徒の子に続いて新しい学校に行くようになり、そこで成功すると、多くの人が世俗的職業に就いて父祖の職を捨てた。テヘランの共同体は、ムンバイと同じように急速に成長した。各個人が大きな財産を築くようになると、迫害を受けていた時代のような共同体の結束が弱くなる一方、近代的な生活様式が古めかしい正統的慣習の根底を危うくしはじめた。

さらにこの頃、イラン人には一層大きな悲しみがもたらされた。それは、彼らにとって人生がより安全となり繁栄していくにつれて、共同体のかなり多くの人々がバハーイ教〔イスラム教シーア派の異端で、十九世紀半ばにイランに興ったバーブ教から発展した。イランでは布教を禁じられ、現在はハイファ中心に布教活動をしている）の教えにひきつけられたことであった。何世紀もの間、ゾロアスター教徒は、イスラム教に奪われた（改宗した）仲間のことを嘆いてきたが、少なくともこれらの人々は背教によって、この世においてはよりよい運命を手に入れたわけである。

しかし今度は、彼らは、親類や友人がこの新しい宗教であるバハーイ教を受け入れることによって、ゾロアスター教徒自身も最悪の弾圧の時代に経験したような厳しい迫害を受けることを嘆かねばならなかった。なぜそれほど多くの改宗者が出たのかは簡単には説明できないが、いろいろな理由が提示されている。バーブ教の創始者（バハーイ教の先駆者）は一部からはサオシュヤントとみなされたが、彼の運動は純粋にイラン的なものであったので必然的にイスラム教と対立した。その後バハーイ教は、世界宗教であるという主張を展開したので、パールシーにとっての神智学のように、イランのゾロアスター教徒により広い世界への入会権を与えたし、そのなかで彼らを名誉ある地位に就けた。しかしムスリムは、バハーイ教を有害な異端とみなしたので、それを受けいれることは、時には恐ろしい死につながった。

パールシー暦と二十世紀初頭の宗教改革

その間ムンバイでは、シェンシャイ派とカドミ派の間の裂け目を埋めようとする動きが始まっていた。カルシェートジー・カーマーは、共同体を分裂させた暦の問題に困惑した。そして、本来のゾロアスター教暦は季節と合致していたに違いないのだから、本質的にはグレゴリウス暦であったはずだと確信するようになり、四年毎の閏日が過去の歴史の混乱のなかで忘れられただけだと推定した。その結果、一九〇六年、ザルトシュティ・ファスリ・サル・マンダル（ゾロアスター教季節年協会）が設立され、これは全共同体に、ノールーズを春に固定させ、四年毎に閏日をもつような暦を採用するよう働きかけることを目的とした。しかしファスリと呼ばれたそのメンバーの数は、なかなか増加しなかった。

この頃までにパールシーは、特にパフラヴィー語文献を校訂したり印刷したりすることによって、宗教についての知識に学問的に貢献していた。しかし彼らは、神学的研究では遅れをとっていると感じていた。そこで、やはりカーマーに率いられた一団の改革派が、若いバガリア祭司マネークジー・ダラをニューヨークに送って、アメリカのイラン学者ウィリアム・ジャクソンのもとで勉強させた。ダラが自伝で述べているところでは、彼は心からの正統派としてインドを去ったが、三年半外国に滞在する間にその伝統的な信仰が西欧のアカデミックな信条とまじりあって、祭儀を蔑視するようになった。

帰国すると、彼はカラチにある繁栄している商人団体であるパールシー共同体によってその地の大祭司に選ばれ、その後ゾロアスター教の神学や歴史についていくつかの著書を出版した。これらはたいへん貴重な資料を含んでいるが、伝統的な正統派と外国の思想の混合から起こる矛盾に厳密に取り組んでいるものではない。彼はかつてこのように書いた。「我々が『ガーサー』に見られないものはすべてゾロアスター教ではないとして退けるならば、我々はたいへん微妙な道をたどることになると私には思われる」〔『ゾロアスター教神学』・七七―七八〕。そして実際、彼は祖先がしたように、ヤザタを尊び、この世における援助を求め、死後にはミフルとラシュンとスローシュに裁かれることを期待していた。

それにもかかわらず紙上では、彼は、これらの存在を「前ゾロアスター教的神々」として描き続け、その信仰はゾロアスターが教えた純粋な一神教に「付け加え」られたものとした。ダラがそのような矛盾をもって生きることができたのは、ある点では論理的一貫性についてさほど強い関心をもっていなかったためであり、また霊的生活は彼にとって知的生活よりはるかに重要であって、信仰の実践の方が神学より重要であったためだと思われる。したがって、彼が書いたもののなかに、パールシーに広く読まれ利用された『アフラ・マズダーの讃美』と呼ばれる純粋に敬虔な著作があるのも当然である。その本で、ダラは、昔のズルワーン主義異端を近代西欧風にして、受け入れている。それによると、アフラ・マズダー自身は、ヤスナ・三〇・三の双生霊の「父」と推定された。そしてこの時この二霊は（アフラ・マズダーとは全く別の）スプンタ・マインユとアングラ・マインユと同一視された。ダラは、このように外国の影響のもとで、善悪の絶対的な分裂という基本的な教義を捨てたけれど、彼の本にはなお、正統的ゾロアスター教の二元論の頑強で揺るぎない精神が生きている。

兵士が王へ忠誠の誓約をするように、すべてのゾロアスター教徒は王の王の側で……偽りや不平等や悪徳や邪悪さに対抗して……頑強に勇敢に戦う。私はアングラ・マインユと直接に戦い、彼をまっさかさまに投げ落す。〔同上・一三五〕

「私を空想家や夢想家にしないで下さい」〔同上・二四六〕（と彼は祈った。）

彼はむしろ、正義つまりアシャのために精力的に活動することを望んだ。ゾロアスター教は、「最も快活で楽天的な希望に満ちている若々しい宗教である」と彼は宣言した。「なぜなら、アフラ・マズダーは〝希望〟そのものであって……ザラトゥシュトラは希望のメッセージを我らに与えているのである……善が究極的に悪に勝利するという希望、邪悪の王国が破壊され正義の王国が到来するという希望！」〔同上・一一七〕。

教義上は新しいところや不安定なところがあったにもかかわらず、ダラの著作はこのように、精神においては正統派のままであった。にもかかわらず彼は、すりきれた祭式とみなしたものや、機械的に祈りを唱えることや非ゾロアスター教徒を宗教上の勤めから除外することなどを攻撃して、伝統主義者と衝突した。彼はこれらの事柄について、パールシー的な活力をもって思うところを表明した。

ウォフ・マナの息吹きが、正統派が生み出す迷信や軽信の霧を、私の心から吹き払いますよう、そしてそれを必要な改革の光の輝きで照らしますように……私の生きている時代

の印を見分けさせてくれますよう、私がそれと調和していられますように。［同上・二七六、二七七］

そのような熱望をもって、ダラは、十九世紀の改革派の仕事を引き継ぐため、毎年開かれるようになったゾロアスター教徒会議設立の主導者となった。一九一〇年のその第一回会合は大荒れに荒れた。しかしその後、創立者たちは、共同体の福祉のための技術的及び教育的計画といった実用的で論争にならない事柄に努力を集中するようになった（産業主義はその時までにムンバイに達しており、パールシーは工場を所有したり、そこで労働したりすることに慣れていたが、この二つの活動とも古い生活様式を脅かした）。したがってこの後は比較的平和が保たれた。その総裁は一九一三年の会議の開会の辞で、次のような言葉で自らの満足を表明し得ると感じた。「我々の宗教は……教条主義とは全く異なっており、その内容においては非常に単純なので、ユニテリアンや合理主義とほとんど変わらない」。

このように他の信仰と比べても最も受け入れやすいと彼は主張した。ある観察者が評したように［ムルトン・一七五］、そのような否定的な態度を強調するのは危険である。「改革派のパールシーは否定したり非難したりすることに忙しすぎて、確信をもつことが難しい」。しかし、まさにこの時でさえも、ムンバイを訪れた人は、夕方になると海岸にパールシーが集まって、クスティーの祈りをするのに深い感銘を受け、その記録を残しているのである。

その行き帰りには皆沈黙している。形式ばることなく、一緒に礼拝しながらも、孤独を守っている。祭の日には何千人もが岸辺に列を作り、普通の日でもその数は数百にのぼる。五〜十分しかいない者もいれば、三十分以上祈る者もいる……余分に祈禱書から祈りを唱えたり、自分たちの自発的な祈りをしたりする……永遠なる天のドームが彼らの大寺院で、沈む太陽は祭壇となり……夜の空がインド洋の果てしない広がりにかかって、その枠を形づくっている。［プラット・三三五］

あらゆる変革の勢いにもかかわらず、敬虔な共同体の生活は、このように産業化されたムンバイにおいてさえ、その創造物を舞台として、定められた時に創造主に捧げる祈りの声とともに、昔からの流れに沿って穏やかに流れ続けた。このことは改革派も正統派も同様に認めたことであった。

第十四章　二十世紀の状況

都市のパールシー

インドとイランの両教徒集団にとって、正統派の主な砦となったのは、波乱もなく素朴な生活をしていた村や地方の町であった。しかし、二十世紀になると、この地方の生活も侵食され、後半に入るとゾロアスター教徒は大部分都市の住民となった。パールシーにとって、この過程は一九〇〇年までにすでに始まっていたが、インドの独立運動により早められた。個々のパールシーは独立運動を愛国的に支持し、会議派の創立メンバーになった者もいた。しかしイギリス支配下でパールシー共同体は不当に繁栄していたとみなされたために、ヒンドゥーは次第に敵意を露わにするようになった。

一九三〇年代には、グジャラートのいくつかのパールシー農場でボイコットが起こり、その所有者は売却を余儀なくされた。他にも、やし酒の原料となる孔雀やしを育てていたパールシーの村落のなかには、その栽培禁止令（一九三七年グジャラートで発布された）で迷惑をこうむった者もいた。

このようなことから、地方の人々はムンバイに脱出した。しかしそこでもまた、パールシーの繁栄した黄金時代は終わり、かつて彼らが主導権をもっていたところで、今やヒンドゥーやムスリムがはげしく主導権を争っていた。しかしパールシー・パンチャーヤットは、まだかなり基金をもっており、その理事たちは、職業訓練計画を立てて同教徒のうちから「失業という悪魔」を追い払おうとし、共有住宅にも補助を与えた。彼らのなかでも特に保守的な者たちは、そのような新しい活動に加わることに不安を感じていたが、それらの活動は何世紀も前からアカービルが共同体の貧しいメンバーの面倒をみたことの延長でしかなかった。

パールシーの慈善家は一般に、理事たちと同様なじみのあるやり方を続けようとする本能を共有していた。しかし早くに伝統から離れた先駆的実業家ジャムシェートジー・タータは、(彼自身下級のバガリア祭司であったが)有能な少年であれば信仰を問わず科学と技術を学べるようにする奨学金を設けた。しかし人文科学のためには誰もこのような寄付をしなかったので、二つのマドレッサ以外には、ゾロアスター教の歴史や宗教に関する学問的研究の施設はほとんどなかった。したがってこのようなテーマにひきつけられた人々は、余暇を使って研究をすすめるしかなかった。

パールシー的活力と献身をもってそうした者もいて、そのなかには、シャープルシャー・H・ホーディワーラーとダラ・メヘルジ・ラーナという二人のすぐれた歴史家がいる。世界的に最も有名なのは、ジヴァンジー・J・モディである。彼は、ムンバイの火の寺院を管理する世襲の祭司だったが、エルフィンストン研究所とサー・J・J・マドレッサを卒業し、五十年間もパールシー・パンチャーヤットの常任幹事を勤めた。彼はパールシーの祭儀・習慣・歴史・信仰・民話について多くの本や論文を書き、外国の学界で大いに認められた。彼の英語の主著は一九二二年に発行された『パールシーの宗教儀式と習慣』で、ある意味ではその頃急激に産業化された生活で放棄されるようになった慣習を記録するために書かれたものである。

しかしながら新しい火の寺院の建立は続いた。これらのなかには、一九三七年に建立された「アーテシュ・カデ」と呼ばれるファスリー派のものもある。その火を管理した最初の祭司は、有名な改革派であって、「マズダズナーン」と結びつきをもった。マズダズナーンとは、アメリカの折衷主義的なオカルト主義集団の一つで、オトゥマン・ハーニッシュという人によって創始され、幻影による啓示を主張した。彼は『東方の聖典叢書』〔十九世紀末、M・ミューラーを編者としてイギリスで出された叢書。主として、インドとイランの宗教書を訳出した〕の『アヴェスタ』の英語訳に出会ったあと、ゾロアスター教的要素であると彼が認めたものをヒンドゥーやキリスト教のものと混ぜ合せて、火を祭儀の象徴として用い、それに呼吸制御法や歌や踊りを付け加えた。

一九三〇年代には、その裕福な信奉者で、自らを「マザー・グロリア」と称する人が、数人の者を連れてムンバイに来て、長年にわたる誤りのために失われてしまったゾロアスターの真のメッセージをパールシーの手に取り戻そうとした。正統派はこのことに非常に怒り、おそらくこの善意の婦人は、彼らの迫力に驚いたことだろう。しかし、彼女は、数年をムンバイで過して合衆国へ戻り、彼女の運動は今もなお、そこで少数の信奉者を得ている。

近代イランのゾロアスター教徒

一方、イランのゾロアスター教徒もまた同様の過程をたどり、わずか半世紀のうちには、主として都市の共同体に変わっていた。パールシー社会でムンバイが占めたような支配的な役割を、彼らの社会ではテヘランが占めていた。一九〇〇年にはまだ、ヤズドとその周辺の村々にゾロアスター教徒の人口の大部分が住んでおり、その数は約一万人ほどであった。

そこでは、非常に伝統的な信仰活動がなされ、古い火の寺院や社を修繕したり、新しいものを建てたり、貯水池を作ったり、有益な公共事業をおこしたりした。個人的にも、ガーハーンバールの祭の費用を寄付したりしてお金を使い、共同の宗教的祭式や祭を行なうためのガーハーンバール・ハーネが堂々たるスケールで再建された。新しく建てられた学校は進歩をもたらす原動力となった。その学校のなかには、今世紀はじめヤズドのゾロアスター教徒のアンジョマンの長ソフラブ・カヤニアンにより建立された最初のイラン人女学校も含まれていた。

一八五〇年代には、ヤズドもケルマンも、パールシーの代理人マネークジーの指導下に、その伝統的な長老会議を、それぞれが理事と文字になった細則をもつ選挙によるアンジョマンに代えた。しかしこれらにも、パールシー・パンチャーヤットと同じ世襲の原則は残った。ヤズドでは、祭司はダストゥーラーン・ダストゥールのもとで別の会合をもち、宗教的なことについてはかなりの権威を行使した。

個々の商人たちは富を手にしたけれど、その影響力にもかかわらず、ヤズドとケルマンのゾロアスター教徒は蔑視され脅され、時には無慈悲に虐待された。それに比べると、テヘランでは事態ははるかに楽だったが、一九〇〇年にテヘランでも乱暴で危険な事態になると、ペルシア南部のゾロアスター教徒は、ムンバイとの絆を維持することが以前より容易で有益であることに気づいた。その時のテヘランの共同体の人数はわずか三百二十五人であり、共通の礼拝の場所は旅の神バフラーム・イゼドの小さな社一つしかなかった（この社は一八三〇年頃、ゾロアスター教徒の村人たちが、二百人程度のグループで、夏ごとに首都の庭園で仕事に就くために南から徒歩でやって来た頃に建てられたものである）。

彼らは一八九八年アンジョマンを設立し、この火を設置する寺院はパールシーの図面に従って建てられ、聖なる火は金属の器に入れられて中心となる聖所にあり、入ってくる者は誰でも火を見ることができた。こういうことはテヘランにおける生活の安全性を示すとともに、二つのゾロアスター教徒集団間の関係が変化したことを証明している。イラン人はパールシーの成功に影響され、その援助に感謝して、かつてはパールシーが母国に求めていた類の権威を彼らに認めたのであった。

アンジョマンの火が設置される前は、大商人であり銀行家であったジャムシド・バフマン・ジャムシディアン自身の家に、ダードガーの火が維持されていた。彼は自分の努力で、イランで最も富裕で有力な一人となった。彼はゾロアスター教徒的に正義を愛し、自身の共同体のためばかりではなく、全国の圧迫された人すべてのために正義を求めた。その結果、彼は立憲革命運動を支持するようになった。多大の困難を経て、一九〇六年、国会つまりマジュレスが設立されると、彼は最初に議員として選ばれた一人となった。こうして千年以上もたって再び、ゾロアスター教徒の声が、イランの議会で聞かれるようになったのである。

一九〇九年、イランのあらゆる少数民族がマジュレスに代表を一人ずつ送るべきだとされ、カイ・ホスロウ・シャーフローフが最初の正式なゾロアスター教徒の代表となった。このすぐれた人物は、ケルマンの知識階級の旧家の出身で、少年の時、マネークジーによってムンバイに勉強するために送られ、パールシーの発展や、彼らとともに学んだ昔のイランの栄光に深い感銘を受けた（この点は、古典の研究を志したエルフィンストン研究所の教師が生徒たちに教えることができたものの一つであった。十九世紀になると「キュロス」の名はパールシーの間で一般的となり、ペルセポリスの有翼の輪のシンボルがゾロアスター教のシンボルとして採用され、火の寺院や学校の門に誇示されるようになった）。

そこでカイ・ホスロウは二つの野心をもって帰国した。自分たちの共同体の発展を助けることと、イランが諸国家のなかでその威厳を取りもどすことである。彼は二つの目的を達成しようと、さまざまのことを実行した。というのは、彼はマジュレスで十三期、三十年以上もゾロアスター教徒の代表として、イランで最も精力的で献身的な公僕の一人であったからである。

一九二五年、マジュレスは、シャーフローフの影響によって、太陽暦の月名にゾロアスター教のものを用いることを認めた。同年、マジュレスは最後のカージャール朝の王を廃して、代わりにその首相であったレザ・カーンを即位させた。彼はレザ・シャー・パフラヴィーと称し、近代化によってイランの富を増大させようとし、過去の帝国の並びなき栄光を呼び戻して、国家の誇りとアイデンティティを深めようとした。この目的において王はゾロアスター教徒の代表と手を結んだ。

イランでは、前イスラム期に対する共感はフィルドゥシーの『シャーナーメ』によって常に生きていたが、この叙事詩では宗教的要素は故意に薄められていた。今や新しい愛国心と結びついて、過去の歴史ばかりでなく古い信仰への興味も目覚め始めた。

この分野で最初に活躍した人は、イブラヒム・プル・ダウードで、シャーフローフのように熱心な愛国者で理想主義者であった。彼はムスリムの家柄に生まれたが、ペルシアの住民が運命を甘受して従うという哲学を捨てて「我らの勇敢で正直な祖先のように」、人生をゾロアスターの宗教に従って善悪の絶えざる闘争とみなすことを学んだならば、再び偉大さを達成できるだろうと確信するようになった。そして彼は精力的に、『アヴェスタ』をペルシア語訳して同国人に知らせる仕事にとりかかった。彼は西欧の学者の著作、主として偉大なドイツの辞書学者クリスティアン・バルトロマエのものに基づいて訳を作った。ゾロアスター教をムスリムのイランに紹介するにあたって、彼は当然、ゾロアスター教は厳格な一神教であり、神学的二元論という汚点さえないという理論を強調した。

闘争は単にこの世の我々のうちにある善と悪の霊の間のものである……良い思考や良い言葉や良い行動は、ザラスシュトラの宗教の基本的な原則である。そしてかつてこの地で、ここから出た一人の息子が、この大いなるメッセージを人間に与え、悪い考えからさえも遠ざけておこうとしたことは、イランとイラン人にとって、栄光と誇りの涸れることのない源泉である。［四八、五〇―五一］

ゾロアスター教徒は、かくも長い間多神教だとか拝火教だとか自分たちを軽蔑してきた人々に、自分たちの信仰の高貴さを認めさせようとする、プル・ダウードの努力を暖かく迎えた。彼の『ガーサー』の翻訳は、パールシーの庇護のもとでムンバイで印刷され、それはイランの住民すべての間に善意と理解をもたらす前兆として、ゾロアスター教徒から讃えられた。疑いもなくそれは教育を受けた自由主義的イラン人が、過去の宗教へ感じた尊敬を深めるのに大いに貢献した。なかには、自分の属する共同体を啓発するため、イラン人のゾロアスター教徒の著作を読む者さえいた。その著作のなかにはカイ・ホスロウ・シャーフローフによる二書、『アイネ・マズデスナン』と『フルゲ・マズデスナン』があった。これらによって、彼はイラン人に、古い信仰について（本来は単純な神学と高い道徳律とから成り、実際上は守るべき勤めは何ももたないという）パールシー改革派の思想を知らせようとした。

改革派の思想はもともとヨーロッパから移入されたものなので、シャーフローフの解説とプル・ダウードのものとは一致していた。しかしこれらの思想は、イランの正統派にとっては、かつてのインドの場合ほどには直接的な影響力をもたなかった。なぜなら大部分の者はまだ地方に住んでいて、そこでは穏やかに古い生活様式のもとで生活できたし、信仰についての新しい解説を読んでそれにわずらわされるということもほとんどなかったからである。

しかしながら一九三〇年代には、一つの改革が提案され、全共同体の注目をひいた。インドにいた間にカイ・ホスロウは「ファスリー」暦をよしとする論議に衝撃をうけた。そして、それを採用することは、それだけでも望ましいし、ゾロアスター教の数え方を新しい国家のものとぴったり一致させる手段としても望ましいと考えた。彼はヤズドのソフラブ・カヤニアンとケルマンのゾロアスター教徒のアンジョマンの長ソールーシュ・ソールーシアンを説得した。

一九三九年、何年にもわたる論証や勧告の後、改革派は全イラン人共同体に「バスタニ」つまり「昔の」暦（実際にこれは古いものだと信じられていたので）と名づけたファスリ暦を採用するよう説きつけた。最大の困難は、ヤズドの人々を味方につけることであった。そこの住民の多くは、聖日を数えるのに異邦の世俗の数え方を用いるのは悪いことだと考えて、困惑していた。そこで、しばらくすると祭司たちに率いられて、彼らは「カドミ」つまり「古い」暦にもどった。したがって一九四〇年以降、小さなイラン人共同体は二つの暦を守っており、一九七〇年代でも、テヘランとケルマンの人々は（フラワルディン月一日の）宗教的ノールーズを三月に祝い、大部分のヤズドの人々は七月末に祝っていた。パールシーは三つの暦を維持した。その二つはイランで守られているもので、もう一つは自分たちのシエンシャイ派の数え方（ノールーズはその頃八月であった）である。

テヘランの改革派が、シャーからの圧力で近代化と調和しないから廃そうとしていた古い慣習は、死者の風葬の儀礼であった。そこで一九三七年、彼らは「アーラーンガー＝墓地（文字通りにいうと「休み所」）」を建立して、マネークジーが建てた丘の中腹のダフマを廃止した。死者は荒涼たる場所に置かれるべきであるという聖典の戒告に反して、アーラーンガーには水が流れ、木々や緑があった。しかしそこでも、死体を棺に入れて、セメントでおおわれた墓に置くことで、善なる大地から離しておくということに彼らは注意を払った（これは必然的に共同の塔での風葬より費用がかかった）。二年後ソールーシュ・ソールーシアンはケルマンにもアーラーンガーを建立したが、そこのダフマは個人の選択の問題として一九六〇年代まで使われ続けた。ヤズドの人々は、一九六五年までは墓地を使わなかった。しかしその十年後、まだダフマを維持し使用していたのは、長らく正統派の祭司の伝統を有していたシャリーファバードの人々だけであった。

今世紀初頭以降、パールシーも風葬より埋葬を好むようになり、人口の密集したムンバイでは火葬場を用いる動きも広まった。これは伝統主義者を大いに落胆させ、大部分の祭司はそのような場合には死者のための儀式を施行するのを拒否した。ムンバイで使用されている沈黙の塔は、マラバール・ヒルの美しい庭園のなかにある。この場所もかつては荒涼としていたが、今では高いアパート建築に囲まれているので、この慣習を批判する多くの声が、共同体の内外から聞かれる。

ペルシア南部は、レザ・シャーの治世では比較的変化がなかったが、この新しい安全な状況のもとでヤズドのゾロアスター教徒は一万二千人にまで増えた。一九四〇年代には、イランはイギリスとロシアの軍隊に占領され、ある程度集中的に道路が作られ、自動車輸送が大規模に導入された。さらに外国人が撤退する時、各地で多くの車を売り払ったので、間もなくバスと車がテヘランと各地方の間をせわしく往来するようになった。

というのは、首都は多くの点で強い吸引力を発揮し始めたからである。そこには国で唯一の大学があり、産業は成長し、生活は急速に西欧化してますます変化に富んだ魅力的なものになった。ゾロアスター教徒にとっては、さらに、実際問題としてそこでは彼らに対する侮蔑が全然ないという長所があった。そのうえ独立インドとの通商は落ち込み、数年続いた旱魃によって農産物の収穫は減少した。したがって北方へ移動する動きが起こり、一九四五年から一九六五年までにヤズドのゾロアスター教徒人口は半分になり、それに対応してテヘランの方は増大した。

祭司として働く者の数は劇的なまでに減少した。一九三〇年代には二百人以上居たのが十人以下にまで減り、もはや大祭司ダストゥーラーン・ダストゥールと認められる者はいなくなった。このように、ヤズドで古くからの権威の大部分が失われても、テヘランでその埋合せをするような新しい要請はなかった。というのは、首都に向かった祭司やその子供の大部分は、世俗の職についたからである。ケルマンもまた北の都市にそのゾロアスター教徒人口の大部分をとられた。村の最後のゾロアスター教徒の家族は一九六二年、この地を離れ、その時までにはケルマンの町そのものには、わずか三、四人しか祭司として働くものはいなかった。

このようにイラン人共同体では、平信徒は、パールシーよりずっと速やかに完全に権威を獲得した。富や企業がテヘランに集中していくにつれ、そこのアンジョマンはムンバイのパンチャーヤットと同様の指導的役割を獲得するようになった。テヘランのアンジョマンも平信徒の団体で、主として社会的及び博愛的活動に携わっていた。そしてそのメンバーには、正統派も改革派も含まれていた。

というのは、伝統的な正統派ゾロアスター教徒の多数が南から逃げて首都にやって来ており、その多くは、新しい都市生活という条件下でもできる限り忠実に古い習慣を守ろうとしたからである。しかしながら、改革派は全共同体に対して、「合理的な信仰」を得て多くの祭式や習慣を捨てるよう熱心に説得した。討論や質問のための協会が設立され、本や新聞が発行され、ヤズドやケルマンに講演者を送りこみ、進歩の必要性を説いて、一九七〇年代には子供たちをそこから夏のキャンプに連れ出し、近代的な生活を教えることも始めた。

独立インドとパキスタンのパールシー

一方、一九四七年、インドにおけるイギリス支配が終了したことは、パールシーに大きな変化をもたらし、共同体を一つに結びつけていた紐帯を脅かした。カラチやラホールやクエッタの五千人前後のパールシーはパキスタンというムスリムの国家に住むことになり、グジャラート語よりもまずウルドゥー語を学ばねばならなくなった。そこで、この地やインドから、多くの人が、主にイギリスやカナダや合衆国に移住した。

しかし大多数は残り、インド人としてであろうとパキスタン人としてであろうと、二つの国家での生活で貴重な役割を果たし、共同体の大きさに比すと驚くほどの人数が、軍人、パイロット、科学者、企業家、新聞編集者のような公共の職務についた（パールシーは長い間、公共の職務を自分たちの義務の一部——各々がその能力に応じて仲間の面倒をみるための宗教的義務——とみなしてきた）。

インドは世俗国家であって、パールシーを意図的に差別することはなかったので、彼らが教徒集団として経験した苦難はすべて偶然のことであった。一九三九—一九四三年の戦争の間、次のような経済政策が開始され、それは独立後まで続いた。それは、すべての公《おおやけ》の宴会の禁止を含むものであったから、実際問題として、ずっと昔から続いた共同のガーハーンバールを祝うことは終りを告げた。また、（インドでは祭司の妻の、イランでは平信徒の女の仕事となっていた）クスティーを織るための羊毛を輸入するのが困難となり、パールシー・パンチャーヤットは、特別の配給を受けて急遽表面をつくろわねばならなかった。宗教学校は来る人すべてに門戸を開けねばならず、パールシーの学校も真のゾロアスター教的雰囲気を保つのはもはや不可能であった。

このような政策のほかに、物質的進歩も容赦なく侵食作用を続けた。テヘランと同様ムンバイでもゾロアスター教徒の家でかまどの火がなくなり（電気や石油やガスがそれに代わり）、それとともに家族の信心の中心も消滅した。その一方、新しい興味や変化への誘惑は、ますます宗教の否定をおしすすめたし、無関心はあらゆる意見の対立以上に致命的であった。

ゾロアスター教信仰の最近の解釈

インドにおいて信心をもって活動し、なおその古い信仰の解釈法を求めているパールシーは、当然のことながら、キリスト教的アプローチではなく、インドの宗教に類似を求める傾向があった。種々の信仰を関連づける神智学に慣れた者たちは、ゾロアスター教にメヘル・ババのような近代の「グル〔尊師〕」に対する尊敬を継ぎ木した。グルたちは種々の精神的救済の道を提供した。そのような聖者の写真は、多くのパールシーの家で、自分たちの預言者の理想化された肖像画の隣に飾られるようになった。

他の者は『アヴェスタ』を『ヴェーダ』に照らして解釈しようとし、カルカッタのパールシー協会は、一九六七年には、『アヴェスタ』を、失われた『第五ヴェーダ』であるとし、ゾロアスター自身の『ガーサー』はチシュティ祭儀〔十六世紀頃から知られるヒンドゥーの神秘派の一派〕の最初期の聖典を形成するものとみなしたヒンドゥーの学者による『ガーサー』の翻訳を出版しさえした。イラヒ・タラポレワーラーはもっと堅実な研究をし、一九五一年、『ザラトゥシュトラの聖歌』を発行した。

このなかで（法律家である）著者は、まず各『ガーサー』の直訳をした。これは当然、プル・ダウードのものと同じくバルトロマエの翻訳に従っていた。それから解釈を助ける注釈に続いて、二番目の自由な翻訳があり、これは個別の言葉の裏にある「思想」を明らかにし、（彼が述べているように）「サンスクリット語の聖典のうちで私が特に崇拝する偉大な思想のすべてが、『アヴェスタ』にもどれほど見出されるか」を示そうとしたものであった。

全体としてタラポレワーラーは、西欧風の翻訳をあまりに直訳すぎるとして退けたけれど、「もちろん、後期ゾロアスター教の神学を『ガーサー』のなかに読みとるのは全くの間違いである」というヨーロッパ人の仮説を疑うことなく採用した。この仮説のおかげで、彼の二番目の訳は、オカルト派のものと同じほど自由で主観的になった。その時以来、他にもパールシーやイラン人の平信徒によって『ガーサー』の翻訳はなされているが、これと同じ方法で現存する翻訳をとりあげて、自らの霊感を受けた思想に照らして再解釈をするというやり方だった。ムンバイのアンジョマンやワーディアー・アータシュ・バフラームの大祭司（ダストゥール・カイ・ホスロウ・ジャーマースプ・アサとダストゥール・フィーローズ・コトワル）たちは、パフラヴィー語文献の校訂と出版という骨の折れる仕事を続けていた。これは国際的に、学界で歓迎された活動であった。

しかし『アヴェスタ』研究は、最近ではパールシーの学者として教育をうけた人からは無視されている。おそらくその研究に必要とされる言語学的知識に恐れをなすためだろう。『ガーサー』解釈の問題は、近代のゾロアスター教徒が直面する神学的な難問の中心となっている。三千年以上も前に預言者の教えた教義がどんなものであろうと、他の預言者の教えがそれぞれの教徒集団で再解釈されるように、現代の信奉者のためには再解釈が必要なのは明らかである。ゾロアスター教の場合に特別なことは、預言者がもともと何を教えたかについて、意見に大きくない違いがあることで、ましてこれが今日どのように理解されるべきかは問題である。このような混乱を招いた罪は、主として西欧と十九世紀の学者や伝道者の自信過剰にある。

信仰の教義は、『ガーサー』においては輪郭を示されているだけだが、現存するアヴェスタ語やパフラヴィー語文献のなかに保持された伝承によって明らかになる。しかし十九世紀まで、伝承による証言は教徒集団の大部分の者には手が届かず、生きたゾロアスター教教会の権威によって補われていた。多くのパールシーのこれへの信頼を打ち砕き、ジュッディン〔異教徒〕のようにゾロアスター自身のメッセージを求めて彼らを『ガーサー』に集中させたのは、西欧文化がもたらした突然の衝撃であった。しかし伝承が提供する鍵なしでは、この古い信仰のテキストは訳のわからぬ謎めいたものであり、その翻訳はパールシーやイラン人や西欧の学者のいずれの手によるものも、それぞれ大きく異なっていたので、当惑の原因となるばかりだった。

事態は今や十九世紀西欧の学者の仮説によって反転させられて、さらに複雑になっている。それは『ガーサー』において、アマフラスパンドとその創造物のつながりや、下位のヤザタや信仰に欠かせない祭儀へわずかながら言及されていることを認識するのが遅れたためである。そこで西欧の学者は、まだ共同体内部で認められているとはいえないにしろ、もともとパールシーの改革派のために提供した基盤を今度は破壊してしまったのである。正統派のなかでも少数の者は、このようなすべてにわずらわされず平静である。しかし現代の教育をうけた多くのゾロアスター教徒は、統一された信仰の基盤となる簡素で高尚でわかりやすい聖典を求めているが、これは、その伝統のあまりの古さゆえに満たされることはないと運命づけられている望みである。

この伝統に対する西欧の攻撃は、教義の統一ばかりでなく共同体の誇りをも破壊した。というのは、改革主義者はかつて、自分たちの預言者の教えは初期に崩壊したという理論を受けいれたため、祖先が生き、多くの場合そのために苦しんで死んだ信仰は誤っていたと考えねばならなかったからである。祖先を信仰深きものと誉めるどころか、彼らは誤っていたのだと非難した。さらにこの理論によれば、ゾロアスター自身の教義は、その死後ほとんど直ちに失われてしまったことになるので、宗教史上は何の影響力ももち得なかったことになる。改革派は、このように偉大な遺産を棄てねばならなかった。

一方正統派は、この道に追いやられはしなかった。しかし攻撃を受けるや、彼らは正統的慣習を守るという態度の背後に塹壕をめぐらし、教義よりは守るべき勤めの方へ戦いを導く傾向があった。そこで彼らもまた、自らの宗教が他の信仰に及ぼした影響について考えることはなかった。――実際そのようなことは、自分たちが神が人類へ下した真の啓示を守っていると信じている人々には、基本的に無関係なことなのである。しかし歴史的事実を知れば、人間性という大きな海にのまれまいとしている小さな教徒集団は、他に対抗する力と妥当な誇りの源を得ることができるのである。

国際的な分散

ゾロアスター教徒が二十世紀になって特に自分たちのアイデンティティが脅かされていると感じる理由はいろいろある。パールシーは分散し、海外にいる者たちとムンバイやグジャラートにいる者たちの間には、かつてほどの緊密な結びつきがない。ある点ではその結果として、教徒集団外での結婚が増え、出産率が急激に低下したことから、ゾロアスター教徒の数が減少した。後者の問題をかかえている点ではイラン人も同様で、両グループとも成員間の現世主義の増加に直面している。

人口統計からは、世界に信心深いゾロアスター教徒がどれほどいるかは示されない。しかし、一九七六年の教徒集団の総数は、十二万九千人で、そのうち八万二千人がインドに、パキスタンには五千人、スリランカ（セイロン）に五百人、イランに二万五千人（そのなかの約一万九千人ほどはテヘランに住む）、英国、カナダ、アメリカにそれぞれ三千人、オーストラリアには二百人が住んでいた。また香港やシンガポールにも小さなグループがあったが、アデンや上海や広東のような昔の居住地は放棄せざるを得ず、それは時には個人及び共同体の財産のほとんど全部を失うことを意味した。しかしながら、イランはパールシーに、移民して市民権を得るようすすめ、何人かは実際にそうしてもいる。

このように、ゾロアスター教徒は、世界中に散らばってそのエネルギーと資力を保持している。各地の教徒集団はすべて、アカービルを選び、社会的慈善的宗教的目標を達成しようと努めた。ロンドンや香港のような所にある古くからの居住地は、数十年もゾロアスター教徒協会を維持しており、新しい居住地も直ちに協会を創立した。一九七〇年代には、パールシーは、インドのゾロアスター教徒のアンジョマン連盟をつくった。そして一九七五年には、第一回北米ゾロアスター教徒シンポジウムがトロントでひらかれた。空の旅が発達したおかげで一九六〇年に、第一回全世界ゾロアスター教徒会議をテヘランで開くことができた。これは、一九六四年と一九七八年に続けて行なわれた。これらによって種々のゾロアスター教徒のグループ間に接触が生まれて、共通の関心事を討議するための公開討論会を設けるという大きな目的ができた。第二回北米ゾロアスター教徒シンポジウムは、シカゴで一九七七年に行なわれた。

祭儀を行なう現代パールシーの祭司

そのような集会で討議された主要な問題は次のようなものである。祭司階級の数の減少をいかに食い止めるか（これは今やムンバイでさえ、絶望的に低いレベルにある）、祭儀や儀式は宗教的生活にどのような役割をもつべきか、信仰についてどのようにして学習するか、子供の宗教教育はどうあるべきか、（ジュッディンをパートナーとする）族外婚の配偶者や子孫は信徒として受け入れられるべきか、ジュッディンの改宗は受け入れるべきか、どのように葬儀を行なうべきか……ここには討議するのに充分な問題があり、ほとんどいつでも、最も新しい居住地においてさえ、過激な改革派から厳格な正統派までのさまざまな意見があった。

ゾロアスター教徒を支えている一つの事実は、もはやこの教徒集団だけが（十九世紀のように）困難をかかえているのではなく、現世主義という潮流は、他の信仰をも打ち倒そうとしており、他の信仰もまた、数の上ではいかに多かろうとも、同じように戦ったり、教義を再解釈したり祭儀を再調査したりしなければならないのだという認識である。ゾロアスター教徒は自分自身に正当な信頼をもっており、彼らはゾロアスターの教えが数世紀にわたってその信奉者にかくも鮮やかに植えつけてきた勇気、希望、すすんで敵対勢力に挑戦するという特質を今でも身につけることができるのである。

用語略解（時代によって語形が変わる語については、古い形を先にあげた。）

アヴェスタ　ゾロアスター教徒の聖典。
アヴェスタ語　ゾロアスターが話し、『アヴェスタ』に用いられているイラン語。
アカービル　「偉大な人」を意味するアラビア語の複数形。長老や指導者の意で用いられた。
アギアーリー　ゾロアスター教の礼拝所、つまり火の寺院をさすパールシーの用語。
アシャ　「天則、真理、正義」。世界を律する原則。
アシャワン　「正しい、真実な、公正な」者。義者。
アータシュ・ゾーフル　「火への供物」。
アータフシュ、アータシュ　「火」。
アータフシュ・イー・アードゥラーン、アータシュ・アードゥラーン　「火の火」。第二位の聖なる火。
アータフシュ・イー・ワラフラーム、アータフシュ・イー・ワフラーム、アータシュ・バフラーム　「勝利の火」。最高位の聖なる火。
アフナ・ワイルヤ、アフンワル　ゾロアスター教で最も神聖な祈り。キリスト教の主禱文に相当する。
アムシャ・スプンタ　「聖なる不死者」。ゾロアスター教で、神によって呼びだされた神々の一部を呼ぶ用語。しばしば、そのうちの六柱の最も偉大な神々を特定する。
アンジョマン　「集会」。地域的なゾロアスター教徒の集まり、もしくは委員会。
イエングへー・ハートンム　古い短い祈り。
ウィスペラド　「すべての主（の祭式）」。特にガーハーンバールと新年に唱えられる。
ウィーデーウダード、ヴェンディダード　「除魔法」。夜の勤めの間に読まれる『アヴェスタ』の一書。

ウルワン　「魂」。
カウィ、カイ　ゾロアスターを保護した王ウィーシュタースパとその王朝の人々の称号。
ガーサー　ゾロアスター自身が作った讃歌。
ガーハーンバール　ゾロアスターが教徒集団に課した義務としての守るべき六聖日。
ガブル、ガウル、ゴール　ムスリムの用語で、おそらく「不信仰者」を意味するものだが、イランでは専らゾロアスター教徒をさす。
クスティー　「聖なる紐」。ゾロアスター教徒が腰紐として締める。
ゲーティーグ　「物理的、有形の、物質的」(メーノーグに対立する〔概念〕)。
サオシュヤント　来るべき救世主。
ザンド　当時使われていた言語での注釈をつけた『アヴェスタ』の訳。
ジズヤ　非ムスリムに課された人頭税。
スタオタ・イェスンヤ　ヤスナの中心にある最も古い部分。
スプンタ　「聖なる、促進する、増加する」。善い創造を性格づける形容詞。
ダエーワ、デーウ　悪神としてゾロアスターにより否定される。後には悪魔を意味するようになる。
ダストゥール　権威をもつ人。大祭司。
ダードガー　第三位の聖なる火。
ダフマ　「墓」。後には死者の風葬場を意味し、「沈黙の塔」とも呼ばれる。
ドゥルグ　「不正、虚偽」。アシャに対立する原則。
ノールーズ　「新年」。ゾロアスター教の宗教年の最も聖なる日で、義務としての聖日の七番目。
ハオマ、ホーム　ゾロアスター教の主要な礼拝行為に際して、汁をとるため砕かれる聖なる植物。
パフラヴィー語　後期ゾロアスター教文献に用いられる言語。

バラシュノム　儀礼的な祓い、拡大された浄めの式の一部。
バルスマン、バルソム　礼拝行為において司祭する祭司がもつ小枝の束。
フディーナーン・ペーショーバーイ　「良い宗教の人々の指導者」。イスラム支配時代の初期のゾロアスター教徒集団の長をさす称号。
フラショー・クルティ、フラシェギルド　現状の世界の終り。終末の日（文字通りには「素晴しくすること」の意）。
フラフストラ　「有害な創造物」。悪の世界に属するとされる。
フラワシ、フラワフル、フラワルド　現在の生の前に存在し死後も存在する霊。ほとんど魂と同義である。
フワエートワダサ、フウェードーダ　「最近親婚」。
フワルナ　「神の恩寵」、またこれを実体化する神。
ベヘディーン　「良い宗教」つまりゾロアスター教。また「良い宗教の」という意でゾロアスター教徒。
ヘールバド、エールバド、エールヴァド　ゾロアスター教祭司の名。近世では、モーバドより下級の資格の祭司に用いられる。
マグス　複数形はマギ。古代ペルシア語のマグ「祭司」のラテン語形。
メーノーグ　「精神的、無形の」（ゲーティーグに対立する〈概念〉）。
モーバド　指導的祭司。今日の用法では、ヘールバドより資格の高い祭司。
ヤザタ、ヤザド　「礼拝にふさわしい」。神によって創られた神々をさすゾロアスター教用語の一つ。
ヤシュト　各々の神への讃歌。
ヤスナ　「礼拝行為」。ゾロアスター教の主要な宗教祭式。
ヤスナ・ハプタンハーイティ　「七章のヤスナ」。スタオタ・イェスンヤの一部。
ワフラームの火　アータフシュ・イー・ワフラーム参照。

原著（英語、第一版）の出版後に、英語で刊行された比較的入手しやすいゾロアスター教関連図書

Choksy, Jamesheed K., *Purity and Pollution in Zoroastrianism*, Austin, 1989

De Jong, Albert, *Traditions of the Magi, Zoroastrianism in Greek and Latin Literature*, Leiden,1997

Godrej, P.J. & Mistree, F.P., (eds.), *A Zoroastrian Tapestry*, Ahmedabad, 2002

Kreyenbroek, Philip G., *Living Zoroastrianism*, Curzon, 2001

Kriwaczek, Paul, *In Search of Zarathustra*, London, 1988

Russell, James R., *Zoroastrianism in Armenia*, Cambridge, 1987

Stausberg, Michael., *Zoroastrian Rituals in Context*, Leiden, 2004

Moulton, J. H., *The Treasure of the Magi, A Study of Modern Zoroastrianism*, Oxford, 1917, repr. 1971.

Murzban, M. M., *The Parsis in India*, (Delphine Menant, *Les Parsis*, 2巻, Bombay, 1917による増補・注釈・図版入りの英訳)

Olcott, H. S., *Theosophy, Religion and Occult Science*, London, 1885.

Petermann, H., *Reisen im Orient*, 2巻, Leipzig, 1865.

Pratt, J. B., *India and its Faiths*, London, 1916.

Pur-Davud (Poure Davoud), I., *Introduction to the Holy Gathas*. (英訳 D. J. Irani, Bombay, 1927.)

Seervai, K. N. & Patel, B. B., 'Gujarat Parsis', *Gazetteer of the Bombay Presidency*, 9巻, part 2, Bombay, 1899.

Taraporewala, 第一章—第四章参照

Wilson, J., *The Parsi Religion...unfolded, refuted, and contrasted with Christianity*, Bombay, 1843.

全般的なもの

古代イランの美術や考古学に関する多くの書物には，ゾロアスター教関係の資料がある。以下は（すべてにそれぞれ参考文献がついており），英語で入手できるものである。

Ghirshman, R., *Persian Art: The Parthian and Sasanian Dynasties*, London and New York, 1962.

Godard, A., *The Art of Iran*, London, 1965.

Lukonin, V. G., *Persia II*, (英訳 J. Hogarth) Archaeologia Mundi, Geneva, 1967.

Porada, Edith, *Ancient Iran, the Art of Pre-Islamic Times* (Art of the World Series), London, 1965.

以下の書は特にゾロアスター教関係の図版が多い。

Hinnells, J. R., *Persian Mythology*, London, 1973.

Molé, M., *L'Iran ancien*, Religions du Monde, Paris, 1965.

London, 1798, vol. II , repr. 1969.)
Tavernier, J. B., *Six Voyages en Turquie, en Perse et aux Indes*, Paris, 1676.（英訳 London, 1684.)

第十三章—第十四章

Boyce, Mary, *A Persian Strongfold of Zoroastrianism*, Oxford, 1977.
（シャリーファバード村のきわめて伝統的な生活の記述。）
Browne, E. G., *A Year amongst the Persians*, Cambridge, 1926, repr. 1927.
（ヤズドとケルマンのゾロアスター教徒について興味深い記事がある。）
Bulsara, J. F., *Bird's Eye Picture of the Parsis*, Bombay, 1969.
Dhalla, M. N., *Zoroastrian Theology*, New York, 1914.
—— *History of Zoroastrianism*, New York, 1938.
—— *Homage unto Abura Mazda*, Karachi, 1943.
—— *Autobiography of Dastur Dhalla*,（英訳 G. & B. S. Rustomji, Karachi, 1975.)
Dosabhoy Framjee, *The Parsees: their History, Manners, Customs and Religion*, London, 1858.（著者がKaraka姓になったあと，増補されて，*History of the Parsis*, 全2巻, London, 1884.)
Duchesne-Guillemin, J., *The Western Response to Zoroaster*, Oxford, 1958.
（初めの方の章では，西欧のゾロアスター教研究をまとめており，最後の方の章はゾロアスター教と古代ギリシアやイスラエルに関係するものである。）
Jackson, A. V. W., *Persia Past and Present, a Book of Travel and Research*, New York, 1910.
（ヤズドのゾロアスター教徒に関する詳細な資料あり。）
Kulke, E., *The Parsees in India, A Minority as Agent of Social Change*, Weltforum Verlag, Munich, 1974.
（近代のパールシー共同体について不正確さで損なわれてはいるが，興味深い資料と参考文献をあげている。）

1828.
Geldner, K. F., *The Avesta*, 1巻, Stuttgart, 1896.
Hodivala, S. H., *Studies in Parsi History*, Bombay, 1920.
Jordanus,（編・英訳 H. Yule, *The Wonders of the East*, Hakluyt Society, London, 1863.）

第十二章

Anquetil du Perron, H., *Zend-Avesta, Ouvrage de Zoroastre*, 全2巻, Paris, 1771.
Chardin, 前章参照。
Commissariat, 前章参照。
Daulier-Deslandes, A., *Les Beautez de la Perse*, Paris, 1672.（英訳 A. T. Wilson, London, 1926.）
Figueroa, *L'ambassade de D. Garcias de Silva Figueroa*を参照のこと。
（仏訳 A. de Wicquefort, Paris, 1669を参照。）
Fryer, J., *A New Account of East India and Persia, 1672-1681*,（編 W. Crooke, Hakluyt Society, London, 1915, 2巻）
Lord, Henry, *A Display of Two Forraigne Sects in the East Indies*, London, 1630.
Mandelslo, A. von.,（英訳 J. Davis, *Supplement to the Voyages and Travel of the Ambassadors sent by Frederick Duke of Holstein to the Great Duke of Muscovy*, London, 1669.）
Master, Streynsham, H. Yule（編）, *The Diary of William Hedges Esq*.（Hakluyt Society, 2巻, London, 1888）に引用がある。
Niebuhr, K.,（英訳 R. Heron, *Travels through Arabia and Other Countries*, Edinburgh, 1792.）
Ogilby, J., *Asia*, London, 1673.
Ovington, J., *A Voyage to Surat in the Year 1689*.（H. G. Rawlinson編, Oxford, 1929.）
Pietro della Valle,（仏訳 E. Carneau & F. le Comte, *Fameux voyages de Pietro della Valle, gentilhommeromain*, Paris, 1661-3.）
Stavorinus, J. S.,（英訳 S. H. Wilcocke, *Voyages to the East Indies*.

East 18巻)
Ibn Isfandiyar, (英訳 E. G. Browne, *History of Tabaristan*, Gibb Memorial Series II), London, 1905.
Narshakhi, (英訳 R. N. Frye, *History of Bukhara*, Cambridge, Mass. 1954.)
Rivayat of Adurfarnbag, (編訳 B. T. Anklesaria, Bombay, 1969.)
Shkand-gumanig Vizar, (英訳 E. W. West) (Sacred Books of the East 24巻) 1885, repr. 1965. (仏訳 P. J. de Menasce, Freiburg-in-Switzerland, 1945.)
Siyasat Name, (英訳 H. Darke, *The Book of Government of Nizam al-Mulk*, London, 1960.)
Wizidagiha i Zadspram, (編訳 B. T. Anklesaria, Bombay, 1964.)

〈二次的文献〉

Browne, E. G., *A Literary History of Persia,* 2巻, Cambridge, 1906, repr. 1928.
Dennett, D. C., *Conversion and the Poll-tax in Early Islam*, Harvard Historical Monographs 22, 1950.
Monnot, G., *Penseurs musulmans et religions iraniennes, 'Abd al-Jabbar et ses devanciers*, Librarie philosophique J. Vrin, Paris, 1974.
Nyberg, H. S., "Sasanid Mazdaism according to Moslem sources", *Journal of the K. R. Cama Oriental Institute*, 39, 1958.
Tritton, A. S., *The Caliphs and their Non-Muslim Subjects*, London, 1930, repr. 1970.

第十一章

Browne, E. G., *A Literary History of Persia*, 3巻, Cambridge, 1920.
Chardin, J., *Voyages en Perse et autres lieux de l'Orient*, 2巻, Amsterdam, 1735.
Commissariat, M. S., *A History of Gujarat*, 1巻 Bombay, 1938.
Drouville, G., *Voyage en Perse faiten 1812 et 1813*, 2巻, Paris,

1879.)
Tansar Name, (英訳 M. Boyce, *The Letter of Tansar*, Rome, 1968.)
Vis u Ramin, (英訳 G. Morrison, *Vis and Ramin*, New York and London, 1972.)

〈二次的文献〉

Bailey, H. W., *Zoroastrian Problems in the ninth-century books*, Oxford, 1943, repr. 1971.
Christensen, A., *L'Iran sous les Sassanides*, Copenhagen, 1944.
(この時期について唯一の確かなかなり今日的な歴史書である。第七章に関しては，同著者の "Sassanid Persia" *Cambridge Ancient History* 12巻4章参照。)
Pavry, J. C., *The Zoroastrian Doctrine of a Future Life from Death to the Individual Judgement*, New York, 1929.
(アヴェスタとパフラヴィー語文献中の問題を取りあげている。)
Rawlinson, G., *The Seventh Great Oriental Monarchy, the Geography, History and Antiquities of the Sasanian...Empire*.
(時代遅れだが，まだ役に立つ。)
Zaehner, R. C., *The Teachings of the Magi, A Compendium of Zoroastrian beliefs* (Ethical and Religious Classics of East and West), London, 1956, repr. 1976.
(サーサーン朝とそれ以後の時代のパフラヴィー語テキストを集め，それらをつなぐよう注釈をつけて翻訳した有用なもの。)

第十章

〈一次資料〉

Baladhuri, *Futuh al-Buldan*, (英訳 P. K. Hitti & F. C. Murgotten, *The Origins of the Islamic State*, 1巻, New York, 1916.)
Dadestan i dinig, part Ⅰ, (英訳 E. G. West) (Sacred Books of the East 18巻)
Dhabhar, 第七章―第九章参照
Dinkard, (編訳 P. B. & D. P. Sanjana, 全19巻, Bombay, 完結1928.)
Epistles of Manushchihr, (英訳 E. G. West) (Sacred Books of the

第七章―第九章

〈一次資料〉

Arda Viraz Namag, (編訳 H. Jamasp Asa & M. Haug, Bombay and London, 1872.)

Basil, St., *Collected Letters*.

Biruni, *The Chronology of Ancient Nations*, (英訳 C. E. Sachau, London, 1879, repr. 1969.)

Braun, O. (独訳 *Ausgewählte Akten persischer Märtyrer*, Bibliothek der Kirchenväter, 22巻, 1915.)

Dadestan i Menog i Khrad, (編訳 E. W. West, *The Book of the Mainyo-i-Khard*, Stuttgart and London, 1871.)

Dhabhar, B. N. (英訳 *The Persian Rivayats of Hormazyar Framarz and Others*, Bombay, 1932.)

Ehrlich, R. (英訳 "The Celebration and Gifts of the Persian New Year (Nawrūz) according to an Arabic source", Dr. J. J., *Modi Memorial Volume*, Bombay, 1930, pp. 95-101.)

Firdausi, *Shahname*, (英訳 A. G. and E. Warner, 6-9巻, London, 1912-25.)

Grignaschi, M. (仏訳 "Quelques spécimens de la littérature Sassanide......", *Journal asiatique*, 1966, pp. 16-45.)

Hoffman, G. (独訳 *Auszüge aus syrischen Akten persischer Märtyrer*, Leipzig, 1880, repr. 1966.)

サル・マシャドのキルデールの碑文は, P. Gignouxが*Journal Asiatique*, 1969. pp. 387-418に転写・仏訳している。

Madigan i Hazar Dadestan
(この難解な著作の内容についての概念は, S. J. Bulsara, *The Laws of the Ancient Persians*, Bombay, 1937の先駆的な翻訳から得られる。)

Mas'udi, (仏訳 Ch. Pellat, *Les Prairies d'Or*, 2巻, Paris, 1965.)

Saddar Bundahesh, (B. N. Dhabhar, *Rivayats*にほぼ完全に英訳されている。上記参照。)

Nöldeke, Th., (独訳, *Geschichte der Perser und Araber zur Zeit der Sasaniden aus der arabischen Chronik des Tabari*, Leiden,

どに英訳を付している。その理論の多くは，著者自身が，のちに訂正もしくは放棄している。）
——*The Dawn and Twilight of Zoroastrianism*, London, 1961, repr. 1976.
（きわめてキリスト教的な解釈で，アケメネス朝からサーサーン朝まで及んでいる。基本的に不合理なところがあるが，貴重な洞察と多くのテキストの引用を含む。）

第六章

〈一次資料〉

Josephus, *Jewish Antiquities*.
〔邦訳『ユダヤ古代誌』秦剛平訳，山本書店，1979年〕
Pausanias, *Description of Greece*, 5巻（英訳 J. G. Fraster, London, 1898）
Strabo, 前章参照。

〈二次的文献〉

Colledge, M.A.R., *The Parthians*（Ancient Peoples and Places）, London, 1967.
（宗教については皮相的である。）
Debevoise, N. C., *A Political History of Parthia*, Chicago, 1938.
Newell, E. T., “The Coinage of the Partians'” *A Survey of Persian Art I*, A. V. Pope編, London, 1938, 1巻
（この膨大な著作には図版が載っており，イスラム以前のイランについて多くの貴重な資料が入っている。）
Rawlinson, G., *The Sixth Great Oriental Monarchy, the Geography, History and Antiquities of Parthia*, London, 1873.
（主としてギリシア・ローマ古典の資料によっているが，なお多くの点で信頼に値する。）
Rosenfield, J., *The Dynastic Arts of the Kushans*, California, 1967.
（クシャーン朝の歴史と貨幣について，図版つきで有益な概説がある。）

第五章

〈一次資料〉

Arrian, *Anabasis of Alexander*, 2巻, Herodotus, *History*, 1, 3巻〔邦訳　ヘロドトス『歴史』松平千秋訳, 世界古典文学全集第10巻, 筑摩書房, 1981年。及び同氏訳, 岩波文庫, 1972年〕

Kent, R. G., *Old Persian, Grammar, Texts, Lexincon*, New Haven, Connecticut, 1953.

この書には, アケメネス朝碑文のほとんどすべての英訳がある。

Strabo, *Geography*. 7巻

〈二次的文献〉

Frye, R. N., *The Heritage of Persia*, London, 1962, 新版1976.

貴重な参考文献表を付した簡潔なイスラム以前のイランの通史。

Ghirshman, R., *Iran, from the Earliest Times to the Islamic Conquest* (Perican Arcaeology Series), London, 1954.

考古学的資料は豊富だが, 解釈の多くは単なる推測でなされている箇所がある。

Olmstead, A. T., *History of the Persian Empire*, Chicago, 1948, repr. 1959.

記述は迫力があり博学だが, 宗教の分野では誤解をまねくような再構成が多い。

Schmidt, E. F., *Persepolis I, Structures, Reliefs, Inscriptions*, Univ. of Chicago Oriental Institute Publications 68巻, 1953.

——*Persepolis II, Contents of the Treasury and Other Discoveries*, 同上, 69巻, 1957.

——*Persepolis III, The Royal Tombs and other monuments*, 同上, 70巻, 1970.

(この膨大な著作にはすぐれた図版がある。)

Stronach, D., *Pasargadae*, Oxford, 1978.

(これもまた大冊で, やはり素晴しい図版がある。)

Zaehner, R. C., *A Zoroastrian Dilemma*, Oxford, 1955.

(ズルワーン教に関するほぼすべてのテキストを含み, そのほとん

岡田明憲『ゾロアスター教――神々への讃歌』平河出版社，1982年
に部分訳がある。〕

〈ブンダヒシュン〉

二種の校訂版が存在する。

短い方はインド版ブンダヒシュンとして知られるもので，E. W. West, Sacred Books of the East, Oxford, 1901, repr. 1965, のなかにある。（貴重な注を含んではいるものの）時代遅れの翻訳があるが，入手は可能である。長い方のイラン版もしくは大ブンダヒシュンの英訳は，B. T. Anklesaria, *Zand-Ākasīh*, Bombay, 1956.

〈祭式〉
M. Haug, *Essays on the Sacred Language, Writings and Religion of the Parsis*, London, 1884.
末尾に，ゾロアスター教の主要な祭式の梗概がある。
J. J. Modi, *The Religious Ceremonies and Customs of the Parsees*, Bombay, 1937.
ほとんどすべての慣習についての広範囲で非常に完璧な記述である。
J. Duchesne-Guillemin, *La Religion de l'Iran ancien*, Paris, 1962.
（英訳）K. M. Jamaspa Asa, *Religion of Ancient Iran*, Bombay, 1973.
主要な儀式について，Modiの資料を簡潔にしたものである。

〈ゾロアスターの生涯についての伝承〉

パフラヴィー語資料の大部分の翻訳として，
E. W. West, *Marvels of Zoroastrianism*（Sacred Books of the East 47巻），Oxford, 1897, repr. 1965.
がある。

これと大部分の後世の資料は，次のものに無批判で引用されている。
A. V. W. Jackson, *Zoroaster, the Prophet of Ancient Iran*, New York, 1899, repr. 1965.

J. H. Moulton, *Early Zoroastrianism*, London, 1913, repr. 1972, pp. 343-390.

これは，C. Bartholomaeが1905年に発表したドイツ語訳を，わずかな修正を加えて英語に翻訳したもので，前記Millsのヤスナの翻訳と較べることができる。

Maria W. Smith, *Studies in the Syntax of the Gathas of Zarathushtra*, Linguistic Society of America, Philadelphia, 1929, repr. 1966.

C. Bartholomae のものに依拠しているが，彼女自身の統語法による考えによって修正された翻訳である。

Maria Henning, *The Hymns of Zarathushtra*（Wisdom of the East Series），London, 1952.

J. Duchesne-Guilleminの仏訳を英訳したもの。

F. A. Bode & Piloo Nanavutty, *The Songs of Zarathushtra*（Ethical and Religious Classics of East and West），London, 1952.

これには学問的な独創性が全くない。

Irach J. S. Taraporewala, *The Divine Songs of Zarathushtra*, Bombay, 1951.

C. Bartholomaeのドイツ語訳を忠実に英訳し，著者自身の自由な解釈を提示したものである。

S. Insler, *The Gathas of Zarathushtra*（Acta Iranica, 3期第1巻），Leiden, 1975.

最も新しい翻訳である。

〈ヴェンディダード〉

J. Darmesteter, *The Zend-Avesta part I, The Vendidād*（Sacred Books of the East 4巻），Oxford, 1895, repr. 1965.

英語での唯一の全訳。

〔以上については，

伊藤義教『アヴェスター』世界古典文学全集第3巻，筑摩書房，1981年

参考文献

この簡単な参考文献の目的は2つある。1つは本文中に簡単に紹介されたものを詳しく説明することで，もう1つは主たる一次資料と豊富な二次的文献の一部を紹介することである。わずかの例外はあるが，雑誌論文には言及していないし，書物も主として，英語の著作から選んだものに限定した。一次資料も英語訳のあるものに限り挙げている（第五章から第十章にかけては，一次資料と二次的文献を区別しているが，後の章では区別していない）。

ゾロアスター教の諸相についての役に立つ論文の多くは，J. Hastings, *Encyclopaedia of Religion and Ethics*, Edinburgh, 1908—26に見出される。

第一章—第四章

〈ヤシュト〉

J. Darmesteter, *The Zend-Avesta part II, The Sirozahs, Yashts and Nyayesh*（Sacred Books of the East 13巻），Oxford, 1883, repr. 1965.
英語での唯一の全訳であって，ヤシュトの内容に関して一般的な概念を与えてくれるが，多くの点で時代遅れになっている。

Gershevitch, I., *The Avestan Hymn to Mithra*, Cambridge, 1959, repr. 1967.
ミフル・ヤシュト（ヤシュト・10）の英語での全訳である。

〈ヤスナ〉

L. H. Mills, *The Zend-Avesta part III, The Yasna, Visparad, Āfrīnagān, Gāhs and Miscellaneous Fragments*（Sacred Books of the East 31巻），Oxford, 1887, repr. 1965.
英語での唯一の全訳。

〈ガーサー〉

定訳といえるものはどの言語にもない。

KODANSHA

本書は、一九八三年『ゾロアスター教』として筑摩書房より刊行された訳を基に、英語版新版（二〇〇一年）の改訂を反映しました。